défectueux -

Friedrich Nietzsche

Humain, trop humain

Un livre pour esprits libres

I

Textes et variantes
établis par
Giorgio Colli et Mazzino Montinari
Traduits de l'allemand
par Robert Rovini
Édition revue
par Marc B. de Launay

Gallimard

ŒUVRES DE NIETZSCHE
DANS LA MÊME COLLECTION

Éditions Gallimard, pour la langue française;
Walter de Gruyter & Cie, Berlin, pour la langue allemande;
Adelphi Edizioni, Milano, pour la langue italienne.

© Éditions Gallimard, 1968, pour la traduction française.
© Adelphi Edizioni, 1968, pour la traduction italienne.
© Éditions Gallimard, 1988, pour la présente édition.

Friedrich Nietzsche est né à Röcken, près de Leipzig, le 15 octobre 1844. Il est le fils d'un pasteur. Après ses études, il est appelé à la chaire de philologie classique de l'université de Bâle. En 1870, il s'engage comme volontaire dans le conflit franco-allemand. De retour à Bâle, il entre en relation avec le milieu intellectuel bâlois — l'historien Jacob Burckhardt, l'ethnographe J. J. Bachofen — et rend de fréquentes visites à Richard Wagner qui réside tout près, aux environs de Lucerne.

Son premier ouvrage, *La naissance de la tragédie*, paraît en 1872 et suscite de vives polémiques dans les milieux universitaires germaniques. De 1873 à 1876, il publie les quatre essais des *Considérations intempestives*, puis, en 1878, *Humain, trop humain*. La même année intervient la rupture avec Wagner.

Gravement atteint dans sa santé, Nietzsche demande à être relevé de ses fonctions de professeur. Dès lors commence sa vie errante entre Sils-Maria (en été), Nice, Menton et plusieurs villes italiennes. Pendant cette période, les livres se suivent à un rythme rapide ; *Aurore, Le gai savoir, Ainsi parlait Zarathoustra, Par-delà bien et mal, La généalogie de la morale, Le cas Wagner, Crépuscule des idoles, L'Antéchrist, Ecce homo*.

Au début de 1889, il s'effondre dans une rue de Turin. Ramené en Allemagne, soigné par sa mère et sa sœur, il ne recouvrera pas la raison. Sa mort survient le 25 août 1900.

Pour une information détaillée sur la vie du philosophe, on consultera la biographie monumentale de C. P. Janz : *Nietzsche, Biographie* (Éd. Gallimard, 3 vol.).

HUMAIN, TROP HUMAIN

En mémoire de Voltaire pour le centième anniversaire de sa mort, le 30 mai 1778.

Ce livre, ce monologue, qui a pris forme pendant un séjour d'hiver à Sorrente (1876-1877), ne serait pas livré au public maintenant si l'approche du 30 mai 1878 n'avait suscité mon plus vif désir d'offrir en temps voulu un hommage personnel à l'un des plus grands libérateurs de l'esprit.

EN GUISE DE PRÉFACE

« *Pendant un certain temps, j'ai examiné les différentes occupations auxquelles les hommes s'adonnent dans ce monde, et j'ai essayé de choisir la meilleure. Mais il est inutile de raconter ici quelles sont les pensées qui me vinrent alors : qu'il me suffise de dire que, pour ma part, rien ne me parut meilleur que l'accomplissement rigoureux de mon dessein, à savoir : employer tout le temps de ma vie à développer ma raison et à rechercher les traces de la vérité ainsi que je me l'étais proposé. Car les fruits que j'ai déjà goûtés dans cette voie étaient tels qu'à mon jugement, dans cette vie, rien ne peut être trouvé de plus agréable et de plus innocent ; depuis que je me suis aidé de cette sorte de méditation, chaque jour me fit découvrir quelque chose de nouveau qui avait quelque importance et n'était point généralement connu. C'est alors que mon âme devint si pleine de joie que nulle autre chose ne pouvait lui importer.* »

Traduit du latin de *Descartes*[1].

PRÉFACE[1]

1

On m'a déclaré assez souvent, et toujours en s'étonnant fort, que tous mes ouvrages avaient quelque chose de commun et de marquant, depuis la *Naissance de la tragédie* jusqu'au dernier publié, le *Prélude à une philosophie de l'avenir* : ils recéleraient tous, m'a-t-on dit, des lacs et des rets à prendre les oiseaux imprudents, et presque une provocation, sourde mais constante, à renverser les estimations habituelles et les habitudes estimées. Eh quoi? *Tout* ne serait... qu'humain, trop humain? C'est sur ce soupir que l'on sortirait de mes ouvrages, non sans une sorte d'horreur et de méfiance même à l'égard de la morale, voire passablement tenté et mis en veine de se faire pour une fois l'avocat des pires choses : qui sait si ce ne seraient pas tout simplement les mieux calomniées? On a qualifié mes ouvrages d'école du soupçon, davantage encore du mépris, du courage aussi, heureusement, et même de la témérité. En fait, moi non plus je ne crois pas que personne ait jamais regardé le monde avec une suspicion aussi profonde, et ce non seulement en avocat du diable, à l'occasion, mais tout autant, pour parler comme les théologiens, en ennemi et accusateur de Dieu; et qui devinera ne serait-ce qu'une part des conséquences entraînées par toute suspicion profonde, quelque chose des glaces et des angoisses de l'isolement auxquelles toute *différence de vue* condamne quiconque en est affecté, celui-là comprendra aussi que j'aie si souvent cherché refuge n'importe où pour me délasser de moi-même, m'oublier en quelque sorte moi-même un instant... dans une vénération, une inimitié, un jeu scientifique, une frivolité, une

bêtise, n'importe ; pourquoi aussi il m'a fallu, quand je ne trou-
vais pas ce dont j'avais *besoin*, l'obtenir par force et artifice,
le tourner à ma guise par falsification, par poésie (et qu'ont jamais
fait d'autre les poètes ? et à quoi donc serait bon tout l'art du
monde ?). Mais ce dont j'ai toujours eu le besoin le plus urgent
pour entreprendre moi-même mon traitement et ma guérison,
c'était la croyance que je n'étais ni seul à être, ni seul à *voir* de
la sorte, — une affinité, une égalité magiquement pressentie dans
le regard et le désir, un repos dans la confiance de l'amitié, un
aveuglement à deux sans soupçon ni point d'interrogation, une
jouissance de tout ce qui est au premier plan, en surface, proche
et toujours plus proche, de tout ce qui a couleur, peau et vertu
d'apparence. Il se pourrait que l'on eût sous ce rapport à me reprocher nombre d'« artifices », quantité de faux-monnayages subtils : par exemple, d'avoir sciemment et délibérément fermé les
yeux à l'aveugle volonté de morale propre à Schopenhauer, à
une époque où je voyais déjà assez clair en morale ; de m'être
de même abusé sur le romantisme incurable de Richard Wagner,
feignant que ce fût un commencement et non une fin ; et de même
sur les Grecs, de même sur les Allemands et leur avenir... et peut-
être y aurait-il encore toute une longue liste de ces *de même* ?...
mais à supposer que tout cela soit vrai et avancé contre moi à
bon droit, que savez-vous, vous, que pourriez-vous savoir du
degré de ruse que met l'instinct de conservation dans pareille illusion sur soi-même, du degré de raison et de vigilance supérieure
qu'elle comporte, — et quel degré de fausseté m'est encore nécessaire pour pouvoir continuer à me permettre le luxe de ma véracité à moi ?... Suffit, je vis toujours ; et *la vie*, au moins, ce n'est
pas la morale qui l'a inventée : elle *veut* l'illusion, d'illusion elle
vit... mais me voici déjà, n'est-ce pas ? à recommencer et à faire
ce que j'ai toujours fait, immoraliste et oiseleur impénitent que
je suis — parler contre la morale, en dehors de la morale, « par-
delà le bien et le mal ».

2

— Et c'est ainsi que j'ai *inventé*, un jour que j'en avais besoin,
les « esprits libres » auxquels est dédié ce livre et de courage et

de découragement qui a pour titre *Humain, trop humain* : de ces « esprits libres », il n'y en a, il n'y en eut jamais, — mais, comme je l'ai dit, c'est leur société qu'il me fallait alors pour garder ma bonne humeur au beau milieu d'humeurs mauvaises (maladie, isolement, exil, *acedia*, désœuvrement) : braves compères de fantômes avec qui rire et bavarder quand on a envie de rire et bavarder, et que l'on envoie au diable s'ils deviennent ennuyeux, — en dédommagement d'amis qui vous manquent. Ces esprits libres, qu'il *puisse* y en avoir quelque jour, que notre Europe ait à *l'avenir*, parmi ses fils de demain et d'après-demain, de ces gais et hardis lurons, bien palpables en chair et en os, et non pas seulement, comme dans mon cas, en forme de spectres et de fantasmes au gré d'un anachorète, c'est bien moi qui serais le dernier à en douter. Déjà je les vois *venir*, lentement, lentement ; et peut-être aurai-je fait quelque chose pour hâter leur venue quand j'aurai décrit par anticipation sous quelle étoile je les *vois* naître et par quels chemins arriver ?...

3

Un esprit appelé à porter un jour le type de « l'esprit libre » à son point parfait de maturation et de succulence, on peut supposer que l'événement capital en a été un *grand affranchissement*, avant lequel il n'était qu'un esprit d'autant plus asservi, et apparemment enchaîné pour toujours à son coin et à son pilier. Quelles chaînes sont les plus solides ? Quels sont les liens à peu près impossibles à rompre ? Chez les êtres d'élite et de haute volée, ce seront les devoirs : ce respect qui est propre à la jeunesse, cette réserve de délicatesse craintive à l'égard de toutes les valeurs anciennes et vénérées, cette gratitude pour le sol qui l'a nourrie, pour la main qui l'a guidée, pour le sanctuaire où elle a appris l'adoration, — ces jeunes gens-là, ce seront leurs instants suprêmes qui les lieront le plus solidement, les engageront le plus durablement. Pour eux, attachés de la sorte, le grand affranchissement arrive soudain, comme un tremblement de terre : la jeune âme est d'un seul coup ébranlée, détachée, arrachée, — elle-même ne comprend pas ce qui se passe. C'est un élan, une impulsion qui commande et la soumet comme à un

ordre ; une volonté, un vœu qui s'éveille, partir, n'importe où,
à tout prix ; une curiosité qui prend feu et flamme dans tous
ses sens, véhémente, dangereuse, un désir de monde vierge. « Plutôt mourir que vivre *ici* », voilà ce que dit la voix impérieuse
et séductrice : et cet « ici », ce « chez-moi », c'est tout ce qu'elle
avait aimé jusqu'alors ! Un effroi, un soupçon subits pour ce
qu'elle aimait, un éclair de mépris pour ce qui se disait son
« devoir », un besoin séditieux, despotique, volcanique, de prendre les routes de l'étranger et de l'inconnu, de se mettre au froid,
au dégrisement, à la glace, une haine pour l'amour, un regard,
peut-être, et une main sacrilèges portés *en arrière*, là même où
étaient jusqu'alors son amour et son adoration, une honte cui-
sante, peut-être, de ce qu'elle vient de faire, mais à la fois une
jubilation de l'avoir fait, un frisson d'allégresse tout au fond
et d'ivresse dans lequel se lit une victoire... une victoire ? sur
quoi ? sur qui ? victoire sujette à caution, à questions, à mystère,
mais *la première* enfin : — voilà les maux et les douleurs inhé-
rents à l'histoire du grand affranchissement. C'est en même
temps une maladie capable de détruire l'homme que cette première explosion de force et de volonté d'autonomie dans la détermination de soi-même et de ses valeurs propres, que cette volonté
de volonté *libre* : et que de maladie s'exprime en effet dans ce
chaos d'expériences et de singularités par lesquelles l'homme
libéré, affranchi, essaye désormais de se prouver sa domination
sur les choses ! Sa cruauté rôde aux aguets, avec une avidité insatiable ; il faut que son orgueil fasse expier sa dangereuse excitation à la proie qu'il tient ; il lacère ce qui l'attire. Il retourne
avec un rire mauvais ce qu'il trouve voilé, épargné par quelque
pudeur : il expérimente l'air que prennent ces choses quand on
les renverse. C'est arbitraire et plaisir de l'arbitraire si peut-être
il accorde maintenant sa faveur à ce qui avait mauvaise réputation jusqu'ici, — s'il tourne en expérimentateur curieux autour
du fruit le plus défendu. A l'horizon de ses chasses et courses
errantes — car il est en chemin comme dans un désert, inquiet
et désorienté — se dresse le point d'interrogation d'une curiosité de plus en plus dangereuse. « Ne peut-on pas retourner *toutes*
les valeurs ? et le bien ne serait-il pas le mal ? et Dieu une pure
et simple invention, une astuce du diable ? Ne se peut-il pas au
fond que tout soit faux en somme ? Et si nous sommes trom-

pés, ne sommes-nous pas aussi trompeurs de ce fait même ? ne sommes-nous pas *obligés* de l'être ? » — telles sont les pensées qui le conduisent et le séduisent, toujours plus loin, toujours plus à l'écart. La solitude le cerne et l'enserre, de plus en plus menaçante, étouffante, lancinante, déesse terrible et *mater saeva cupidinum* — mais qui sait aujourd'hui ce que c'est, *la solitude ?...*

4

De cet isolement maladif, du désert de ces années de tâtonnements, le chemin est encore long jusqu'à cette certitude prodigieuse, cette santé débordante qui se plaît à recourir à la maladie elle-même, moyen et hameçon de la connaissance, jusqu'à cette liberté de l'esprit, mais *mûre*, qui est au même titre domination de soi et discipline du cœur, et qui ouvre la voie à des manières de penser multiples et opposées —, jusqu'à cette vastitude intérieure qui, gorgée et blasée d'opulence, exclut le danger que l'esprit s'éprenne jamais de ses propres voies pour s'y perdre et reste dans quelque coin à cuver son ivresse, jusqu'à cette surabondance de forces plastiques, gages de guérison complète, de rééducation et de rétablissement, cette surabondance qui est justement l'indice de la *grande* santé et qui, à l'esprit libre, donne le privilège périlleux de vivre *à titre d'expérience* et de s'offrir à l'aventure : le privilège de l'esprit libre maître en son art ! L'intervalle peut être rempli de longues années de convalescence, d'années toutes de transitions versicolores, d'enchantements douloureux, domptées et menées en bride par une tenace *volonté de santé* qui souvent se risque à revêtir déjà l'habit et le travesti de la santé. Il y a là un état intermédiaire dont un homme qui vit ce destin ne se souvient pas sans émotion par la suite : son bien propre est un bonheur solaire à la clarté subtile et pâle, un sentiment d'avoir de l'oiseau la liberté, le vaste coup d'œil, l'exaltation, quelque chose comme un amalgame où se sont alliés la curiosité et un délicat mépris. « Esprit libre »... ce terme froid fait du bien en pareil état, il réchauffe presque. On vit, sorti des chaînes de l'amour et de la haine, sans affirmer, sans nier, volontairement proche, volontairement loin-

tain, de préférence s'esquivant, éludant, essayant un coup d'aile,
déjà loin, déjà reparti en plein vol; on est blasé, comme quiconque a jamais vu *au-dessous* de soi un immense chaos de diver-
sités, — et l'on est désormais tout le contraire de ces gens inquiets
de choses qui ne les regardent pas. L'esprit libre, ce qui le regarde
en fait maintenant, ce ne sont plus que des choses — et combien
de choses! — qui ont cessé de *l'inquiéter...*

5

Un pas de plus dans la guérison, et l'esprit libre se rapproche
de la vie, lentement, il est vrai, presque rétif, presque avec
méfiance. Il se remet à faire plus chaud autour de lui, pour ainsi
dire plus jaune; sentiment et sympathie prennent de la profondeur, tous les vents du dégel passent sur sa tête. Il a comme
l'impression que ses yeux commencent tout juste à s'ouvrir aux
présences *proches*. Il est émerveillé et se tient coi: où donc *était-
il*? Ces choses proches et plus que proches, comme elles lui semblent transformées! quel velouté, quelle magie leur sont venus
entre-temps! Il jette un regard de gratitude en arrière, — de gratitude pour ses pérégrinations, pour sa dureté et son aliénation
de soi, ses vols d'oiseau et ses regards d'aigle dans le froid des
hauteurs. Que c'est bon de n'être pas resté toujours « chez soi »,
toujours « avec soi », en casanier engourdi dans ses aises! Il était
hors de soi, cela ne fait aucun doute. Maintenant, c'est la première fois qu'il se voit lui-même —, et quelles surprises il y
trouve! Quels frissons jusqu'alors ignorés! Quel bonheur même
dans la lassitude, la maladie d'antan, les rechutes du convales-
cent! Comme il se plaît à souffrir sans bouger de place, à filer
la patience, à s'allonger au soleil! Qui sait goûter comme lui
le bonheur de l'hiver, les taches de soleil sur le mur! Ce sont
les animaux les plus reconnaissants du monde, les plus modestes aussi, ces convalescents, ces lézards à moitié reconvertis à
la vie: il en est parmi eux qui ne laissent pas s'enfuir un jour
sans accrocher une petite ode à l'ourlet traînant de sa robe. Et
pour parler sérieusement: c'est un *traitement* radical de tout
pessimisme (cancer de ces vieux et fieffés menteurs d'idéalistes, comme on sait) que cette manière de nos esprits libres de

tomber malades, de rester malades un bon bout de temps, et puis d'être plus longs encore à retrouver la santé, j'entends une santé « meilleure ». Il y a de la sagesse, une sagesse vitale, à ne s'administrer soi-même la santé qu'à petites doses pendant longtemps.

6

A ce moment-là, il peut enfin se faire, grâce aux soudaines lumières d'une santé encore volcanique, encore instable, que l'esprit libre, de plus en plus libre, commence à voir se dévoiler l'énigme de ce grand affranchissement qui jusque-là, obscure, problématique, presque intangible, avait attendu dans sa mémoire. S'il n'a guère osé se demander pendant longtemps : « Mais pourquoi tellement à l'écart ? tellement seul ? renonçant à tout ce que je vénérais ? renonçant à la vénération elle-même ? pourquoi cette dureté, cette suspicion, cette haine de mes propres vertus ? », maintenant il ose, et il pose nettement la question, et il entend même déjà quelque chose comme une réponse. « Il te fallait être maître de toi, maître aussi bien de tes vertus propres. C'étaient elles, auparavant, qui étaient tes maîtres ; mais il ne leur est plus permis que d'être tes instruments à côté d'autres instruments. Il te fallait prendre en ton pouvoir tes *pour* et tes *contre*, et apprendre l'art de les pendre et les dépendre selon tes visées supérieures. Il te fallait apprendre à saisir la perspective propre à tout jugement de valeur — le décalage, la distorsion et la téléologie apparente des horizons et tout ce qui peut tenir à la perspective ; ta part d'insensibilité, aussi, quant aux valeurs opposées et à toute la perte intellectuelle dont se fait chaque fois payer aussi bien le *pour* que le *contre*. Il te fallait apprendre à concevoir ce qu'il y a toujours d'injustice *nécessaire* dans le *pour* et le *contre*, cette injustice inséparable de la vie, elle-même *conditionnée* par la perspective et son injustice. Il te fallait surtout voir de tes yeux où se trouve la plus grande injustice : c'est là où la vie n'a atteint que son stade le plus bas, le plus mesquin, le plus pauvre, le plus rudimentaire, et ne peut pourtant éviter de se prendre *elle-même* pour fin et mesure de toutes choses, et alors, au nom de sa conservation, sournoise, mesquine, inlassable, de passer à l'émiettement et à la mise en question de ce qui la dépasse en hauteur, en grandeur, en richesse, — il te fallait voir de tes yeux le problème de la *hiérarchie*, voir la puissance, le droit et l'étendue de la perspective s'accroître ensemble en même temps que l'altitude. Il te fallait... » ; il suffit, l'esprit libre *sait* désormais à quel impératif il a obéi, et aussi quel est maintenant son *pouvoir*, quels sont — à partir d'ici seulement — ses *droits*...

7

Telle est la réponse que se donne l'esprit libre au sujet de cette énigme de son affranchissement et il finit, généralisant son cas, par trancher ainsi de son expérience du vécu. « Il faut, se dit-il, que ce qui m'est arrivé arrive à tout homme en qui une *mission* veut prendre corps et ''venir au monde''. Sous tous les événements de sa vie et en chacun d'eux, c'est la puissance et la nécessité secrètes de cette mission qui décideront, comme une grossesse inconsciente, — longtemps avant qu'il ait lui-même envisagé cette mission et en sache le nom. C'est notre vocation qui dispose de nous, même quand nous ne la connaissons pas encore ; l'avenir qui dicte sa règle à notre présent. Étant admis que c'est de ce *problème de la hiérarchie* que nous pouvons dire qu'il est notre problème à nous, esprits libres : voici enfin qu'au midi de notre vie nous comprenons de quoi ce problème a eu besoin, préparations, détours, épreuves, tentatives, déguisements, avant d'*oser* se dresser devant nous, et qu'il nous a fallu commencer par éprouver la plus grande multitude d'heurs et malheurs contradictoires dans notre âme et dans notre corps, en aventuriers et circumnavigateurs de ce monde intérieur qui s'appelle '' l'homme'', en arpenteurs de tous les niveaux et degrés, ''l'un au-dessus de l'autre'' et ''plus haut'', qui s'appellent également ''l'homme'' — pénétrant partout, presque sans peur, et sans rien dédaigner ni rien perdre, goûtant à tout, passant pour ainsi dire toutes choses au crible pour les purifier de l'accidentel — avant qu'il nous soit enfin permis de dire, à nous esprits libres : ''Voici un problème *nouveau* ! Voici une longue échelle dont nous avons nous-mêmes occupé et gravi les échelons, — que nous avons *été* nous-mêmes à quelque moment ! Voici un plus haut, un plus bas, un au-dessous de nous, un étagement de longueur immense, une hiérarchie que nous voyons : voici *notre* problème ! ''... »

8

— Pas un instant, le stade auquel appartient (ou bien a été *placé*) ce présent livre dans l'évolution que je viens de décrire ne restera un secret pour le psychologue et le devin. Mais où y a-t-il aujourd'hui des psychologues ? En France, à coup sûr ; peut-être en Russie ; certainement pas en Allemagne. Il ne manque pas de raisons que pourraient invoquer les Allemands actuels pour se faire même un titre d'honneur de cet état de choses : tant pis pour un homme dont la nature et la constitution font en cela le contraire de l'Allemand ! Ce livre *allemand*, qui a su se trouver des lecteurs dans un vaste cercle de pays et de peuples (voici quelque dix ans qu'il a pris le départ) et qui se doit d'être expert dans n'importe quelle musique, n'importe quel art de flûter capables d'induire à l'écouter même des oreilles revêches d'étrangers —, c'est justement en Allemagne qu'on a lu ce livre avec le plus de négligence, qu'on l'a le plus mal *entendu* : à quoi cela tient-il ? — « Il exige trop, m'a-t-on répondu, il s'adresse à des hommes que ne tourmentent pas de grossiers devoirs, il réclame finesse et délicatesse d'esprit, c'est le superflu qu'il lui faut, un luxe de loisir, de ciel et de cœur lumineux, d'*otium* au sens le plus risqué : toutes bonnes choses que nous ne saurions avoir, Allemands d'aujourd'hui, ni partant fournir. » — Sur cette réponse si jolie, ma philosophie me conseille de me taire et de renoncer aux questions ; d'autant plus qu'en certains cas, comme le suggère le proverbe[1], on ne *reste* philosophe qu'autant qu'on... *garde le silence*.

Nice, printemps 1886.

Des principes et des fins

1. *Chimie des idées et sentiments*[1].

Les problèmes philosophiques reprennent presque en tous points aujourd'hui la même forme interrogative qu'il y a deux mille ans. Comment quelque chose peut-il naître de son contraire, par exemple la raison de l'irrationnel, le sensible de l'inerte, la logique de l'illogisme, la contemplation désintéressée du vouloir avide, l'altruisme de l'égoïsme, la vérité des erreurs ? La philosophie métaphysique esquivait jusqu'à présent ces difficultés en niant que l'un pût engendrer l'autre et en admettant, pour les choses estimées supérieures, une origine miraculeuse, immédiatement issue du vif et de l'essence de la « chose en soi ». La philosophie historique, au contraire, la plus récente de toutes les méthodes philosophiques, qui ne peut plus se concevoir du tout séparée des sciences de la nature, a réussi, dans certains cas particuliers (et elle arrivera vraisemblablement à ce même résultat dans tous les cas), à trouver que ce ne sont point là des contraires, sauf dans l'exagération habituelle à la conception populaire ou métaphysique, et qu'il y a à la base de cette opposition une erreur de la raison : suivant son explication, il n'y a en toute rigueur ni conduite non égoïste, ni contemplation parfaitement désintéressée, l'une et l'autre n'étant que des sublimations dans lesquelles l'élément fondamental semble presque volatilisé et ne trahit plus son existence qu'à l'observation la plus fine. — Tout ce dont nous avons besoin, et que nous ne saurions tenir que du niveau actuel de chacune des sciences, c'est une *chimie* des représentations et sentiments moraux, religieux, esthétiques, ainsi que de toutes ces émotions que nous ressen-

tons en relation avec les grands et les petits courants de notre
civilisation et de notre société, voire dans la solitude : mais si
cette chimie aboutissait à la conclusion que, même dans ce
domaine, les couleurs les plus magnifiques sont obtenues à partir
de matières viles, voire méprisées ? Y aura-t-il beaucoup de gens
pour avoir envie de suivre pareilles recherches ? L'humanité aime
s'ôter de l'esprit ces questions d'origine et de commencements :
ne faut-il pas être quasiment déshumanisé pour se sentir le penchant opposé ?...

2. *Péché originel des philosophes*[1].

Tous les philosophes ont en commun ce défaut qu'ils partent
de l'homme actuel et s'imaginent arriver au but par l'analyse
qu'ils en font. Ils se figurent vaguement « l'homme », sans le
vouloir, comme *aeterna veritas*, comme réalité stable dans le
tourbillon de tout, comme mesure assurée des choses. Mais tout
ce que le philosophe énonce sur l'homme n'est au fond rien de
plus qu'un témoignage sur l'homme d'un espace de temps *très
limité*. Le manque de sens historien est le péché originel de tous
les philosophes ; beaucoup, sans s'en rendre compte, prennent
même pour la forme stable dont il faut partir la toute dernière
figure de l'homme, telle que l'a modelée l'influence de certaines religions, voire de certains événements politiques. Ils ne veulent pas comprendre que l'homme est le résultat d'un devenir,
que la faculté de connaître l'est aussi ; alors que quelques-uns
d'entre eux font même sortir le monde entier de cette faculté
de connaître. — Or, tout *l'essentiel* de l'évolution humaine s'est
déroulé dans la nuit des temps, bien avant ces quatre mille ans
que nous connaissons à peu près ; l'homme n'a sans doute plus
changé beaucoup au cours de ceux-ci[2]. Mais voilà que le philosophe aperçoit des « instincts » chez l'homme actuel et admet
qu'ils font partie des données immuables de l'humanité, qu'ils
peuvent fournir une clé pour l'intelligence du monde en général ; toute la téléologie est bâtie sur ce fait que l'on parle de
l'homme des quatre derniers millénaires comme d'un homme
éternel sur lequel toutes les choses du monde sont naturellement
alignées depuis le commencement. Mais tout résulte d'un deve-

nir; il n'y a *pas* plus *de données éternelles* qu'il n'y a de vérités absolues. — C'est par suite la *philosophie historique* qui nous est dorénavant nécessaire, et avec elle la vertu de modestie.

3. *Estime des vérités discrètes.*

La marque d'un haut degré de civilisation est d'estimer les petites vérités discrètes, découvertes par une méthode rigoureuse, plus haut que les erreurs éblouissantes, dispensatrices de bonheur, qui nous viennent des siècles et des hommes d'esprit métaphysique et artiste. Contre les premières, on commence par avoir l'injure aux lèvres, comme s'il ne pouvait être question ici de la moindre égalité de droits : autant celles-ci sont modestes, simples, froides, voire décourageantes en apparence, autant les autres ont de beauté à offrir, d'éclat, d'ivresse, peut-être même de félicité. Il n'empêche que ces acquisitions ardues, certaines, durables, et par là même grosses de conséquences pour toute connaissance ultérieure, sont d'un niveau supérieur, s'y tenir est viril et dénote l'audace, la droiture, la réserve. Petit à petit, ce ne sera plus seulement l'individu, mais l'ensemble de l'humanité qui se haussera à cette virilité, quand elle se sera enfin habituée à accorder une valeur plus élevée aux connaissances solides, durables, et qu'elle aura perdu toute croyance à l'inspiration, à la communication miraculeuse des vérités. — Au début, il est vrai, les adorateurs des *formes*, avec leur échelle du beau et du sublime, auront de bonnes raisons de se moquer, dès lors que l'estime des vérités discrètes et l'esprit scientifique commenceront à prendre le dessus : mais ce sera tout bonnement, ou bien que leur œil ne se sera pas encore ouvert au charme de la forme *la plus simple*, ou bien que les hommes élevés dans cet esprit n'en seront pas encore, et de longtemps, entièrement et intimement pénétrés, si bien qu'ils continueront à reproduire mécaniquement les vieilles formes (et cela plutôt mal, comme fait quiconque n'est plus guère attaché à une cause). Par le passé, l'esprit, qui n'était pas sollicité par la rigueur de la pensée, mettait tout son sérieux à ourdir formes et symboles. Les choses ont changé; ce sérieux appliqué aux symbolismes est désormais la caractéristique d'un bas niveau de culture; de même que nos arts ne cessent de s'intellectualiser, nos sens de se spiritualiser, et que de nos jours, par exemple, on juge tout autrement qu'il y a cent ans de ce qui est harmonieux aux sens : de même les formes de notre vie se font de plus en plus *spirituelles*, peut-être *plus laides* au regard d'époques antérieures, mais pour la seule raison que ce regard n'est pas capable de voir à quel point s'approfondit et s'élargit sans cesse le royaume de la beauté intérieure, spirituelle, et combien un simple regard où brille l'esprit doit maintenant avoir pour nous tous plus de valeur que la plus belle proportion, que la plus sublime architecture.

4. *A l'instar de l'astrologie.*

Il est vraisemblable que les objets du sentiment religieux, moral et esthétique ne tiennent également tous qu'à la surface des choses, tandis que l'homme se plaît à croire que là du moins il touche au cœur même du monde ; il se fait illusion parce que ces choses lui valent un bonheur et une infortune si profonds, et en cela donc il témoigne du même orgueil qu'en astrologie. Celle-ci en effet s'imagine que le ciel étoilé gravite autour de la destinée de l'homme ; quant à l'homme moral, il suppose, lui, que ce qui lui tient essentiellement à cœur est nécessairement aussi l'essence et le cœur des choses.

5. *Le rêve mal entendu.*

Aux tout premiers âges d'une civilisation encore rudimentaire, l'homme a cru découvrir dans le rêve un *second monde réel* ; c'est là l'origine de toute métaphysique. Sans le rêve, on n'aurait pas trouvé le moindre motif de couper le monde en deux. La scission de l'âme et du corps se rattache aussi à la plus archaï-que conception du rêve, tout comme l'hypothèse d'un simula-cre corporel de l'âme, en somme l'origine de toute croyance aux esprits, et de même, vraisemblablement, de la croyance aux dieux. « Le mort continue à vivre ; car il apparaît en rêve aux vivants » : tel est le raisonnement qui s'est fait autrefois, des millénaires durant.

6. *L'esprit de la science*
puissant dans le détail, non dans le tout.

Les domaines distincts de la science, et *les moindres*, sont traités de façon purement objective : les sciences majeures et universelles, au contraire, si on les regarde comme un tout, font monter aux lèvres la question, tout idéale, il est vrai : pour quoi faire ? quelle utilité ? C'est à cause de cette considération d'utilité que l'on en traite l'ensemble moins impersonnellement que les parties. Pour ce qu'elle représente le sommet de toute la pyramide du savoir, c'est dans la philosophie surtout que se trouve involontairement soulevée cette question de l'utilité de la connaissance en général, et toute philosophie nourrit inconsciemment le dessein de lui attribuer la *plus haute* utilité. C'est pourquoi il y a tant de métaphysique de haut vol dans toutes les philosophies, et une telle horreur des solutions apparemment insignifiantes de la physique ; car *il faut* que l'importance de la connaissance pour la vie apparaisse aussi grande que possible. Là est l'antagonisme entre les domaines scientifiques particuliers et la philosophie. Cette dernière veut la même chose que l'art, donner le plus de profondeur et de sens possible à la vie et à l'action ; dans les premiers, on cherche la connaissance et rien de plus, — quoi qu'il puisse en sortir. Jusqu'à présent, il n'y a pas encore eu de philosophe entre les mains de qui la philosophie n'ait pas tourné à quelque apologie de la connaissance ; chacun du moins est optimiste sur ce point, la nécessité de lui attribuer l'utilité suprême. Ils sont tous tyrannisés par la logique : et celle-ci est essentiellement optimisme.

7. *Le trouble-fête de la science.*

La philosophie se sépara de la science lorsqu'elle posa la question : quelle est la connaissance du monde et de la vie qui permet à l'homme l'existence la plus heureuse ? Événement qui se produisit dans les écoles socratiques : à prendre le point de vue

du *bonheur*, on lia les veines à la recherche scientifique — et
on continue de nos jours.

8. *Explication pneumatique de la nature.*

La métaphysique explique en quelque sorte *pneumatiquement*
le Livre de la nature, comme l'Église et ses docteurs faisaient
autrefois la Bible. Il faut beaucoup d'intelligence pour appliquer à la nature le même genre d'interprétation rigoureuse que
les philologues ont désormais établi pour tous les livres : en vue
de comprendre simplement ce que le texte veut dire, mais sans
y flairer, ni même y supposer un *double* sens. Pourtant, tout
comme le mauvais moyen d'explication est loin d'être entièrement aboli même en ce qui touche les livres, et que l'on se heurte
constamment, dans la meilleure société cultivée, à des vestiges
d'interprétation allégorique et mystique : il en va de même en
ce qui concerne la nature — et encore, c'est bien pis.

9. *Monde métaphysique.*

Il est vrai qu'il pourrait y avoir un monde métaphysique ; la
possibilité absolue n'en est guère contestable. Toutes les choses
que nous regardons passent par notre tête d'homme, et nous
ne saurions trancher cette tête ; la question n'en demeure pas
moins de savoir ce qu'il resterait du monde une fois qu'on l'aurait
cependant tranchée. C'est là un problème purement scientifique, et fort peu fait pour mettre les hommes en souci ; mais tout
ce qui leur a jusqu'ici rendu les hypothèses métaphysiques *précieuses, redoutables, plaisantes*, ce qui les a enfantées, c'est la
passion, l'erreur, l'art de se tromper soi-même ; ce sont, non
pas les meilleures, mais bien les pires méthodes de connaissance
qui ont enseigné à y croire. Découvrir dans ces méthodes le fondement de toutes les religions et métaphysiques existantes, c'est
les réfuter du même coup. Reste alors cette possibilité que nous
disions ; mais d'elle, on ne peut rien faire du tout, à plus forte
raison raccrocher le bonheur, le salut et la vie aux fils arachnéens d'une telle possibilité. — Car, de ce monde métaphysi-

que, on ne pourrait rien affirmer sinon une différence d'être, être et différence qui nous sont inaccessibles, inconcevables ; ce serait une chose à qualités négatives. — Et quand bien même l'existence de ce monde serait on ne peut mieux prouvée, il n'en serait pas moins certain que cette connaissance serait justement de toutes la plus indifférente : plus indifférente encore que ne l'est nécessairement au marin menacé par la tempête la connaissance de l'analyse chimique de l'eau.

10. *La métaphysique sans danger à l'avenir.*

Dès lors que la religion, l'art et la morale voient leur genèse décrite en sorte que l'on puisse se les expliquer complètement sans recourir à l'hypothèse d'*interventions métaphysiques* au commencement et au cours de leur carrière, c'en est fait de l'intérêt le plus puissant que l'on ait porté au problème purement théorique de la « chose en soi » et du « phénomène ». Car enfin, quoi qu'il en soit, par la religion, l'art et la morale, nous ne touchons pas à « l'essence du monde en soi » ; nous sommes dans le domaine de la représentation, aucune « intuition » ne saurait nous porter plus loin. La question de savoir comment notre image du monde peut s'écarter si fortement de l'essence du monde que l'on a inférée, c'est en toute quiétude qu'on l'abandonnera à la physiologie et à l'histoire de l'évolution des organismes et des idées.

11. *Le langage, science prétendue*[1].

L'importance du langage dans le développement de la civilisation réside en ce que l'homme y a situé, à côté de l'autre, un monde à lui, un lieu qu'il estimait assez solide pour, s'y appuyant, sortir le reste du monde de ses gonds et s'en rendre maître. Dans la mesure même où l'homme, durant de longues périodes, a cru aux concepts et aux noms des choses comme à autant d'*aeternae veritates*, il a vraiment fait sien cet orgueil avec lequel il s'élevait au-dessus de l'animal : il s'imaginait réellement tenir dans le langage la connaissance du monde. L'artiste du verbe n'était pas assez modeste pour croire qu'il ne faisait qu'attribuer des dénominations aux choses, il se figurait au contraire exprimer dans ses mots le suprême savoir des choses ; le langage est en fait la première étape dans la quête de la science. Là aussi, c'est de *la foi dans la vérité découverte* qu'ont jailli les sources de force les plus abondantes. C'est bien après coup, c'est tout juste maintenant que les hommes commencent à se rendre compte de l'énorme erreur qu'ils ont propagée avec leur croyance au langage. Il est heureusement trop tard pour qu'il puisse en résulter un retour en arrière de l'évolution de la raison qui repose sur cette croyance. — La *logique* aussi repose sur des postulats auxquels rien ne correspond dans le monde réel, par exemple le postulat de l'égalité des choses, de l'identité de la même chose à des points différents du temps : mais cette science est née de la croyance opposée (qu'il y avait assurément des choses de ce genre dans le monde réel). Il en va de même des *mathématiques*, qui ne se seraient certainement pas constituées si l'on avait su d'emblée qu'il n'y a dans la nature ni ligne exactement droite, ni cercle véritable, ni mesure absolue de grandeur.

12. *Rêve et civilisation.*

La fonction cérébrale qui a le plus à souffrir du sommeil est la mémoire : non qu'elle cesse complètement, — mais elle se trouve ramenée à un état d'imperfection qui rappelle ce qu'elle a pu être, en plein jour et en pleine veille, chez tous les individus des premiers temps de l'humanité. Arbitraire et confuse comme elle est, elle confond perpétuellement les choses en s'appuyant sur les analogies les plus fugaces ; mais c'est avec le même arbitraire et la même confusion que les peuples ont créé leurs mythologies, et il n'est pas rare que de nos jours encore des voyageurs observent à quel point le sauvage incline à l'oubli, son esprit se mettant à battre la campagne après une brève contention de la mémoire, ce qui l'amène à produire mensonges et absurdités par pur et simple relâchement. Mais dans nos rêves nous ressemblons tous à ce sauvage ; identification défectueuse et assimilation erronée sont cause des fautes de raison-

nement dont nous nous rendons coupables en rêve : si bien qu'à
nous remémorer clairement un de nos rêves nous nous faisons
peur à nous-mêmes pour abriter tant de sottise en nous. — La
netteté parfaite de toutes les représentations oniriques, qui
découle de la croyance absolue à leur réalité, nous rappelle à
son tour certains états de l'humanité primitive, dans laquelle
l'hallucination était extrêmement fréquente et s'emparait parfois en même temps de communautés, de peuples tout entiers.
Ainsi donc, nous refaisons de bout en bout, dans le sommeil
et le rêve, le pensum d'un état ancien de l'humanité.

13. *Logique du rêve*[1].

Dans le sommeil, de multiples facteurs internes maintiennent
notre système nerveux en excitation, presque tous nos organes
sont séparément en activité, le sang accomplit son impétueuse
révolution, la position du dormeur comprime certains membres,
ses couvertures influent diversement sur ses sensations, l'esto-
mac digère et gêne d'autres organes par ses mouvements, les
intestins se tordent, la position de la tête entraîne des situations
musculaires inhabituelles, les pieds sans chaussures, les plantes
n'appuyant pas sur le sol, provoquent la sensation de l'insolite,
ainsi que l'habillement différent du corps entier — toutes choses qui, en proportion de leur changement quotidien d'intensité, excitent par leur côté exceptionnel l'ensemble du système
jusques et y compris la fonction cérébrale : et ainsi il y a cent
motifs pour l'esprit de s'émerveiller et de chercher des *raisons*
à cette excitation ; mais c'est le rêve qui est *la recherche et la
représentation des causes* de ces sensations ainsi excitées, des
causes imaginaires, s'entend. Il se peut par exemple que celui
qui serre ses pieds dans deux courroies rêve que deux serpents
les tiennent dans leurs anneaux ; c'est d'abord une hypothèse,
puis une croyance, accompagnée d'une représentation figurée
qui est une fiction : « Ces serpents sont nécessairement la cause
de cette sensation que j'ai, moi, le dormeur », — ainsi juge
l'esprit du dormeur. Le passé récent qu'il infère de la sorte lui
devient présent grâce à son imagination excitée[2]. Tout le
monde sait ainsi par expérience combien le rêveur a tôt fait

d'introduire dans la trame de son rêve un son qui lui parvient avec force, par exemple une sonnerie de cloches, des coups de canon, c'est-à-dire de l'expliquer *après coup* par ce rêve même, de sorte qu'il *s'imagine* vivre d'abord les circonstances déterminantes, et percevoir ensuite le son. — Mais d'où vient que l'esprit du rêveur commet toujours de telles bévues, alors que ce même esprit à l'état de veille se montre d'habitude si réaliste, si prudent, et quant à ses hypothèses si sceptique ? au point même qu'il suffit de la première hypothèse venue pour expliquer une sensation et croire aussitôt à sa vérité ? (car en rêve nous croyons au rêve comme s'il était réalité, c'est-à-dire que nous tenons notre hypothèse pour entièrement démontrée). — Je pense quant à moi ceci : c'est de la même manière dont l'homme raisonne encore en rêve aujourd'hui que l'humanité a raisonné *à l'état de veille* pendant des milliers et des milliers d'années ; la première cause qui se présentait à l'esprit pour expliquer quelque chose qui avait besoin d'explication lui suffisait et passait pour vérité[1]. (C'est encore ainsi, d'après les récits des voyageurs, que procèdent les sauvages de nos jours). C'est cette part archaïque d'humanité qui dans le rêve continue d'agir en nous, car elle est le fondement sur lequel la raison supérieure s'est développée et se développe encore en tout homme : le rêve nous ramène à des états reculés de la civilisation humaine et nous fournit un moyen de les comprendre mieux. Si la pensée onirique nous est aujourd'hui si facile, c'est justement que nous avons été si bien dressés à cette forme d'explication fantasque et gratuite par la première idée venue. En cela, le rêve est un délassement pour le cerveau, obligé dans la journée de satisfaire aux sévères exigences qu'impose à la pensée un niveau plus élevé de civilisation. — C'est un phénomène analogue, véritable porte et vestibule du rêve, que nous pouvons encore observer sur l'intelligence à l'état de veille. Quand nous fermons les yeux, le cerveau produit une quantité d'impressions lumineuses et de couleurs, sorte de résonance et d'écho, vraisemblablement, de tous ces effets de la lumière qu'il absorbe dans la journée. Mais alors, l'intelligence (alliée à l'imagination) élabore aussitôt ces jeux de couleurs, en soi amorphes, en formes et figures déterminées, paysages, groupes animés. Le phénomène particulier qui intervient ici est lui aussi une sorte de conclusion de l'effet à la cause ; se demandant d'où viennent ces impressions lumineuses et ces couleurs, l'esprit leur suppose pour causes ces formes et figures : il y voit les occasions ayant déterminé ces couleurs et ces lumières parce que le jour, les yeux ouverts, il est habitué à trouver une cause occasionnelle à chaque couleur, chaque impression lumineuse. Ici donc l'imagination lui fournit sans arrêt des images qu'elle produit en s'appuyant sur les impressions visuelles du jour, et c'est précisément ainsi que procède l'imagination onirique : — entendons que la cause prétendue est inférée de l'effet et imaginée *d'après* l'effet ; le tout avec une rapidité extraordinaire, si bien qu'il peut en résulter, comme en présence d'un prestidigitateur, un trouble du jugement, et une succession prenant une allure de simultanéité, voire de succession inversée. Nous pouvons déduire de ces phénomènes que la pensée logique tant soit peu précise, la distinction rigoureuse de la cause et de l'effet, se sont développées *fort tardivement*, dès lors que nos fonctions rationnelles et intellectuelles, *maintenant encore*, reviennent involontairement à ces formes primitives de raisonnement et que nous passons à peu près la moitié de notre vie dans cet état. Le poète aussi, l'artiste, *suppose* à ses états d'âme et d'esprit des causes qui ne sont pas du tout les vraies ; c'est en quoi il évoque une humanité encore archaïque et peut nous aider à la comprendre.

14. *Résonance.*

Toutes les vibrations *assez intenses* de l'âme provoquent une résonance d'impressions et d'états analogues ; elles fouillent pour ainsi dire la mémoire. Elles suscitent en nous quelque réminiscence, éveillent la conscience d'états semblables et de leur origine. Il se forme ainsi de promptes et familières associations de sentiments et d'idées, que l'on finit, lorsqu'elles se succèdent à la vitesse de l'éclair, par ne plus même percevoir comme des complexes, mais bien comme des *unités*. C'est en ce sens que l'on parle de sentiment moral, de sentiment religieux, comme s'il s'agissait d'authentiques unités : ce sont en vérité des fleuves avec des centaines de sources et d'affluents. Ici non plus, comme c'est si souvent le cas, l'unité du mot ne garantit en rien l'unité de la chose.

15. *Ni dedans ni dehors dans le monde.*

Si Démocrite transférait les concepts de haut et de bas à l'espace infini où ils n'ont aucun sens, les philosophes[1] font généralement de même pour le concept de « dedans et dehors », appliqué à l'essence et au phénomène du monde; ils croient que c'est par les sentiments profonds que l'on va au fond, au dedans, que l'on approche le cœur de la nature. Mais ces sentiments ne sont profonds que dans la mesure où sont régulièrement et presque imperceptiblement excités en même temps qu'eux certains groupes complexes de pensées que nous appelons profonds; un sentiment est profond du moment que nous estimons profonde la pensée qui l'accompagne. Mais une pensée profonde peut néanmoins être très éloignée de la vérité, comme par exemple toute pensée métaphysique; si l'on ôte du sentiment profond ce qui s'y mêle d'éléments intellectuels, il reste le sentiment *fort*, et celui-ci n'apporte d'autre garantie à la connaissance que lui-même, tout comme une croyance forte ne prouve que sa force, nullement la vérité de ce qu'elle croit.

16. *Phénomène et chose en soi*[2].

Les philosophes prennent d'habitude devant la vie et l'expérience — devant ce qu'ils appellent le monde phénoménal — la même attitude que devant un tableau déployé une fois pour toutes et qui montre toujours le même déroulement immuablement fixé; c'est ce déroulement, opinent-ils, qu'il faut interpréter correctement afin de conclure de là à l'être qui serait à l'origine du tableau : à la chose en soi, donc, qui est toujours considérée d'habitude comme la raison suffisante du monde des phénomènes. A l'opposé, après avoir strictement constaté l'identité du concept de métaphysique et de celui d'inconditionné, d'inconditionnant aussi, par voie de conséquence, des logiciens plus rigoureux ont contesté tout lien possible entre l'inconditionné (le monde métaphysique) et le monde qui nous est connu : tant et si bien que dans le phénomène ce n'est justement *pas* du tout la chose en soi qui apparaît, et qu'il convient de rejeter toute conclusion de celui-ci à celle-là. Mais des deux côtés on néglige l'éventualité que ce tableau — ce qui pour nous, hommes, s'appelle maintenant vie et expérience — résulte d'un lent *devenir*, soit même encore *en plein devenir*, et ne puisse pour cette raison être considéré comme une grandeur fixe à partir de laquelle on aurait le droit d'établir ou même seulement de rejeter une conclusion quant à son auteur (la raison suffisante). Depuis des millénaires, nous avons regardé le monde avec des prétentions morales, esthétiques, religieuses, avec un aveuglement d'inclination, de passion ou de crainte, nous nous y sommes livrés par une vraie débauche aux mauvaises manières de la pensée illogique, et c'est pourquoi ce monde est *devenu* peu à peu si merveilleusement bigarré, terrifiant, riche d'âme et de significations profondes, c'est cela qui lui a donné sa couleur, — mais c'est nous qui en avons été les coloristes : c'est l'intellect humain qui a fait apparaître le phénomène et introduit dans les choses ses conceptions de base erronées. Il est tard, très tard quand il s'avise de réfléchir : et voici que le monde de l'expérience et la chose en soi lui paraissent si extraordinairement différents et séparés qu'il rejette toute conclusion de celui-là à celle-ci — ou encore qu'il exige, avec d'effroyables airs de mystère, *l'abdication* de notre intellect, de notre volonté personnelle : ceci afin de parvenir à l'Essentiel en *s'essentialisant* soi-même. D'autres, en revanche, ont recueilli tous les traits caractéristiques de notre monde phénoménal — c'est-à-dire de notre représentation du monde tramée d'erreurs intellectuelles et héréditairement acquise — et *au lieu d'accuser l'intellect coupable*, ils ont incriminé l'essence des choses, cause de ce caractère effectif et très inquiétant du monde, et prêché le salut par le renoncement à l'être. — Toutes ces conceptions, le progrès constant et ardu de la science en viendra définitivement à bout le jour où il célébrera enfin son triomphe suprême dans une *histoire de la genèse de la pensée*, et le résultat pourrait bien en aboutir à cette proposition : ce que nous appelons actuellement le monde est le résultat d'une foule d'erreurs et de fantasmes qui ont pris progressivement naissance au cours de l'évolution globale des êtres organisés, se sont accrus en s'enchevêtrant et nous sont maintenant légués à titre de trésor accumulé de tout le passé,

— oui, trésor : car la *valeur* de notre humanité repose là-dessus. De ce monde de la représentation, la science exacte ne peut effectivement nous délivrer que dans une mesure restreinte — aussi bien ce n'est pas chose souhaitable —, pour autant qu'elle est incapable de briser pour l'essentiel la puissance d'habitudes archaïques de la sensibilité : mais elle peut très progressivement et graduellement éclairer l'histoire de la genèse de ce monde comme représentation — et pour quelques instants au moins nous élever au-dessus de son déroulement tout entier. Peut-être reconnaîtrons-nous alors que la chose en soi est bien digne d'un rire homérique, elle qui *paraissait* être tant, voire tout, et à vrai dire *est* vide, vide de sens.

17. *Explications métaphysiques.*

L'être jeune prise les explications métaphysiques parce qu'elles lui montrent quelque plénitude de sens dans des choses qu'il trouvait désagréables ou méprisables ; et s'il est mécontent de soi, ce sentiment se fera plus léger quand il reconnaîtra l'énigme ou la misère la plus profonde du monde dans ce qu'il réprouve tant en lui-même. Se sentir plus irresponsable et en même temps trouver les choses plus intéressantes, voilà le double bienfait qu'il lui semble devoir à la métaphysique. Plus tard, certes, il lui viendra quelque méfiance de toutes les espèces d'explication métaphysique, et il verra peut-être alors qu'il est possible d'obtenir les mêmes effets tout aussi bien et plus scientifiquement, par une autre voie ; que les explications physiques et historiques provoquent un sentiment au moins aussi intense d'irresponsabilité, et qu'elles communiquent peut-être plus de feu encore à cet intérêt qu'il porte à la vie et à ses problèmes.

18. *Questions fondamentales de la métaphysique.*

Une fois que l'histoire de la genèse de la pensée sera écrite, la proposition suivante d'un excellent logicien s'en trouvera éclairée aussi d'un jour nouveau : « La loi générale, originelle, du sujet connaissant consiste dans la nécessité intérieure de reconnaître tout objet en soi, dans son essence propre, pour un objet identique à soi-même, donc existant par lui-même et demeurant au fond toujours pareil et immuable, bref pour une substance. »[1] Cette loi, qui est dite ici « originelle », a eu elle aussi une histoire : on montrera un jour que cette tendance prend peu à peu naissance dans les organismes inférieurs, que les faibles yeux de taupe de ces organismes ne voient d'abord rien que toujours l'identique, qu'ensuite, quand se font plus discernables les différentes sensations de plaisir et de déplaisir, ils distinguent progressivement différentes substances, mais chacune avec un seul attribut, c'est-à-dire une relation unique avec un tel organisme. — Le premier degré de l'ordre logique est le jugement ; son essence, selon la constatation des meilleurs logiciens, consiste dans la croyance. Mais à la base de toute croyance il y a *la sensation de ce qui est agréable ou douloureux* relativement au sujet de la sensation. Une troisième et nouvelle sensation, résultat de deux sensations précédentes distinctes, voilà le jugement sous sa forme la plus rudimentaire.[2] — Êtres organisés que nous sommes, rien ne nous intéresse à l'origine en chaque chose que son rapport avec nous quant au plaisir et à la douleur. Entre les moments où nous prenons conscience de cette relation, les états où nous avons des sensations, s'en trouvent d'autres de repos, de privation de sensation : le monde et chaque chose sont alors pour nous sans aucun intérêt, nous n'y percevons aucune modification (comme maintenant encore un homme fortement préoccupé ne s'aperçoit pas que quelqu'un passe à côté de lui). Pour la plante, toutes choses sont d'ordinaire au repos, éternelles, chacune identique à soi-même. De la période des organismes inférieurs, l'homme a hérité la croyance qu'il existe des *choses identiques* (seule l'expérience élaborée par la science la plus poussée contredit cette proposition). La croyance première de tout le règne organique est peut-être même depuis le commencement que le reste du monde est tout entier un et immobile. — Ce qu'il y a de plus étranger à ce premier degré de logique, c'est l'idée de *causalité* : même maintenant, nous croyons encore au fond que nos sensations et nos actions sont toutes des effets de notre libre arbitre ; si l'individu sentant vient à s'observer soi-même, il tiendra toute sensation, toute modification pour quelque chose d'*isolé*, c'est-à-dire d'inconditionné, d'indépendant : quelque chose qui émerge de nous sans être relié à rien qui le précède ou le suive. Nous avons faim, mais n'imaginons pas, à l'origine, que notre organisme demande à être entretenu, il semble au contraire que ce sentiment s'impose *sans but ni raison*, il s'isole et se tient pour *arbitraire*. Donc, la croyance à la liberté de la volonté est une erreur originelle de tous les êtres du règne organique, aussi ancienne que les tendances logiques qui existent en eux ; la croyance à des substances absolues et à des choses identiques est également une erreur originelle, et aussi ancienne, de tout le règne organique. Or, pour autant que toute métaphysique s'est principalement occupée de substance et de liberté de la volonté, on pourra la caractériser justement comme la science qui traite des erreurs fondamentales de l'humanité, mais en les prenant pour des vérités fondamentales.

19. *Le nombre.*

L'invention des lois numériques s'est faite à partir de l'erreur qui régna dès les origines, savoir qu'il existerait plusieurs choses identiques (mais en fait il n'y a rien d'identique), que du moins il existerait des choses (mais il n'existe pas de « chose »). Admettre une pluralité, c'est toujours postuler qu'il y a *quelque chose* qui se présente plusieurs fois : mais c'est là justement que l'erreur est déjà maîtresse, là que nous feignons déjà entités et unités qui n'existent pas. — Nos perceptions de l'espace et du temps sont fausses parce qu'elles conduisent par un examen conséquent à des contradictions logiques. Toujours, dans toutes nos formules scientifiques, nous faisons inévitablement entrer quelques grandeurs fausses en ligne de compte ; mais ces grandeurs étant du moins *constantes*, comme par exemple notre perception de l'espace et du temps, les résultats de la science en reçoivent malgré tout une exactitude et une certitude parfaites dans leur enchaînement entre eux ; on peut continuer à bâtir sur eux — jusqu'à ce terme ultime où l'erreur du postulat fondamental, où ces fautes constantes entrent en contradiction avec les résultats, par exemple dans la théorie atomique. C'est bien là qu'encore et toujours nous nous sentons forcés de postuler

une « chose » ou un « substrat » matériel qui reçoit le mouvement, alors que toute la méthode scientifique s'est justement
donné pour tâche de résoudre en mouvements tout ce qui est
de nature réique (matérielle) : là encore, notre sensation nous
fait séparer ce qui meut et ce qui est mû, et nous ne sortons pas
de ce cercle parce que la croyance aux choses est liée à notre
être de toute ancienneté. — Lorsque Kant dit : « L'entendement
ne puise pas ses lois dans la nature, mais les prescrit à celle-
ci »[1], c'est on ne peut plus vrai relativement au *concept de
nature* que nous sommes forcés de rattacher à celle-ci (nature
= monde comme représentation, c'est-à-dire comme erreur),
mais qui ne représente que la sommation d'une quantité d'erreurs
de l'entendement. — A un monde qui *n'est pas* notre représentation, les lois numériques sont tout à fait inapplicables : elles
n'ont cours que dans le monde de l'homme.

20. *Reculer de quelques échelons*[2].

Un degré assurément très élevé de culture est atteint quand
l'homme surmonte ses terreurs, ses idées superstitieuses et religieuses, et cesse par exemple de croire aux anges gardiens ou
au péché originel, ne sait plus même parler du salut des âmes :
une fois parvenu à ce stade de libération, il lui reste à fournir
son plus intense effort de réflexion pour triompher encore de
la métaphysique. *Après quoi* cependant *un mouvement rétrograde* est nécessaire : il lui faut, de ces représentations, comprendre la justification historique autant que psychologique, il lui
faut reconnaître que les plus grands progrès de l'humanité sont
venus de là et que, faute de ce mouvement rétrograde, on se
priverait du meilleur de ce que l'humanité a réalisé jusqu'à présent. — Sur ce point de la métaphysique philosophique, de plus
en plus nombreux sont ceux, je le vois bien maintenant, qui en
ont atteint le terme négatif (à savoir que toute métaphysique
positive est une erreur), mais rares encore ceux qui reviennent
de quelques échelons en arrière ; c'est qu'il convient en effet de
franchir du regard le dernier degré de l'échelle, sans doute, mais
non pas de vouloir s'y tenir. Les plus éclairés réussissent tout

juste à se libérer de la métaphysique et à lui jeter en arrière un regard de supériorité : alors qu'il est aussi nécessaire ici qu'à l'hippodrome de tourner à l'extrémité de la piste.

21. *Victoire présumée du scepticisme.*

Prenons un peu au sérieux le point de départ du scepticisme : à supposer qu'il n'existe pas de monde autre, métaphysique, et que, du seul monde connu de nous, toutes les explications empruntées à la métaphysique soient inutilisables pour nous, de quel œil verrions-nous les hommes et les choses ? Cela, on peut l'imaginer, sera utile même en écartant une bonne fois la question de savoir si Kant et Schopenhauer ont jamais scientifiquement démontré quelque point de métaphysique. Car il est très possible, selon la vraisemblance historique, que les hommes deviennent un jour totalement et universellement *sceptiques* sous ce rapport ; la question sera donc alors : quelle forme prendra la société humaine sous l'influence de cette mentalité ? Peut-être la *preuve scientifique* d'un monde métaphysique quelconque sera-t-elle déjà si difficile que l'humanité ne se défera plus de quelque méfiance à son égard. Et pour peu que l'on nourrisse de la méfiance à l'égard de la métaphysique, les conséquences en seront les mêmes à tout prendre que si on l'avait directement réfutée et que l'on eût perdu licence de croire en elle. La question historique relative à une mentalité non métaphysique de l'humanité reste la même dans les deux cas.

22. *Scepticisme quant au* . monumentum aere perennius.

Un désavantage essentiel que comporte l'abolition des perspectives métaphysiques, c'est que l'individu restreint son horizon à sa brève existence et ne reçoit plus d'impulsions assez fortes pour œuvrer à des institutions durables, bâties pour des siècles ; il veut cueillir lui-même le fruit de l'arbre qu'il plante, et n'a donc plus envie de planter de ces arbres qui exigent une culture régulière durant des siècles et sont destinés à donner leur ombre à de longues suites de générations. Car l'apport des perspectives métaphysiques est la croyance qu'en elles se trouve donné le fondement ultime et définitif sur lequel tout l'avenir de l'humanité est désormais obligé de s'établir et de s'édifier ; l'individu aide à son salut en fondant par exemple une église, un monastère, c'est chose, croit-il, qui lui sera comptée et rendue dans la vie éternelle des âmes, c'est œuvrer au salut éternel de son âme. — La science peut-elle susciter elle aussi foi pareille en ses résultats ? En fait, elle a besoin du doute et de la méfiance, ses plus fidèles alliés ; il se peut néanmoins qu'avec le temps la somme des vérités intangibles, c'est-à-dire capables de survivre à tous les assauts du scepticisme, à toutes les désagrégations, s'accroisse au point (par exemple dans l'hygiène de la santé) que l'on se décide là-dessus à fonder des œuvres « éternelles »[1]. En attendant, le *contraste* de notre existence agitée d'éphémères avec la quiétude au long souffle des âges métaphysiques produit encore un effet trop fort du fait que les deux époques sont encore affrontées de trop près ; l'individu lui-même passe aujourd'hui par trop d'évolutions intérieures et extérieures pour oser ne serait-ce que s'organiser durablement et une fois pour toutes en fonction de sa propre existence[2]. Un homme vraiment moderne qui veut par exemple se bâtir une maison a le même sentiment que s'il allait s'emmurer vivant dans un mausolée.

23. *Le siècle de la comparaison*[3].

Moins les hommes sont liés par la tradition, plus aussi s'amplifie le branle intérieur de leurs motifs, comme à leur tour s'amplifient parallèlement l'agitation extérieure, l'enchevêtrement des courants humains, la polyphonie des aspirations. Pour qui subsiste-t-il maintenant l'obligation plus ou moins stricte encore de se lier à quelque lieu, soi et sa descendance ? Pour qui aussi bien subsiste-t-il encore le moindre lien strict ? De même que l'on imite les uns à côté des autres tous les styles d'art, de même fait-on de tous les degrés et de tous les genres de moralité, de mœurs, de civilisation. — Un siècle comme celui-ci tient son importance de ce que peuvent s'y comparer et s'y expérimenter côte à côte dans leur diversité les conceptions du monde, les mœurs, les civilisations ; ce qui n'était pas possible autrefois, chaque civilisation ayant son aire toujours localisée, en vertu de ce lien qui attachait genres et styles d'art à un lieu et à une époque. De nos jours, c'est une intensification du sens esthétique qui tranchera définitivement entre tant de formes offertes à la comparaison : elle en laissera périr la plupart, — toutes celles, précisément, que ce sens rejettera. On assiste de même aujourd'hui à une sélection des formes et des traditions de la moralité supérieure dont le but ne peut être que la disparition des moralités inférieures. C'est le siècle de la comparaison ! C'est là sa fierté, — mais aussi, en toute justice, sa souffrance. N'ayons pas peur de cette souffrance ! Essayons plutôt, avec toute la générosité dont nous sommes capables, de comprendre la tâche que nous impose ce siècle : de cela, la postérité nous bénira, — une postérité qui se saura aussi bien au-dessus des civilisations nationales, originales et fermées, qu'au-dessus de celle de la comparaison, mais jettera en arrière un regard de reconnaissance sur ces deux sortes de civilisation, sur ces vénérables antiquités.

24. *Possibilité du progrès.*

Quand un savant de l'ancienne civilisation fait serment de ne plus fréquenter les gens qui croient au progrès, il a raison. Car cette civilisation ancienne n'a plus de grandeur et de vertu qu'au passé, et la formation historique nous force à reconnaître qu'elle ne retrouvera jamais sa fraîcheur ; il faut pour le nier un esprit insupportablement borné ou tout aussi intolérablement exalté. Mais les hommes peuvent en pleine conscience décider d'orienter leur évolution vers une civilisation nouvelle, alors que jusqu'ici ils se développaient inconsciemment et au hasard : ils peuvent aujourd'hui créer des conditions meilleures pour la procréation des hommes, leur alimentation, leur éducation, leur instruction, gouverner l'économie de la terre en totalité, d'une manière générale mettre en œuvre et en balance les énergies humaines. Cette civilisation nouvelle, consciente, tuera l'ancienne qui, envisagée dans son ensemble, a mené une vie inconsciente d'animal et de végétal ; elle tuera aussi la méfiance à l'égard du progrès, — il est *possible*. Je veux dire : il y a étourderie et presque absurdité à croire que le progrès doive avoir lieu *nécessai-rement;* mais comment nier qu'il soit possible? Au contraire, un progrès dans le sens et par les voies de l'ancienne civilisa-tion n'est pas même concevable. Toujours est-il que lorsque l'irréalisme romantique emploie aussi le mot de « progrès » appli-qué à ses vues à lui (par exemple des civilisations nationales, originales et fermées), c'est chaque fois au passé qu'il en emprunte l'image; sa pensée et son imagination manquent de toute originalité en ce domaine.

• 25. *Morale privée et morale universelle* [1].

Depuis qu'a disparu la croyance en un Dieu qui dirigeait en grand les destinées du monde et qui, en dépit de toutes les sinuo-sités apparentes du chemin suivi par l'humanité, la guiderait jusqu'à l'issue dans la splendeur, c'est aux hommes eux-mêmes à se fixer des buts œcuméniques englobant toute la terre. L'ancienne morale, notamment celle de Kant, exige de l'indi-vidu de ces actions que l'on attend de tous les hommes : c'était chose belle autant que naïve; comme si tout un chacun savait sans plus quelle conduite est la plus profitable à l'ensemble de l'humanité, par suite quelles actions sont souhaitables en géné-ral; c'est une théorie comparable à celle du libre-échange avec son postulat que l'harmonie universelle doit *nécessairement* s'éta-blir d'elle-même en vertu de lois innées de perfectionnement. Mais dans la perspective future des besoins de l'humanité, il pourrait ne pas paraître souhaitable que tous les hommes agis-sent identiquement, il se pourrait même que dans l'intérêt de buts œcuméniques l'on eût à fixer des tâches spéciales, voire éventuellement mauvaises, à des secteurs entiers de l'humanité. — En tout cas, si l'on ne veut pas que l'humanité trouve sa pro-pre ruine dans ce gouvernement sciemment universel, il faut avant tout, pour servir de règle scientifique aux buts œcuméni-ques, acquérir une *connaissance des conditions de la civilisa-tion* dépassant tous les stades actuels. C'est là la tâche immense fixée aux grands esprits du siècle prochain.

26. *La réaction comme progrès* [1].

Il arrive qu'apparaissent des esprits abrupts, violents et entraînants, mais tout de même arriérés, qui ressuscitent par enchantement une phase révolue de l'humanité ; ils servent de preuve que les tendances nouvelles qu'ils contrarient ne sont pas encore assez fortes, qu'il leur manque quelque chose : elles tiendraient mieux tête, sinon, à ces enchanteurs. La Réforme de Luther, par exemple, témoigne ainsi que toutes les poussées de la liberté de l'esprit étaient encore à son époque incertaines, fragiles, trop jeunes ; la science ne pouvait pas encore dresser la tête. Bien mieux, la Renaissance tout entière ressemble à un printemps précoce presque aussitôt brûlé par les neiges. Mais, à notre siècle même, la métaphysique de Schopenhauer [2] aura montré que l'esprit scientifique n'est toujours pas assez fort : de sorte que c'est toute la conception du monde, toute l'image de l'homme du moyen âge chrétien qui, malgré la destruction depuis longtemps acquise de tous les dogmes chrétiens, a pu fêter sa résurrection dans la doctrine de Schopenhauer. La science entre pour beaucoup dans cette doctrine, mais ce n'est pas elle qui la domine, c'est le vieux « besoin métaphysique » bien connu. A coup sûr, l'un des plus grands avantages, et tout inappréciable, que nous tirons de Schopenhauer est bien qu'il ramène irrésistiblement parfois notre sensibilité à d'anciennes et souveraines manières de considérer le monde et les hommes, auxquelles ne nous conduirait aussi facilement aucun autre chemin. C'est un très grand bénéfice pour l'histoire de la justice ; je crois que de nos jours personne ne réussirait si facilement à rendre justice au christianisme et à ses frères asiatiques sans le secours de Schopenhauer : chose précisément impossible si l'on se place sur le terrain du christianisme actuel. Ce n'est qu'après cette grande *victoire de la justice*, qu'après avoir corrigé sur un point aussi essentiel la conception historique introduite par le siècle des lumières, que nous pourrons, pour le porter plus loin, reprendre le drapeau des lumières — ce drapeau aux trois noms de Pétrarque, Érasme, Voltaire. De la réaction, nous aurons fait un progrès.

27. *Relais de la religion* [1].

On croit faire l'éloge d'une philosophie en lui donnant à remplacer[2] la religion pour le peuple. Dans l'économie spirituelle, le besoin d'idées de transition se fait effectivement sentir à l'occasion ; le passage de la religion à la vision scientifique des choses est un saut brutal et dangereux, quelque chose qui est à déconseiller. Pour autant, cet éloge est bien fondé. Mais il faudrait tout de même finir aussi par comprendre que les besoins que la religion a satisfaits et que la philosophie est maintenant appelée à satisfaire ne sont pas immuables ; on peut et les *affaiblir* et les *détruire*. Pensons par exemple aux angoisses chrétiennes, aux gémissements sur la corruption de l'âme, à l'inquiétude du salut, — toutes représentations qui ne proviennent que d'erreurs de la raison et ne méritent vraiment aucune satisfaction, mais bien l'anéantissement. Une philosophie peut être utile ou bien *en donnant satisfaction* à ces besoins elle aussi, ou bien *en les supprimant* ; car ce sont des besoin acquis, circonscrits dans le temps, et qui reposent sur des hypothèses en contradiction avec celles de la science. On pourra ici, pour faire transition, recourir plutôt à *l'art* dans le but de soulager l'âme surchargée de sentiments ; car il entretient ces dites représentations beaucoup moins que ne le fait une philosophie métaphysique. Il est plus facile de passer ensuite de l'art à une science philosophique réellement libératrice[3].

28. *Mots discrédités.*

A bas ces mots d'optimisme et de pessimisme, usés jusqu'au dégoût ! Car le motif de les employer vient à manquer un peu plus chaque jour : ils ne sont plus absolument nécessaires aujourd'hui qu'aux bavards. Car enfin, pour quelle raison au monde quelqu'un irait-il se vouloir optimiste s'il n'a pas à défendre un Dieu qui *doit* avoir créé le meilleur des mondes du moment qu'il est lui-même le Bien et la Perfection ? et quel penseur a encore besoin de l'hypothèse d'un Dieu ? Mais il n'y a pas non

plus le moindre motif de passer à une profession de foi pessi-
miste si l'on n'a pas intérêt à contrer violemment les avocats
de Dieu, théologiens et philosophes théologisants, et à leur opposer avec force la thèse contraire, disant que le mal gouverne,
que le déplaisir l'emporte sur le plaisir, que le monde est un artifice manqué, la manifestation d'un vouloir-vivre mauvais. Mais
qui se soucie encore des théologiens aujourd'hui — hormis les
théologiens ? Toute théologie et toute guerre à la théologie mises
à part, il est évident que le monde n'est ni bon ni mauvais, qu'il
est encore moins le meilleur ou le pire, et que ces concepts de
« bon » et de « mauvais » n'ont de sens que par référence à
l'homme, bien mieux, qu'ils ne sont peut-être même pas justi-
fiés ici étant donné la manière dont on les emploie d'habitude :
invective ou glorification, nous devons en tout cas nous défaire
de cette conception du monde.

29. *Grisé par le parfum des fleurs.*

Le vaisseau de l'humanité a, s'imagine-t-on, un tirant d'eau
d'autant plus fort qu'il est plus chargé ; plus l'homme pense profondément, plus il sent finement, plus il s'estime haut, plus la
distance augmente qui le sépare des animaux, — plus il fait figure
de génie parmi les animaux, — plus on croit aussi qu'il se rap-
prochera en proportion de l'essence du monde et de sa connaissance : c'est aussi ce qu'il fait en réalité par la science, seulement
il *s'imagine* y arriver encore mieux par ses religions et ses arts.
Ceux-ci sont assurément une floraison du monde, mais nullement *plus voisine de la racine du monde* que ne l'est le pied :
ce n'est justement point par eux que l'on peut pénétrer mieux
l'essence des choses, encore que presque tout le monde le croie.
C'est cette *erreur* qui a rendu l'homme assez profond, subtil,
ingénieux pour tirer de sa sève cette floraison d'arts et de religions. La connaissance pure en eût été incapable. Qui nous dévoi-
lerait l'essence du monde nous infligerait à tous la plus pénible
désillusion. Ce n'est pas le monde comme chose en soi, mais
le monde comme représentation (comme erreur) qui est si riche
de sens, profond, prodigieux, si gros d'heur et de malheur. Ce
résultat conduit à une philosophie de la *négation logique du*

monde : laquelle se concilie d'ailleurs avec une affirmation pratique du monde aussi bien qu'avec ce qui en est le contraire.

30. *Mauvaises habitudes de raisonnement.*

Voici les paralogismes les plus coutumiers à l'homme : une chose existe, donc elle a des droits. On conclut ici de la capacité d'existence à la finalité, de la finalité à la légitimité. De même : une opinion rend heureux, donc elle est la vraie, son effet est bon, donc elle est elle-même bonne et vraie. C'est à l'effet que l'on attribue ici le prédicat : bienfaisant, bon, au sens d'utile, et l'on applique alors à la cause le même prédicat de bon, mais cette fois au sens de logiquement fondé. Ces propositions ont pour réciproque : une chose ne peut pas s'imposer, se maintenir, donc elle est mauvaise ; une opinion tourmente, irrite, donc elle est fausse. L'esprit libre, qui n'a que trop souvent à connaître de ce vice de raisonnement et à souffrir de ses conséquences, succombe fréquemment à la tentation de faire les déductions contraires qui, naturellement, sont en général tout aussi paralogiques : une chose ne peut pas s'imposer, donc elle est bonne ; une opinion rend malheureux, inquiète, donc elle est vraie.

31. *Nécessité de l'illogique* [1].

Au nombre des choses qui peuvent porter un penseur au désespoir se trouve d'avoir reconnu que l'illogique est nécessaire à l'homme, et qu'il en naît beaucoup de bien. L'illogique tient si solidement au fond des passions, du langage, de l'art, de la religion, et généralement de tout ce qui confère quelque valeur à la vie, que l'on ne saurait l'en arracher sans par là même gâter ces belles choses irréparablement. Ce sont les hommes par trop naïfs qui peuvent seuls croire à la possibilité de transformer la nature humaine en nature purement logique ; mais s'il devait y avoir des degrés pour approcher ce but, que ne faudrait-il pas laisser perdre chemin faisant ! Même l'être le plus raisonnable a de temps en temps besoin de retrouver la nature, c'est-à-dire *le fond illogique de sa relation avec toutes choses.*

32. *Nécessité d'être injuste* [1].

Tous les jugements sur la valeur de la vie sont formés illogi-
quement et sont par suite injustes. La fausseté du jugement tient
d'abord à la manière même dont en est donnée la matière, c'est-
à-dire très incomplètement, deuxièmement à la manière dont s'en
constitue la somme, et troisièmement à ce que chaque élément
distinct de cette matière est à son tour le résultat d'une connaissance fausse, et fausse de toute nécessité. Aucune expérience relative à un être humain, par exemple, si proche qu'il nous soit,
ne saurait être assez complète pour nous donner logiquement
le droit de procéder à une évaluation globale de cet être ; toutes
les évaluations sont précipitées et le sont nécessairement. Enfin,
l'étalon qui nous sert à mesurer, notre être, n'est pas une grandeur invariable, nous avons des humeurs et des fluctuations,
et nous devrions pourtant nous connaître nous-mêmes étalon
constant pour être justes en évaluant quelque chose que ce soit
dans son rapport avec nous. Peut-être va-t-il suivre de tout cela
qu'il ne faudrait pas juger du tout ; mais que ne nous est-il possible alors de *vivre* sans poser des valeurs, sans avoir d'aversion ni d'inclination ! — car toute aversion est liée à une
évaluation, toute inclination aussi. D'impulsion à se prêter ou
à se refuser à quelque chose que n'accompagnerait pas le sentiment de vouloir l'utile, d'éviter le mauvais, d'impulsion exempte
d'une sorte de connaissance appréciant la valeur du but, il n'en
existe pas chez l'homme. Nous sommes par définition des êtres
illogiques et par suite injustes, *et sommes capables de reconnaître
ce point* : c'est une des dissonances les plus fortes, les moins faciles à sauver, de l'existence.

33. *L'erreur sur la vie nécessaire à la vie* [2].

Toute croyance à la valeur et à la dignité de la vie repose sur
une pensée incorrecte ; elle n'est possible que parce que les sentiments de participation à la vie et à la souffrance universelles
de l'humanité sont très faiblement développés dans l'individu.
Même les hommes d'élite dont la pensée se hausse au-dessus de

leur personne n'envisagent pas cette vie universelle, mais des parties détachées et limitées. Si l'on est capable de fixer surtout son attention sur des exceptions, j'entends les natures nobles et les âmes pures, si l'on voit dans leur formation le but de l'évolution tout entière du monde, et si l'on prend plaisir à leurs activités, on pourra bien croire à la valeur de la vie, du fait que l'on *néglige* alors les autres hommes : donc que l'on fausse sa pensée. Et si de même l'on envisage bien la totalité des hommes, mais pour n'admettre chez eux qu'un seul genre de pulsions, les moins égoïstes, et les innocenter au regard des autres pulsions, on pourra derechef placer quelque espoir dans l'humanité prise en bloc et croire dans cette mesure à la valeur de la vie : dans ce cas encore, donc, par une incorrection de pensée. Mais que l'on adopte l'une ou l'autre de ces attitudes, on sera toujours de ce fait une *exception* parmi les hommes. Certes, la grande majorité des hommes supporte justement la vie sans trop rechigner, et *croit* ainsi à la valeur de l'existence, mais c'est bien parce que chacun ne veut et n'affirme que soi et ne sort pas de soi-même comme ces exceptions : de tout ce qui dépasse leur personne, ceux-là ne perçoivent rien ou tout au plus une ombre ténue. Ainsi donc, la valeur de la vie repose, pour l'homme du commun et de tous les jours, sur le seul fait qu'il se donne plus d'importance qu'au monde. La grande carence d'imagination dont il souffre le rend incapable d'accorder son sentiment sur celui d'autres êtres, si bien qu'il prend le moins de part possible à leur sort et à leur souffrance. Celui qui au contraire saurait y prendre réellement part ne pourrait que désespérer de la valeur de la vie ; s'il réussissait à s'assimiler et à ressentir la conscience totale de l'humanité, il s'effondrerait en maudissant l'existence, — car l'humanité n'a *aucun* but au total, et l'homme ne peut par suite, à en considérer la marche générale, y trouver ni consolation ni soutien, mais bien le désespoir. Si en tout ce qu'il fait il vient à envisager la radicale absence de buts humains, sa propre activité prendra à ses yeux un caractère de gaspillage. Mais se sentir *gaspillé* en son humanité (et non plus seulement en son individu), de la même manière que nous voyons la nature gaspiller ses fleurs une à une, c'est un sentiment qui passe tous les sentiments. — Mais qui en est capable ? Seul un poète, à coup sûr : et les poètes savent toujours se consoler.

34. *En guise de consolation.*

Mais notre philosophie ne tourne-t-elle pas ainsi à la tragédie? La vérité ne devient-elle pas ennemie de la vie, du mieux?
Il semble qu'une question nous démange la langue et ne veuille
pourtant s'énoncer : *peut*-on rester sciemment dans le mensonge?
et, s'il le faut absolument, la mort n'est-elle pas préférable? Car
d'impératif, il n'y en a plus; c'est qu'en effet la morale, pour
autant qu'elle était un impératif, est aussi bien que la religion
réduite à néant par notre manière de voir. La connaissance ne
peut laisser subsister de mobiles que le plaisir et le déplaisir, l'utilité et le détriment : mais comment ces mobiles vont-ils s'arranger du sens de la vérité? Eux aussi confinent en effet à des erreurs
(dans la mesure, on l'a dit, où c'est l'inclination et l'aversion,
avec leurs évaluations fort injustes, qui déterminent pour l'essentiel plaisir et déplaisir). Toute la vie humaine est tombée au fond
du mensonge; l'individu ne peut la tirer de ce puits sans avoir
la plus profonde raison de prendre en haine son passé[1], sans
trouver absurdes ses mobiles actuels, comme celui de l'honneur,
et opposer raillerie et mépris aux passions qui poussent dans
le sens de l'avenir et d'un bonheur futur. Est-il vrai qu'il ne resterait plus qu'une seule manière de penser qui aurait pour
conséquence personnelle le désespoir et pour conclusion théorique une philosophie de la destruction?[2] — Je crois que la
décision, quant aux répercussions de la connaissance, dépend
du *tempérament* personnel; tout aussi bien que cette répercus-
sion susdite, possible chez certaines natures, je pourrais en imaginer une autre, en vertu de laquelle se constituerait une vie
beaucoup plus simple et pure d'affections que n'est la nôtre à
présent : si bien que les vieux mobiles de la violence et de l'avidité garderaient encore leur force au début, sans doute, par suite
d'une habitude héritée du passé, mais iraient peu à peu s'affaiblissant sous l'influence purificatrice de la connaissance. On finirait par vivre parmi les hommes et avec soi-même comme dans
la *nature*, sans éloges, sans reproches, sans emportement, se
repaissant comme d'un spectacle de beaucoup de choses dont
on n'avait jusqu'alors que la peur. On serait débarrassé de

l'emphase et l'on ne sentirait plus l'aiguillon de l'idée que l'on
n'est pas seulement nature, que l'on est davantage. Il y faudrait,
certes, on l'a dit, un bon tempérament, une âme assurée, indul-
gente et au fond joyeuse, une humeur qui n'aurait pas besoin
de se garder de perfidies et d'éclats soudains, dont les manifestations ne porteraient pas trace de ce ton grondeur et de cette
hargne que l'on sait, traits odieux propres aux chiens et aux gens
qui ont vieilli à la chaîne. Un homme si bien sorti des fers normaux de la vie qu'il ne continue plus à vivre que pour améliorer sans cesse sa connaissance, doit au contraire pouvoir renoncer
sans envie ni dépit à beaucoup de ces choses, voire à presque
toutes, qui ont quelque valeur aux yeux des autres ; il faut que
lui *suffise*, comme étant le plus désirable, cet état qui le fait planer
librement et sans crainte au-dessus des hommes, des mœurs, des
lois et des évaluations traditionnelles des choses. La joie qui lui
vient de cette situation, il aime à la communiquer, et il n'a peut-
être rien d'autre à communiquer, — ce qui implique, il est vrai,
une privation, un renoncement de plus. Mais si l'on exige quand
même davantage de lui, il renverra d'un hochement de tête bienveillant à son frère, l'homme d'action libre, et ne fera peut-être
pas mystère d'un rien de moquerie : car la « liberté » de celui-
là, c'est encore une autre histoire.

II

Pour servir à l'histoire des sentiments moraux

35. *Avantages de l'observation psychologique* [1].

Que la réflexion sur l'humain, le trop humain — ou, comme dit le terme technique : l'observation psychologique — soit un des moyens qui nous permettent d'alléger le fardeau de la vie, que l'exercice de cet art nous procure certaine présence d'esprit dans les situations difficiles et quelque distraction au milieu d'un entourage ennuyeux, bien plus, qu'il nous rende possible une cueillette de maximes sur les terrains les plus épineux, les plus arides de notre vie, de sorte que nous nous en sentions un peu mieux, voilà ce que l'on croyait, ce que l'on savait... aux siècles passés. Pourquoi ce siècle-ci l'a-t-il oublié, ce siècle où, en Allemagne du moins, si ce n'est en Europe [2], la misère de l'observation psychologique se reconnaît à des signes nombreux ? Ce n'est pas tellement dans le roman, la nouvelle et l'étude philosophique, — qui sont l'œuvre d'êtres d'exception ; c'est déjà davantage dans les jugements portés sur les personnalités et les événements publics que fait défaut cet art de l'analyse et de la combinaison psychologiques ; mais c'est surtout à tous les niveaux de la société, où l'on parle sans doute beaucoup des hommes, mais pas du tout *de l'homme*. Pourquoi s'y prive-t-on du sujet de conversation le plus riche et le plus innocent ? Pourquoi ne lit-on même plus les grands maîtres de la maxime psychologique ? — car, ceci dit sans la moindre exagération : il se trouve rarement en Europe d'homme cultivé qui ait lu La Rochefoucauld et les auteurs de la même famille d'esprit et d'art [3] ; et plus rarement encore quelqu'un qui les connaisse et ne les dédaigne pas. Mais même ce lecteur exceptionnel y prendra probablement moins de plaisir que ne devrait lui en donner la forme de ces artistes ; car même l'esprit le plus fin n'est pas capable d'apprécier à sa juste valeur l'art d'aiguiser les maximes s'il n'y a pas été dressé, ne s'y est pas efforcé lui-même. Faute de cet enseignement pratique, on croit ce travail de la forme plus facile qu'il n'est, on n'y sent pas avec assez d'acuité ce qu'il comporte de réussite et de charme. C'est pourquoi les lecteurs actuels de maximes n'y prennent qu'un plaisir relativement insipide, n'y goûtent même que du bout des lèvres, si bien qu'ils en sont exactement au même point que les banals amateurs de camées : qui louent pour ne savoir aimer, et ont vite fait d'admirer, mais plus vite encore de s'esquiver.

36. *Objection* [1].

A moins qu'il n'y ait quelque argument à opposer à cette proposition disant que l'observation psychologique est un des attraits, des remèdes, des palliatifs de l'existence ? Ne serait-on pas suffisamment convaincu des conséquences fâcheuses de cet art pour en détourner désormais à dessein les personnes qui se cultivent ? Il se peut en fait qu'une certaine foi aveugle en la bonté de la nature humaine, une répugnance inculquée pour l'analyse des actions humaines, une sorte de pudeur en matière de nudité de l'âme, soient vraiment choses plus désirables pour la somme de bonheur d'un être humain que cette pénétration psychologique, qualité profitable en certains cas bien particuliers ; et la croyance au bien, aux hommes et aux actes vertueux, à une bienveillance impersonnelle abondamment diffuse dans le monde, a peut-être rendu les hommes meilleurs en ce qu'elle les a rendus moins méfiants. Que si l'on imite avec enthousiasme les héros de Plutarque, tout en éprouvant de la répulsion à dépister pour les mettre en doute les motifs de leurs actions, c'est tout bénéfice, non certes pour la vérité, mais bien pour la bonne marche de la société humaine : c'est l'erreur psychologique et, d'une manière générale, l'insensibilité en ce domaine qui aident l'humanité à progresser, alors que la connaissance de la vérité bénéficie probablement davantage de la force stimulante d'une hypothèse que La Rochefoucauld présentait ainsi en tête de la

première édition de ses *Sentences et maximes morales* : « Ce que
le monde nomme vertu n'est d'ordinaire qu'un fantôme formé
par nos passions, à qui on donne un nom honnête pour faire
impunément ce qu'on veut.[1] » La Rochefoucauld et les autres
maîtres français de l'étude psychologique (auxquels s'est joint
aussi ces temps derniers un Allemand, l'auteur des *Observations
psychologiques*[2]) ressemblent à des tireurs qui visent juste et
mettent régulièrement dans le noir, — mais dans le noir de la
nature humaine. Leur adresse suscite l'étonnement, mais un spectateur qui est guidé par l'amour des hommes et non par l'esprit
de la science finira par maudire cet art qui semble inculquer aux
âmes la tendance à rapetisser et à suspecter l'homme.

37. *Nonobstant* [3].

Quoi qu'il en soit de nos supputations pour et contre, dans
l'état actuel d'une certaine science bien déterminée, la renaissance de l'observation psychologique est devenue nécessaire, et
l'on ne peut plus épargner à l'humanité la vue cruelle de la table
de dissection, de ses scalpels et de ses pinces. Car le commandement revient ici à cette science qui s'enquiert de l'origine et
de l'histoire des sentiments moraux, comme on les appelle, et
dont la tâche, au fur et à mesure qu'elle progresse, est de poser
et de résoudre les complexes problèmes sociologiques ; l'ancienne
philosophie, elle, ignore complètement ces derniers et a toujours
esquivé par de piètres faux-fuyants l'étude de l'origine et de l'histoire des sentiments moraux. Avec quelles conséquences, c'est
ce que l'on peut voir aujourd'hui très clairement, de nombreux
exemples ayant démontré que les erreurs des plus grands philosophes ont communément leur point de départ dans une fausse
interprétation de certaines actions et certains sentiments humains,
démontré qu'une analyse erronée, par exemple des actes dits
désintéressés, sert de base à l'édification d'une éthique fausse,
pour l'amour de laquelle on recourt alors à l'aide de la religion
et des chimères mythologiques, sur quoi les ombres de ces spectres confus finissent par gagner aussi la physique et la totalité
de nos idées sur le monde. Mais s'il est sûr et certain que ce côté
superficiel de l'observation psychologique a tendu et ne cesse

de tendre encore ses pièges les plus dangereux au jugement et au raisonnement humains, nous aurons désormais besoin dans notre tâche de cette persévérance qui ne se lasse pas d'entasser pierre sur pierre, caillou sur caillou, besoin de hardiesse dans notre retenue pour ne pas rougir d'une tâche aussi modeste et braver tout le mépris qu'elle suscitera. Disons la vérité : elles sont innombrables, les remarques détachées sur notre part humaine, trop humaine, dont la découverte ainsi que la première expression sont dues à des cercles de la société qui avaient l'habitude de sacrifier de toutes les manières, non pas à la connaissance scientifique, mais à une coquetterie spirituelle ; et le parfum de ce premier berceau de la sentence morale — parfum d'une grande séduction — est resté comme indissolublement attaché au genre tout entier : il est cause que l'homme de science n'est pas sans trahir involontairement quelque méfiance quant à ce genre et à son sérieux. Mais il suffit de renvoyer aux conséquences : car on commence à voir dès maintenant de quelle sorte on ne peut plus sérieuse sont les résultats qui prospèrent sur le terrain de l'observation psychologique. Quel est donc le grand principe auquel en arrive un des penseurs les plus hardis et les plus froids, grâce à ses analyses aussi incisives que décisives du comportement humain, l'auteur du livre *Sur l'origine des sentiments moraux*?[1] « L'homme moral, dit-il, n'est pas plus près du monde intelligible (métaphysique) que l'homme physique. » Cette proposition, durcie et aiguisée par les coups de marteau de la connaissance historique, pourra peut-être un jour, dans un avenir indéterminé, être la hache que l'on portera à la racine même du « besoin métaphysique » des hommes — bénédiction plutôt que malédiction pour la prospérité générale, qui pourrait le dire ? — mais proposition, en tout cas, aux conséquences incalculables, féconde et terrible à la fois, et prenant le monde sous le regard de ce double visage qu'ont toutes les grandes connaissances[2].

38. *Utile, mais dans quelle mesure?*[3]

Résumons : la question de savoir si l'apport de l'observation psychologique est plutôt un avantage ou un inconvénient pour les hommes peut, quoi qu'il en soit, rester en suspens ; mais il

est sûr et certain qu'elle est nécessaire pour la raison que la science
ne saurait s'en passer. Or, la science ignore toute considération
de fins dernières, ainsi que fait la nature ; néanmoins, de même
que celle-ci, sans les avoir voulues, réalise à l'occasion des choses d'une suprême opportunité, la science authentique, *imitation de la nature en concepts*, accroîtra occasionnellement, et
même abondamment, ce qui est utile au bien-être des hommes,
et elle parviendra à l'efficacité pratique, — mais également *sans
l'avoir voulu*[1].

Que si, effleuré par le souffle de pareille manière de voir,
quelqu'un se sent l'âme vraiment trop glacée par l'hiver, c'est
peut-être qu'il ne manque que de feu ; qu'il veuille bien alors
regarder autour de lui et il verra des maladies où les enveloppe-
ments de glace sont de toute nécessité, et des gens tellement
« pétris » de braise et d'esprit qu'ils n'arrivent à trouver à peu
près nulle part d'air assez froid et cinglant pour eux. En outre,
de même que certains individus et certains peuples trop austè-
res ont besoin de frivolités, que d'autres, trop excitables et ins-
tables, ont de temps en temps besoin pour leur santé de lourds,
d'accablants fardeaux : à nous, hommes *d'un niveau d'esprit
plus élevé* en un siècle qui se met visiblement à flamber de plus
en plus, ne nous serait-il pas nécessaire de recourir à tous les
moyens existants, extincteurs et réfrigérants, afin de garder au
moins autant de constance, de candeur et de mesure qu'il nous
en est resté, et de prouver peut-être ainsi notre utilité en servant
de miroir à ce siècle et de conscience à sa réflexion sur
lui-même ?...

39. *La fable de la liberté intelligible*[2]

L'histoire des sentiments en vertu desquels nous rendons
quelqu'un responsable, c'est-à-dire des sentiments appelés
moraux, se déroule selon les grandes phases suivantes. On
commence par dire bonnes ou mauvaises des actions prises séparément sans regarder à leurs motifs, mais uniquement en raison de leurs conséquences utiles ou nuisibles. Mais on oublie
bien vite l'origine de ces désignations et l'on s'imagine que la
qualité de « bonnes » ou « mauvaises » est inhérente aux actions

en soi, indépendamment de leurs conséquences : épousant la même erreur qui fait que le langage qualifie la pierre elle-même de dure, l'arbre lui-même de vert — c'est-à-dire prenant pour la cause ce qui est l'effet. Ensuite on introduit la qualité bonne ou mauvaise dans les motifs eux-mêmes et ce sont les actes en soi que l'on considère comme moralement ambigus. Allant plus loin, on attribue le prédicat bon ou mauvais non plus au motif isolé, mais à l'être même d'un individu tout entier, qui produit le motif comme le sol la plante. C'est ainsi que l'on rend l'homme successivement responsable des effets qu'il provoque, puis de ses actions, puis de ses motifs et enfin de son être même. On finit alors par découvrir que cet être ne peut pas être responsable non plus, dans la mesure où il n'est rien que conséquence nécessaire et résultat d'un enchevêtrement d'éléments et d'influences de choses passées et présentes ; tant et si bien que l'on ne peut rendre l'homme responsable de rien, ni de son être, ni de ses motifs, ni de ses actes, ni de leurs effets. On en arrive ainsi au point de reconnaître que l'histoire des sentiments moraux est l'histoire d'une erreur, l'erreur de la responsabilité : laquelle repose sur l'erreur touchant à la liberté de la volonté. — A quoi Schopenhauer opposait le raisonnement suivant : puisque certains actes entraînent à leur suite un *regret* (« conscience d'une faute »), il doit nécessairement exister une responsabilité ; car il n'y aurait *aucune raison* d'un pareil regret si tous les actes de l'homme non seulement se déroulaient avec nécessité — comme ils le font en effet, et d'après l'opinion même de ce philosophe —, mais si l'homme lui-même accédait aussi à la totalité de son être avec la même nécessité — ce que Schopenhauer nie. Du fait de ce regret, Schopenhauer croit pouvoir démontrer une liberté que l'homme doit avoir eue de quelque façon, non pas sans doute sous le rapport de ses actes, mais sous celui de son essence : une liberté, donc, d'*être* tel ou tel, non pas d'*agir* de telle ou telle façon. C'est de l'*esse*, sphère de la liberté et de la responsabilité, que suit à son avis l'*operari*, sphère de la causalité, de la nécessité et de l'irresponsabilité rigoureuses. Ledit regret se rapporterait bien en apparence à l'*operari* — en quoi il porterait à faux —, mais en vérité à l'*esse*, lequel serait l'acte d'une volonté libre, la cause fondamentale de l'existence de l'individu ; l'homme deviendrait ce qu'il *veut* devenir, son vouloir serait antérieur à son existence. — Le paralogisme est ici de conclure de la réalité du regret à sa justification, à son *fondement* rationnel ; et c'est en partant de ce paralogisme que Schopenhauer en arrive à sa conclusion chimérique d'une liberté qu'il appelle intelligible. Mais le regret postérieur à l'acte n'a pas besoin du tout d'être fondé en raison : il ne l'est même certainement pas, car il repose tout juste sur le postulat erroné que l'acte ne devait *pas* nécessairement avoir lieu. Ainsi donc, c'est parce que l'homme se croit libre, mais non parce qu'il l'est, qu'il éprouve repentir et remords. — Ce regret est en outre chose dont on peut se déshabituer, il ne se trouve pas en tout cas chez beaucoup d'hommes à l'occasion d'actes à propos desquels beaucoup d'autres l'éprouvent. Il est chose très variable, liée à l'évolution des mœurs et de la civilisation, et qui ne se présente peut-être que pendant une époque relativement courte de l'histoire universelle. — Personne n'est responsable de ses actes, personne ne l'est de son être ; juger est synonyme d'être injuste. C'est vrai aussi lorsque l'individu se juge lui-même. La proposition est claire comme le jour et son soleil, et c'est pourtant le cas où tout le monde revient de préférence à l'ombre et au mensonge — par peur des conséquences[1].

40. *Le sur-animal.*

La bête qui est en nous veut être trompée ; la morale est ce mensonge de secours qui nous permet de n'être pas déchirés. Sans les erreurs que comportent les hypothèses de la morale, l'homme serait resté animal. Mais de la sorte, il s'est pris pour quelque chose de supérieur et s'est imposé des lois plus sévères. Aussi ressent-il de la haine pour les stades restés plus voisins de l'animalité : c'est par là que peut s'expliquer l'antique mépris de l'esclave, cet homme qui n'en est pas un, cette chose.

41. *Le caractère immuable.*

Que le caractère soit immuable, ce n'est pas vrai au sens strict ; cette maxime favorite signifie tout au plus que d'ordinaire, au cours d'une brève existence d'homme, les motifs agissants ne peuvent se graver assez profondément pour effacer les traits imprimés par les millénaires. Mais si l'on imaginait un homme de quatre-vingt mille ans, c'est même un caractère absolument variable qu'on lui trouverait : au point qu'il y aurait toute une foule d'individus différents qui naîtraient successivement de lui. C'est la brièveté de la vie humaine qui nous fourvoie à soutenir bien des erreurs sur les qualités de l'homme.

42. *L'ordre des biens et la morale.*

La hiérarchie des biens admise une fois pour toutes selon les degrés plus ou moins bas ou élevés d'un égoïsme qui veut celui-ci ou celui-là, c'est elle qui décide maintenant des qualités morales ou immorales. Préférer un bien de degré inférieur (par exemple une jouissance sensuelle) à un autre estimé plus élevé (par exemple la santé) passe pour immoral, tout comme préférer le bien-vivre à la liberté. Mais la hiérarchie des biens n'est pas telle qu'elle reste fixe et inchangée à toutes les époques ; un homme qui préfère la vengeance à la justice est moral suivant les critères d'une civilisation du passé, immoral suivant ceux de notre civilisation actuelle. « Immoral » marque donc qu'un individu ne sent pas encore, ou encore trop faiblement, les motifs plus élevés dans l'échelle de la délicatesse et de l'esprit qui sont chaque fois l'apport d'une nouvelle civilisation : le mot désigne un arriéré, mais toujours en fonction de la seule différence de degré. — La hiérarchie des biens elle-même n'est pas édifiée et renversée en fonction de points de vue moraux ; c'est au contraire selon qu'elle a déjà été chaque fois établie que l'on décide si une action est morale ou immorale.

43. *Hommes cruels, hommes arriérés.*

Les hommes qui sont cruels de nos jours ne peuvent passer à nos yeux que pour des survivances de certains stades de *civilisations anciennes* : la montagne de l'humanité y montre pour une fois à découvert des formations profondes qui restent d'habitude cachées. Ce sont des êtres arriérés dont le cerveau, par suite de tous les aléas possibles au cours de l'hérédité, ne s'est pas développé dans le sens de la délicatesse et de l'universalité. Ils nous révèlent ce que nous *fûmes* tous et nous font reculer d'effroi : mais eux-mêmes n'en sont pas plus responsables que ne l'est un morceau de granit d'être granit. Il doit aussi se trouver dans notre cerveau des stries de circonvolutions qui correspondent à cette mentalité, comme il se trouverait des vestiges rappelant le poisson dans la forme de certains organes humains. Mais ces stries et circonvolutions ont désormais cessé d'être le lit qu'emprunte le flot de nos sentiments[1].

44. *Gratitude et vengeance.*

La raison pour laquelle le détenteur de la puissance est reconnaissant est celle-ci. Son bienfaiteur a en quelque sorte violé, par son bienfait même, la sphère du puissant pour s'y introduire : celui-ci, en représailles, viole alors à son tour la sphère du bienfaiteur par son acte de gratitude. C'est une forme atténuée de vengeance. Sans cette satisfaction tirée de sa reconnaissance, le puissant se serait montré impuissant et passerait désormais pour tel. C'est pourquoi toute société de bons, c'est-à-dire à l'origine de puissants, place la gratitude au rang des premiers devoirs. — Il y a de Swift[2] cette boutade que les hommes sont reconnaissants en proportion exacte qu'ils nourrissent des idées de vengeance.

45. *Double préhistoire du bien et du mal.*

Le concept de bien et de mal a une double préhistoire : *en premier lieu* dans l'âme des races et des castes dominantes. Qui possède le pouvoir de rendre coup pour coup, bien pour bien, mal pour mal, et qui aussi use effectivement de revanche, se montre donc reconnaissant et vindicatif, on l'appelle bon ; qui est impuissant, et hors d'état de rendre la pareille, passe pour mauvais. Bon, on appartient aux « bons », à une communauté qui a un sentiment de solidarité parce que tous les individus y sont liés entre eux par l'esprit de représailles. Mauvais, on appartient aux « mauvais », à un ramassis d'êtres soumis et impuissants qui ignorent tout sentiment de solidarité. Les bons sont une caste, les mauvais une masse, une poussière. Bon et mauvais sont pour un temps synonymes de noble et vil, maître et esclave. Par contre, on ne regarde pas l'ennemi comme mauvais : il peut, lui, rendre coup pour coup. Chez Homère, le Troyen et le Grec sont bons l'un et l'autre. Ne passe pas pour mauvais celui qui nous inflige quelque dommage, mais celui qui est méprisable. Dans la communauté des bons, le bien est héréditaire ; il est impossible que si bonne terre produise un être mauvais. Si malgré tout quelqu'un des bons commet chose indigne des bons, on recourra à des faux-fuyants ; on imputera par exemple la faute à un dieu, disant qu'il a frappé le bon d'aveuglement et de folie. — *En second lieu*, dans l'âme des opprimés, des impuissants. Ici, c'est chacun des *autres* hommes qui passe pour ennemi, brutal, exploiteur, cruel, perfide, qu'il soit noble ou vil ; mauvais est le qualificatif appliqué à l'être humain, à tout être vivant, même, dont on suppose l'existence, par exemple un dieu ; humain, divin, sont synonymes de diabolique, mauvais. Les marques de bonté, de dévouement, de pitié, son interprétées dans la peur comme autant de perfidies, de préludes à quelque dénouement épouvantable, de moyens d'endormir et de tromper la vigilance, bref comme des raffinements de méchanceté. Avec une telle mentalité, il ne pourra guère se constituer de communauté, si ce n'est sous la plus grossière des formes : à telle enseigne que partout où règne cette conception du bien et du mal le déclin des individus, de leurs lignées et de leurs races est imminent. — Notre moralité actuelle a poussé sur ce terrain des races et des castes *dominantes*.

46. *Compatir plus fort que pâtir.*

Il est des cas où la compassion l'emporte sur la souffrance personnelle. Nous sommes par exemple plus douloureusement affectés quand l'un de nos amis se rend coupable de quelque ignominie que lorsque nous la commettons nous-mêmes. C'est d'abord que nous croyons plus que lui à la pureté de son carac-

tère ; et puis, à cause sans doute de cette croyance même, notre
amour pour lui est plus fort que son amour de soi. Même si en
l'occurrence son égoïsme pâtit davantage en fait que notre
égoïsme, puisqu'il lui faut subir plus durement les conséquences fâcheuses de son manquement, il n'en reste pas moins que
notre part altruiste — ce mot ne doit jamais s'entendre à la
rigueur, n'étant qu'une facilité d'expression — est plus durement affectée que sa part altruiste à lui[1].

47. *Hypocondrie.*

Il est des gens qui, par sympathie et souci pour une autre personne, tombent dans l'hypocondrie ; l'espèce de pitié qui prend
alors naissance n'est rien d'autre qu'une maladie. Il y a aussi
de la sorte une hypocondrie chrétienne qui affecte ces êtres soli-
taires et en proie aux émotions religieuses qui se représentent
continuellement la passion et la mort du Christ.

48. *Économie de la bonté.*

La bonté et l'amour, ces simples aux vertus les plus salutaires dans le commerce des hommes, sont à ce titre des trouvailles si précieuses que l'on souhaiterait bien volontiers voir
procéder le plus économiquement possible dans l'utilisation de
ces remèdes balsamiques : c'est pourtant chose impossible. L'économie de la bonté est le rêve des plus téméraires des utopistes.

49. *Bienveillance.*

Au nombre des petites choses, mais indéfiniment multipliées
et par suite très efficaces, auxquelles la science se doit d'accorder plus d'attention qu'aux grandes choses extraordinaires, il
faut aussi compter la bienveillance ; je veux dire ces manifestations d'esprit amical dans les rapports humains, ce sourire des
yeux, ces poignées de main, cette bonhomie dont s'entourent
douillettement d'ordinaire presque tous les actes des hommes.

Il n'est professeur, il n'est fonctionnaire qui n'ajoute ce complément à ce qui est de son devoir ; c'est la mise en œuvre continuelle de l'humanité, comme les ondes de sa lumière où prospèrent toutes choses ; dans le milieu le plus étroit, surtout, dans le cercle de famille, la vie ne verdoie et ne fleurit que grâce à cette bienveillance. La cordialité, la gentillesse, la politesse du cœur sont les intarissables résurgences des pulsions altruistes, et ont beaucoup plus puissamment contribué à l'édifice de la civilisation que ces manifestations bien plus fameuses des mêmes pulsions que l'on appelle compassion, miséricorde et sacrifice. Mais on les tient d'habitude en piètre estime, et le fait est qu'il n'y entre pas tellement d'altruisme. La *somme* de ces doses minimes n'en est pas moins considérable, leur force est au total des plus puissantes qui soient. — On trouve de même beaucoup plus de bonheur dans le monde que n'en découvre un regard mélancolique : à condition de bien faire son compte, s'entend, et de se garder surtout d'oublier ces heures de contentement dont chaque jour est si riche dans toute vie humaine, même la plus tourmentée.

50. *Vouloir exciter la pitié.*

Dans le passage le plus remarquable de son portrait par lui-même (dont la première édition est de 1658), La Rochefoucauld[1] touche certainement juste quand il met toutes les personnes douées de raison en garde contre la pitié, qu'il conseille de la laisser aux gens du peuple[2] qui (n'étant pas déterminés par la raison) ont besoin des passions pour en être menés au point d'aider celui qui souffre et d'intervenir énergiquement en cas de malheur ; tandis que la pitié ne fait, à son jugement (comme à celui de Platon), qu'énerver l'âme. Il faut sans doute, dit-il, *témoigner* de la pitié, mais bien se garder d'en *avoir* : car les malheureux sont enfin si *bêtes* qu'il n'est pour eux plus grand bien au monde que ces témoignages de pitié. — On ne mettra peut-être que plus fortement en garde encore contre ce sentiment de pitié si l'on ne conçoit pas ce besoin des malheureux précisément comme bêtise et déficience intellectuelle, comme une sorte de trouble mental que le malheur entraîne avec

soi (et c'est bien ainsi que La Rochefoucauld semble le concevoir), mais si on le comprend comme quelque chose de très différent et de beaucoup plus inquiétant. Que l'on observe donc
des enfants qui pleurent et crient *afin* d'être pris en pitié, et guet-
tent pour cela le moment où leur état pourra sauter aux yeux ;
que l'on vive dans la fréquentation de malades et d'esprits dépri-
més, que l'on se demande alors si tant de lamentations et de
gémissements éloquents, si cette exhibition de leur malheur ne
poursuivent pas au fond le but de *faire mal* aux personnes de
leur entourage ; la pitié que celles-ci manifestent alors est une
consolation pour ces êtres faibles et souffrants en ce qu'elle leur
permet de se rendre compte qu'en dépit de leur faiblesse *il leur
reste au moins encore un pouvoir et un seul : le pouvoir de faire
mal*. Le malheureux arrive à trouver une espèce de plaisir dans
ce sentiment de supériorité dont lui donnent conscience les témoignages de pitié ; son imagination s'exalte, il a encore assez de
poids pour infliger des douleurs au monde. Avoir soif de pitié,
c'est donc avoir soif de jouir de soi-même, et ce aux dépens de
ses semblables ; on voit ici l'homme dans toute la brutalité de
son cher moi profond : mais pas précisément dans sa « bêtise »,
comme le veut La Rochefoucauld. — Dans un entretien en
société, on pose les trois quarts des questions, on donne les trois
quarts des réponses pour faire ne serait-ce qu'un tout petit peu
mal à son interlocuteur ; c'est pourquoi tant de personnes sont
avides de compagnie : elles en reçoivent le sentiment de leur force.
A ces doses innombrables, mais très petites, où la méchanceté
se fait valoir, elle est un puissant stimulant de la vie : tout comme
la bienveillance, répandue dans la société humaine sous la même
forme, en est le remède toujours prêt. — Mais y aura-t-il beaucoup d'esprits sincères pour accorder que faire mal est un plaisir ? qu'il n'est pas rare de se divertir (et fort bien) à infliger
des blessures aux autres, en pensée tout au moins, et à décharger sur eux cette grenaille de menue méchanceté ? La plupart
sont trop insincères, et quelques-uns trop bons, pour ne pas igno-
rer complètement ce *pudendum* ; ceux-là se plairont en tout état
de cause à nier que Prosper Mérimée ait raison quand il dit :
« Sachez aussi qu'il n'y a rien de plus commun que de faire le
mal pour le plaisir de le faire. »[1]

51. *Que le paraître se change en être.*

Même au plus fort de la douleur, le comédien ne peut plus finalement s'arrêter de penser à l'impression produite par sa personne et à l'effet scénique d'ensemble, quand ce serait par exemple au propre enterrement de son enfant; il y pleurera sur sa douleur à lui et sur ses manifestations, spectateur de soi-même. L'hypocrite, qui joue toujours un seul et même rôle, cesse à la fin d'être hypocrite; les prêtres, par exemple, qui, encore jeunes, sont d'habitude des hypocrites conscients ou inconscients, finissent par être naturels, et dès lors on ne peut mieux prêtres, en toute réalité, sans la moindre affectation; et si le père n'y arrive pas, le fils y arrivera bien, qui met à profit l'avance paternelle, hérite de l'entraînement. Quand on s'obstine pendant très longtemps à vouloir *paraître* quelque chose, il devient difficile à la fin d'*être* autre chose. Presque toutes les vocations, même celle de l'artiste, commencent par l'hypocrisie, l'imitation tout extérieure, la copie de l'effet. L'homme qui porte sans cesse un masque de mines aimables finit nécessairement par tenir en son pouvoir les dispositions bienveillantes sans lesquelles on ne saurait s'arracher la moindre expression d'amabilité, — et ce sont elles à leur tour qui finissent par le tenir en leur pouvoir, il *est* bienveillant.

52. *Le grain d'honnêteté dans l'imposture.*

Tous les grands imposteurs présentent un phénomène remarquable auquel ils doivent leur puissance. Dans l'acte même de la tromperie, parmi tous les préparatifs, les frissons qui passent dans la voix, la mine, les gestes, au milieu de cette mise en scène impressionnante, il leur arrive soudain de *croire en eux-mêmes* : c'est cette foi qui parle alors à leur entourage et le soumet comme par miracle. Les fondateurs de religion se distinguent de ces grands imposteurs en ce qu'ils ne sortent pas de cet état d'illusion spontanée, ou alors ils n'ont que de très rares fois de ces moments de clairvoyance où le doute les écrase; mais

ils se consolent d'ordinaire en imputant ces moments de clairvoyance à l'Adversaire, au Malin. Cette duperie de soi-même
est nécessaire pour que les uns et les autres puissent *exercer une
action* d'envergure. Car les hommes croient à la vérité de ce qui
fait manifestement l'objet d'une foi solide.

53. *De prétendus degrés dans la vérité.*

Une des fautes de raisonnement les plus courantes est celle-
ci : du moment que quelqu'un se montre véridique et sincère
à notre égard, il dit la vérité. L'enfant croit ainsi au jugement
de ses parents, le chrétien aux affirmations du fondateur de son
Église. On ne veut pas davantage accorder que tout ce que les
hommes ont défendu par le passé en y sacrifiant leur bonheur
et leur vie ne fut qu'une suite d'erreurs : on dira peut-être que
c'étaient des degrés de la vérité. Mais au fond, on pense que
si quelqu'un a cru honnêtement à quelque chose, que s'il a
combattu et est mort pour sa foi, il serait tout de même trop
injuste qu'il n'eût été animé en tout et pour tout que par une
erreur. Pareil phénomène semble contredire à la justice éternelle ;
aussi le cœur des hommes sensibles décrète-t-il à l'encontre de
leur tête ce principe sans cesse réitéré : il faut absolument qu'il
existe un lien nécessaire entre les actes moraux et les connaissances intellectuelles. Il en va, hélas, autrement ; car il n'est pas
de justice éternelle.

54. *Le mensonge.*

Pourquoi, dans la vie de tous les jours, les hommes disent-ils
la plupart du temps la vérité ? — Sûrement pas parce qu'un dieu
a défendu le mensonge. Mais, premièrement, parce que c'est
plus commode ; car le mensonge réclame invention, dissimulation et mémoire (raison qui fait dire à Swift[1] : qui raconte un
mensonge s'avise rarement du lourd fardeau dont il se charge ;
il lui faudra en effet, pour soutenir un mensonge, en inventer
vingt autres). Ensuite, parce qu'il est avantageux, quand tout
se présente simplement, de parler sans détours : je veux ceci,

j'ai fait cela, et ainsi de suite; c'est-à-dire parce que les voies de la contrainte et de l'autorité sont plus sûres que celles de la ruse. — Mais s'il arrive qu'un enfant ait été élevé au milieu de complications familiales, il maniera le mensonge tout aussi naturellement et dira toujours involontairement ce qui répond à son intérêt; sens de la vérité, répugnance pour le mensonge en tant que tel lui sont absolument étrangers, et ainsi donc il ment en toute innocence.

55. *Quand la croyance fait suspecter la morale.*

Aucune puissance ne peut s'imposer si elle n'a que des hypocrites pour la représenter; l'Église catholique a beau inclure autant d'éléments « séculiers » qu'on voudra, sa force repose sur ces natures de prêtres, encore nombreuses de nos jours, qui se rendent la vie dure pour en approfondir le sens, et dont le regard et le corps émacié parlent de veilles, de jeûnes, de prières ardentes, peut-être de flagellations; ce sont eux qui ébranlent les gens, leur font peur : et s'il était *nécessaire* de vivre de la sorte? — telle est la question épouvantable qui monte aux lèvres à leur vue. En répandant ce doute, c'est chaque fois un nouveau pilier de leur puissance qu'ils assurent; même les libres penseurs n'osent pas opposer le goût violent de la vérité à quelqu'un de ces êtres tout d'abnégation pour lui dire : « Dupe que tu es, ne viens pas nous duper! » — Seule une divergence de vues les sépare de lui, et pas du tout une différence de bonté ou de méchanceté; mais ce que l'on n'aime pas, on est habitué aussi à le traiter injustement. C'est ainsi que l'on parle de la malice et des infâmes talents des jésuites, mais que l'on passe sur tout ce qu'un jésuite s'impose individuellement d'efforts pour se vaincre, et sur le fait que la pratique de la vie facile, prêchée par les manuels de l'ordre, n'est pas destinée du tout à les mettre à l'aise eux-mêmes, mais bien les laïques. On peut même se demander si, à tactique et organisation égales, les esprits éclairés que nous sommes seraient d'aussi bons instruments, aussi admirables de maîtrise de soi, de zèle infatigable, de dévouement.

56. *Victoire de la connaissance sur le mal radical.*

Il y a grand profit, pour qui veut arriver à la sagesse, à avoir eu pendant un certain temps son esprit occupé par l'image de l'homme foncièrement mauvais et corrompu ; elle est fausse, comme celle qui lui est opposée ; mais elle a dominé tout au long de grandes périodes et ses racines se sont enfoncées et ramifiées au cœur de notre monde et de nous-mêmes. Pour nous comprendre, nous, c'est elle qu'il faut comprendre ; mais pour monter ensuite plus haut, il nous faut la dépasser. Nous reconnaîtrons alors qu'il n'existe pas de péchés au sens métaphysique ; mais pas non plus, dans le même sens, de vertus ; que ce domaine des représentations morales est tout entier et continuellement flottant, qu'il y a des degrés plus ou moins bas ou élevés dans les concepts de bien et de mal, de moral et d'immoral. Qui ne demande rien de plus aux choses que les connaître arrive facilement à vivre en paix avec son âme, et c'est tout au plus par ignorance, mais probablement jamais par concupiscence qu'il commettra une erreur (ou un péché, comme dit le monde). Il ne cherchera plus l'hérésie dans ses appétits, ni le moyen de les exterminer ; mais son but unique, celui qui le domine entièrement, ne chercher en tout temps qu'à *connaître* de son mieux, le rendra de glace et tempérera la sauvagerie de son naturel. Le voilà en outre débarrassé d'une foule d'imaginations torturantes, les mots de peines infernales, de coulpe, d'incapacité au bien, le laissent indifférent : il n'y reconnaît que les ombres évanescentes de fausses conceptions du monde et de la vie.

57. *La morale, division spontanée de l'homme.*

Un bon auteur, qui se donne vraiment de cœur à son sujet, souhaite voir arriver quelqu'un qui le réduise à néant en traitant le même sujet avec plus de clarté, en donnant une réponse définitive aux questions qu'il comporte. La jeune amoureuse souhaite pouvoir mettre la fidélité et l'abnégation de son amour à l'épreuve de l'infidélité de son bien-aimé. Le soldat souhaite tomber au champ de bataille pour sa patrie victorieuse : car dans la victoire de sa patrie, c'est sa suprême aspiration qui triomphe aussi. La mère donne à son enfant ce dont elle-même se prive, le sommeil, la meilleure nourriture, si besoin est sa santé, sa fortune. — Mais tous ces traits sont-ils ceux de dispositions altruistes? Ces actes de moralité sont-ils des *miracles* pour être, selon le mot de Schopenhauer, « impossibles et pourtant réels »? N'est-il pas clair que dans tous ces cas l'homme aime *une part de soi-même*, idée, désir, création, plus qu'*une autre part de soi-même*, que donc il partage son être et en sacrifie une partie à l'autre? Est-ce quelque chose d'*essentiellement* différent quand une mauvaise tête déclare : « Je me laisserai culbuter plutôt que de faire un pas pour laisser le chemin à cet être »? *La tendance à quelque chose* (souhait, pulsion, désir) est présente dans tous les cas cités; y céder, avec toutes les conséquences, n'est pas, quoi qu'il en soit, de l'« altruisme ». — Dans la morale, l'homme ne se traite pas en *individuum*, mais en *dividuum*.

58. *Ce que l'on peut promettre.*

On peut promettre des actes, mais non des sentiments; car ceux-ci sont involontaires[1]. Qui promet à l'autre de l'aimer toujours ou de le haïr toujours ou de lui être toujours fidèle promet quelque chose qui n'est pas en son pouvoir; ce qu'il peut pourtant promettre, ce sont de ces actes qui sont d'ordinaire, sans doute, des suites de l'amour, de la haine, de la fidélité, mais peuvent aussi bien découler d'autres motifs : car les motifs et les voies sont multiples qui mènent à un même acte. La promesse de toujours aimer quelqu'un signifie donc : aussi longtemps que je t'aimerai, je te le témoignerai par des actes d'amour; si je ne t'aime plus, tu n'en continueras pas moins à être de ma part l'objet des mêmes actes, quoique pour d'autres motifs : de sorte qu'il persistera dans la tête de nos semblables l'illusion que l'amour demeure inchangé et pareil à lui-même. — On promet donc la continuité des apparences de l'amour lorsque, sans s'aveugler soi-même, on jure à quelqu'un un éternel amour.

59. *Intelligence et morale.*

Il faut avoir une bonne mémoire pour tenir ses promesses. Il faut avoir une grande force d'imagination pour pouvoir ressentir de la pitié. Tant la morale est étroitement liée à la qualité de l'intelligence.

60. *Vouloir se venger et se venger.*

Nourrir des idées de vengeance et les réaliser, c'est avoir un violent accès de fièvre, mais passager; nourrir au contraire des idées de vengeance sans avoir la force ni le courage de les réaliser, c'est traîner un mal chronique, un empoisonnement du corps et de l'âme. La morale, qui ne regarde qu'aux intentions, taxe ces deux cas d'égale façon; dans la vie courante, c'est le premier que l'on estime le plus mauvais (à cause des suites fâcheuses que peut entraîner l'acte de la vengeance). Ces deux évaluations sont l'une et l'autre à courte vue.

61. *Savoir attendre.*

Savoir attendre est si difficile que les plus grands poètes n'ont pas dédaigné de prendre pour sujet de leurs œuvres l'ignorance de cet art. Ainsi Shakespeare dans *Othello*, Sophocle dans *Ajax*: lequel n'aurait plus trouvé son suicide nécessaire s'il avait seulement laissé refroidir un jour son émotion, comme l'oracle le suggère; il aurait vraisemblablement fait la nique aux terribles insinuations de la vanité blessée et se serait dit: qui donc, dans ma situation, n'aura pas déjà pris un mouton pour un héros? est-ce donc là quelque chose de si monstrueux? Ce n'est au contraire qu'un trait général d'humanité; Ajax aurait pu se consoler ainsi. La passion ne veut pas attendre; le tragique de la vie des grands hommes tient souvent non pas dans leur conflit avec leur époque et la bassesse de leur entourage, mais bien dans leur incapacité à différer leur œuvre d'un an, de deux ans; ils ne savent pas attendre. — Dans tous les duels, les amis consultés ont à s'assurer, c'est le seul point, si les personnes en cause sont encore capables d'attendre; si ce n'est pas le cas, un duel est raisonnable, puisque chacun des deux se dit : « Ou bien je continue à vivre, et alors il faut que l'autre meure à l'instant, ou bien c'est l'inverse. » Attendre signifierait en pareil cas prolonger les souffrances de cet affreux martyre de l'honneur offensé en présence de l'offenseur; et c'est peut-être justement plus de souffrance que n'en vaut la vie en définitive.

62. *Une orgie de vengeance.*

Les rustres qui se sentent offensés prennent d'habitude l'offense au degré le plus haut qu'il se puisse et en racontent la cause en termes fortement exagérés, ceci afin de pouvoir s'offrir une véritable orgie de ces sentiments désormais ranimés de haine et de vengeance.

63. *Valeur de la dépréciation*[1].

Ils ne sont pas rares, ils sont peut-être les plus nombreux, ceux qui, pour conserver leur propre estime et une certaine qualité de leurs actes, ont absolument besoin de rabaisser et déprécier en imagination toutes les personnes qu'ils connaissent. Mais comme les natures mesquines sont la majorité et que beaucoup de choses dépendent du fait qu'elles aient ou qu'elles perdent ladite qualité...

64. *L'emporté.*

De quelqu'un qui s'emporte contre nous, nous devons nous garder comme de quelqu'un qui aurait attenté à notre vie : car *le fait est* que nous vivons encore, mais cela tient à l'absence du pouvoir de tuer; si les regards suffisaient, c'en serait fait de nous depuis longtemps. C'est un trait de barbarie que réduire quelqu'un au silence par une manifestation de férocité physique, par la peur que l'on inspire. — Ce regard froid que les personnes de condition ont pour leurs domestiques est de même un reste de ces cloisonnements comme en établissaient les castes entre homme et homme, un trait d'antiquité primitive; les femmes, ces conservatrices du passé, ont aussi conservé plus fidèlement cette survivance[1].

65. *Où peut conduire la sincérité*[2].

Quelqu'un avait la fâcheuse habitude de s'expliquer très sincèrement, à l'occasion, sur les motifs qui le poussaient à agir et qui étaient tout aussi bons et aussi mauvais que les motifs de tous les hommes. Il scandalisa d'abord, puis suscita la méfiance, fut carrément mis à l'index et ensuite au ban de la société, jusqu'au jour où la justice se rappela enfin un être aussi réprouvé, en telle ou telle circonstance pour laquelle elle n'avait pas d'yeux autrefois, à moins qu'elle ne les fermât. Ce manque de discrétion quant au secret de tous et cette tendance impardonnable à voir ce que personne ne veut voir (soi-même) le menèrent à la prison et à une mort prématurée.

66. *Punissable, jamais puni*[3].

Notre crime envers les criminels consiste en ce que nous les traitons comme des coquins.

67. Sancta simplicitas *de la vertu.*

Toute vertu a ses privilèges : par exemple celui d'apporter son petit fagot personnel au bûcher du condamné.

68. *Moralité et succès.*

Ce ne sont pas seulement les spectateurs d'une action qui en mesurent souvent la moralité ou l'immoralité au succès : non, son auteur aussi fait de même. Car motifs et intentions sont rarement assez simples et clairs, et parfois la mémoire elle-même semble troublée par le succès d'un acte, si bien que l'on attribue de faux motifs à son propre acte ou que l'on traite en motifs essentiels les plus insignifiants. A un acte, le succès donne souvent le plein, l'honnête éclat de la bonne conscience ; un insuccès jette l'ombre des remords sur l'action la plus estimable. C'est de là que se tire la pratique bien connue du politicien, qui pense : « Donnez-moi seulement le succès : je n'ai besoin que de lui pour mettre toutes les âmes honnêtes de mon côté... et me rendre honnête à mes propres yeux. » — Le succès suppléera de la même manière à la qualité de la motivation. Bien des gens cultivés estiment de nos jours encore que la victoire du christianisme sur la philosophie grecque est une preuve de la plus grande vérité du premier, — bien que ce qui a triomphé en l'occurrence ne soit qu'un peu plus de grossièreté et de violence sur un peu plus d'esprit et de délicatesse. Ce degré supérieur de vérité, on peut voir ce qu'il en est en constatant que les sciences en plein essor se sont ralliées point par point à la philosophie d'Épicure, mais ont point par point réfuté le christianisme.

69. *Amour et justice*[1].

Pourquoi surestime-t-on l'amour au détriment de la justice et en dit-on monts et merveilles comme s'il était d'essence supérieure à celle-ci ? N'est-il pas manifestement plus bête qu'elle ? — A coup sûr, mais par la même d'autant plus *agréable* à tous. Il est bête et possède une riche corne d'abondance ; il en tire les dons qu'il distribue, à tout un chacun, même s'il ne les mérite pas, mieux, s'il ne lui en sait aucun gré. Il est impartial comme la pluie, laquelle, selon la Bible[2] et l'expérience, trempe jusqu'aux os non seulement l'injuste, mais le juste aussi à l'occasion.

70. *Exécution.*

D'où vient que toute exécution nous navre plus qu'un meurtre ? De la froideur des juges, des préparatifs du supplice, de l'idée qu'il y a ici un homme dont on se sert comme d'un moyen d'effrayer les autres. Car la faute n'est pas punie, même si faute il y avait : celle-ci se trouve chez les éducateurs, les parents, le milieu, elle est en nous, non pas dans le meurtrier, — les circonstances déterminantes, veux-je dire.

71. *L'espérance.*

Pandore apporta la boîte où étaient les maux et l'ouvrit[1]. C'était le présent des dieux aux hommes, présent de belle apparence, séduisant, et baptisé « boîte à bonheur ». Alors tous les maux, êtres vivants ailés, s'en envolèrent ; depuis ce moment ils rôdent partout et nuisent aux hommes jour et nuit. Un seul mal ne s'était pas encore échappé de la boîte ; Pandore, sur l'ordre de Zeus, ferma le couvercle, et il resta dedans. Maintenant et à jamais, l'homme a chez lui la boîte à bonheur et s'imagine monts et merveilles du trésor qu'il a là ; elle est à sa disposition, il n'a qu'à tendre la main, quand il en a envie ; car il ne sait pas que cette boîte apportée par Pandore est la boîte des maux et il tient le mal resté au fond pour le plus grand des biens de ce monde, — c'est l'espérance. Zeus voulait en effet que l'homme, si tourmenté qu'il fût par les autres maux, n'en réprouvât point la vie pour autant, mais continuât à se laisser tourmenter sans répit. Aussi donne-t-il toujours l'espérance à l'humanité : elle est en vérité le pire des maux, puisqu'elle prolonge la torture des hommes[2].

72. *Le degré d'inflammabilité morale est inconnu.*

De certaines scènes et impressions bouleversantes dont on a été affecté ou non, par exemple d'un père injustement condamné, tué ou torturé, d'une femme infidèle, d'une féroce attaque de l'ennemi, il dépend que nos passions viennent à incandescence et dirigent toute notre vie ou non. Nul ne sait à quoi peuvent le porter les circonstances, la pitié, l'indignation, il ignore son degré d'inflammabilité. Vivre dans des conditions étroites, mesquines, rend mesquin ; ce n'est pas de la qualité de ses expériences, mais de leur quantité que dépend en général le plus ou moins d'élévation de l'homme, dans le bien comme dans le mal.

73. *Le martyr malgré lui*[1].

Il y avait dans un parti un homme qui était trop poltron et trop lâche pour jamais contredire ses camarades ; on l'employait à tous les offices, on obtenait de lui ce qu'on voulait, parce qu'il avait peur de la mauvaise opinion de ses compagnons plus que de la mort ; c'était une âme faible à faire pitié. Ils s'en avisèrent, et de lui, grâce à ces qualités que nous avons dites, firent un héros et même pour finir un martyr. Encore que ce lâche dit toujours non au fond de lui-même, toujours il disait oui des lèvres, jusque sur l'échafaud où il mourut pour les idées de son parti ; à ses côtés se trouvait en effet un de ses vieux camarades, qui le tyrannisa si bien de la parole et du regard qu'il affronta la mort on ne peut plus dignement, honoré depuis lors en vrai martyr et noble caractère.

74. *L'étalon du quotidien.*

On se trompera rarement si l'on ramène les actions extrêmes à la vanité, les médiocres à l'habitude[2] et les mesquines à la peur.

75. *Malentendu sur la vertu.*

Qui a fait connaissance du vice en relation avec le plaisir, et qui aussi a derrière soi une jeunesse de jouisseur, s'imagine la vertu nécessairement liée au déplaisir. Qui a été au contraire très tourmenté par ses passions et ses vices aspire à trouver dans la vertu le repos et le bonheur de l'âme. Il peut par suite se faire que deux vertueux ne se comprennent pas du tout.

76. *L'ascète*[1].

L'ascète fait de vertu nécessité.

77. *L'honneur reporté de la personne à la chose.*

On honore généralement les actes d'amour et de sacrifice en faveur du prochain, peu importe en quoi ils paraissent. Par là, on augmente *l'estime des choses* que l'on aime ou pour lesquelles on se sacrifie de la même manière, bien qu'elles n'aient peut-être pas grande valeur par elles-mêmes. Une armée vaillante gagne les convictions à la cause pour laquelle elle combat.

78. *L'ambition, substitut du sens moral*[2].

Le sens moral ne doit pas faire défaut à ces natures qui n'ont pas d'ambition. Les ambitieux, eux, se tirent aussi bien d'affaire sans lui, presque avec le même succès. — C'est pourquoi les fils de familles modestes, étrangères à l'ambition, s'ils viennent à perdre leur sens moral, deviennent le plus souvent, par une gradation rapide, des chenapans finis[3].

79. *La vanité enrichit.*

Que l'esprit humain serait pauvre sans la vanité ! Mais avec elle il ressemble à un magasin bien rempli et sans cesse réapprovisionné qui attire des chalands de toute espèce : ils peuvent y trouver à peu près tout, tout y acquérir, pourvu qu'ils aient sur eux la monnaie qui a cours (l'admiration).

80. *Le vieillard et la mort.*

Abstraction faite des exigences qu'impose la religion, il sera bien permis de se demander : pourquoi le fait d'attendre sa lente décrépitude jusqu'à la décomposition serait-il plus glorieux, pour un homme vieilli qui sent ses forces diminuer, que de se fixer lui-même un terme en pleine conscience ? Le suicide est dans ce cas un acte qui se présente tout naturellement et qui, étant une victoire de la raison, devrait en toute équité mériter le respect : et il le suscitait, en effet, en ces temps où les chefs de la philosophie grecque et les patriotes romains les plus braves mouraient d'habitude suicidés. Bien moins estimable est au contraire cette manie de se survivre jour après jour à l'aide de médecins anxieusement consultés et de régimes on ne peut plus pénibles, sans force pour se rapprocher vraiment du terme authentique de la vie. — Les religions sont riches en expédients pour éluder la nécessité du suicide : c'est par là qu'elles s'insinuent flatteusement chez ceux qui sont épris de la vie[1].

81. *Où l'on se trompe agissant et subissant.*

Quand le riche prend un de ses biens au pauvre (par exemple un prince enlevant sa maîtresse au plébéien), une erreur prend naissance chez le pauvre ; il croit que l'autre ne peut être qu'infâme pour lui prendre le peu qu'il a. Mais l'autre est loin de sentir aussi intensément la valeur d'un bien *considéré à part*, habitué qu'il est à en avoir beaucoup : il ne peut donc pas entrer dans l'âme du pauvre et ne commet pas si grande injustice, tant s'en faut, que le croit celui-ci. Chacun d'eux se fait une idée fausse de l'autre. L'injustice du puissant, qui nous révolte surtout dans l'histoire, n'est pas à beaucoup près aussi grave qu'il nous semble. Le sentiment héréditaire d'avoir, être supérieur, des droits supérieurs rend déjà bien indifférent et laisse la conscience en repos ; nous perdons même tous, quand la différence est très grande entre nous-mêmes et un autre être, le moindre sentiment d'injustice et tuons par exemple une mouche sans aucun remords. Ainsi, ce n'est pas un signe de méchanceté chez Xerxès (que tous les Grecs nous peignent même éminemment noble) que d'arracher un fils à son père et de le faire mettre en pièces pour avoir exprimé une inquiétude et une méfiance de mauvaise augure au sujet de toute l'expédition[2] : l'individu est chassé dans ce cas comme un insecte importun, il est placé trop bas pour qu'on le laisse susciter chez un maître du monde de ces sentiments qui torturent trop longtemps. Non, le cruel n'est pas cruel autant que le croit celui qu'il maltraite; l'idée qu'il se fait de la douleur n'est pas identique à la souffrance de l'autre. Il en va de même pour le juge inique, pour le journaliste qui égare l'opinion publique par de menues malhonnêtetés. Dans tous ces cas, la cause et l'effet appartiennent à des groupes très différents de sentiments et de pensées; néanmoins, on suppose automatiquement que l'auteur d'un acte et sa victime pensent et sentent de même, et on mesure la faute de l'un à la douleur de l'autre conformément à cette supposition.

82. *La peau de l'âme.*

De même que les os, les muscles, les viscères et les vaisseaux sanguins sont entourés d'une peau qui rend la vue de l'homme supportable, les émotions et les passions de l'âme sont de même enrobées dans la vanité : c'est la peau de l'âme.

83. *Sommeil de la vertu*[1].

Que la vertu dorme, elle se lèvera plus fraîche.

84. *Délicatesse de la honte.*

Les hommes n'ont pas honte de penser quoi que ce soit d'impur, mais bien d'imaginer qu'on les croie capables de ces pensées impures.

85. *La méchanceté est rare.*

La plupart des hommes sont bien trop occupés d'eux-mêmes pour être méchants.

86. *L'aiguille de la balance.*

On loue ou on blâme suivant que c'est l'un ou l'autre qui nous donne plus d'occasion de faire briller notre jugement.

87. *Luc,* XVIII, 14 *corrigé.*

Qui s'abaisse veut être élevé[1].

88. *Empêchement du suicide.*

Il y a un droit en vertu duquel nous pouvons ôter la vie à un homme, mais aucun qui permette de lui ôter la mort : c'est cruauté pure et simple[2].

89. *Vanité*[3].

Nous tenons à la bonne opinion des gens, d'abord parce qu'elle nous est utile, puis parce que nous voulons leur faire plaisir (les enfants à leurs parents, les élèves à leurs maîtres et d'une manière générale les hommes bienveillants à tous les autres). C'est seulement si quelqu'un attache de l'importance à la bonne opinion des gens, sans considérer son avantage ou son désir de faire plaisir, que nous parlons de vanité. Dans ce cas, c'est à soi-même que l'homme veut faire plaisir, mais aux dépens de ses semblables, soit qu'il les induise à quelque opinion fausse à son sujet, soit qu'il ait en vue un degré de « bonne opinion » qui ne peut que rendre celle-ci pénible à tous les autres (en excitant l'envie). Par l'opinion d'autrui, l'individu veut d'ordinaire accréditer et confirmer à ses propres yeux l'opinion qu'il a de soi ; mais la puissante accoutumance à l'autorité — accoutumance aussi vieille que l'humanité — conduit aussi baucoup de gens à appuyer sur quelque autorité leur propre foi en eux-mêmes, c'est-à-dire à ne l'accepter que de la main d'autrui : ils se fient au jugement des autres plus qu'au leur. — Chez le vaniteux, l'intérêt que l'on porte à soi-même, le désir de se contenter, atteignent un tel niveau

qu'il fourvoie les autres à lui attribuer une valeur fausse, trop
élevée, et qu'il ne s'en rapporte pas moins alors à leur autorité :
c'est-à-dire qu'il introduit l'erreur et lui accorde néanmoins
créance. — Il faut donc s'avouer que les hommes vaniteux veulent plaire non pas tellement aux autres qu'à eux-mêmes, et qu'ils
vont jusqu'à négliger en cela leur avantage, car ils s'attachent
souvent à inspirer à leur prochain des sentiments défavorables,
hostiles, envieux, donc nuisibles, pour leur personne, cela à seule
fin d'en tirer leur plaisir égoïste, la jouissance de leur moi.

90. *Limites de l'amour des hommes.*

Quiconque a proclamé que l'autre est un imbécile, un sale individu, se fâche quand celui-ci montre enfin qu'il ne l'est pas.

91. *Moralité larmoyante*.*

Que de plaisir fait la moralité ! Pensons seulement à cette mer
de larmes suaves qui a déjà coulé au récit d'actions nobles et
généreuses ! — Ce charme de la vie disparaîtrait si la croyance
à l'irresponsabilité totale venait à prendre le dessus[1].

92. *Origine de la justice[2].*

La justice (l'équité) prend naissance entre hommes jouissant
d'une *puissance* à peu près *égale*, comme l'a bien vu
Thucydide[3] (dans ce terrible dialogue des députés athéniens et
méliens) ; c'est quand il n'y a pas de supériorité nettement re-
connaissable, et qu'un conflit ne mènerait qu'à des pertes réci-
proques et sans résultat, que naît l'idée de s'entendre et de
négocier sur les prétentions de chaque partie : le caractère de
troc est le caractère initial de la justice. Chacun donne satisfaction à l'autre en recevant lui-même ce dont il fait plus grand
cas que l'autre. On donne à chacun ce qu'il veut avoir et qui

* En français dans le texte.

sera désormais sien, et l'on reçoit en retour ce que l'on désire. La justice est donc échange et balance une fois posée l'existence d'un rapport de forces à peu près égales : c'est ainsi qu'à l'origine la vengeance ressortit à la sphère de la justice, elle est un échange. De même la reconnaissance. — La justice se ramène naturellement au point de vue d'un instinct de conservation bien entendu, c'est-à-dire à l'égoïsme de cette réflexion : « A quoi bon irais-je me nuire inutilement et peut-être manquer néanmoins mon but ? » — Voilà pour *l'origine* de la justice. Mais du fait que les hommes, conformément à leurs habitudes intellectuelles, ont *oublié* le but premier des actes dits de justice et d'équité, et notamment que l'on a pendant des siècles dressé les enfants à admirer et imiter ces actes, il s'est peu à peu formé l'illusion qu'une action juste est une action désintéressée ; et c'est sur cette illusion que repose la grande valeur accordée à ces actions, valeur qui, comme toutes les autres, ne fait encore que s'accroître continuellement : car ce que l'on évalue très haut se recherche, s'imite, se multiplie à force de sacrifices, et s'augmente du fait que vient encore s'ajouter à la valeur de la chose tellement appréciée la valeur même de la peine et du zèle que lui voue chaque individu. — Que le monde paraîtrait peu moral sans cette faculté d'oubli ! Un poète pourrait dire que Dieu a posté l'oubli en sentinelle au seuil du temple de la dignité humaine.

93. *Du droit du plus faible.*

Lorsque quelqu'un se soumet à plus puissant que lui à certaines conditions, une ville assiégée par exemple, la condition posée en retour est qu'il garde la possibilité de se détruire, de brûler la ville, d'infliger ainsi une grande perte au puissant. Par là, il se constitue une sorte d'*égalité*, en vertu de laquelle on peut établir des droits. L'ennemi trouve son avantage à les maintenir. — Dans cette mesure, il existe aussi des droits entre esclaves et maîtres, c'est-à-dire dans la mesure exacte où la possession de l'esclave est pour son maître chose utile et importante. A l'origine, le *droit* va *exactement jusqu'au point* où l'un *paraît* à l'autre précieux, essentiel, inamissible, invincible, et ainsi de suite. En ce sens, le plus faible a encore des droits, mais moindres. D'où le fameux *unusquisque tantum juris habet, quantum potentia valet* (ou plus exactement : *quantum potentia valere creditur*)[1].

94. *Les trois phases historiques de la moralité*[2].

Le premier signe que l'animal est devenu homme, c'est quand ses actes ne se rapportent plus à un bien-être momentané, mais durable, que l'homme donc se tourne vers *l'utilité, l'opportunité* : c'est là que commence à se manifester le libre empire de la raison. Un degré plus élevé encore est atteint lorsqu'il agit suivant le principe de *l'honneur*; grâce à lui, il se discipline, se soumet à des sentiments communs, et cela l'élève bien au-dessus de la phase où il n'était guidé que par l'utilité, entendue au sens personnel; il a des égards et veut que l'on en ait pour lui, c'est-à-dire : il conçoit l'utile comme dépendant de l'opinion qu'il a des autres et les autres de lui. Enfin, au degré le plus élevé de moralité *que nous connaissions à ce jour*, il agit d'après son échelle *personnelle* des choses et des êtres, c'est lui-même qui, pour soi et pour les autres, décide de ce qui est honorable ou utile; il est désormais le législateur des opinions, conformément à sa notion de plus en plus développée et élevée de l'utile et de l'honorable. La connaissance le rend apte à faire passer la plus grande utilité, c'est-à-dire l'intérêt général et durable, avant la sienne propre, l'estime et le respect de valeur générale et durable avant ceux d'un moment; il vit et agit en individu collectif.

95. *Morale individuelle de la maturité.*

On a jusqu'à présent vu dans l'impersonnalité la marque propre de l'action morale; et c'est chose établie qu'au commencement on louait et distinguait toutes les actions impersonnelles en considération de l'utilité générale. Mais ne faudrait-il pas s'attendre à une transformation significative de ces vues maintenant que l'on discerne de mieux en mieux que c'est justement dans les considérations on ne peut plus *personnelles* que l'utilité générale est aussi la plus grande, si bien qu'une conduite strictement personnelle est justement celle qui répond à la notion

actuelle de moralité (conçue comme utilité générale)? Faire de
soi une *personne* accomplie et viser dans tout ce que l'on fait
à *son plus grand bien*, cela mène plus loin que ces trop fameux
mouvements et actes de pitié pour autrui. A vrai dire, nous souf-
frons tous encore de la trop piètre attention accordée à notre
part personnelle, celle-ci est mal développée, — avouons-le : on
nous a plutôt fait violence pour en détourner notre esprit et
l'offrir en sacrifice à l'État, à la science, à l'indigent, comme
si elle était la part mauvaise qu'il eût absolument fallu sacrifier. Aujourd'hui aussi nous voulons travailler pour nos semblables, mais seulement dans la mesure où nous trouverons dans
ce travail notre plus grand avantage personnel, ni plus, ni moins.
Le tout est de savoir ce que l'on entend par *son avantage*; c'est
justement l'individu grossier, rudimentaire, sans maturité, qui
aussi l'entendra de la façon la plus grossière.

96. *Morale et moral*[1].

Avoir de la morale, des mœurs, une éthique, cela signifie obéir
à une loi ou une tradition fondées en ancienneté. Que l'on s'y
soumette avec peine ou de son plein gré, peu importe, il suffit
qu'on le fasse. On appelle « bon » celui qui, comme tout naturellement, à la suite d'une longue hérédité, donc aisément et
volontiers, agit en conformité avec la morale telle qu'elle est
à ce moment (exerce par exemple la vengeance quand exercer
la vengeance entre, comme chez les Grecs anciens, dans les bonnes mœurs). Il est dit bon parce qu'il est bon « à quelque chose »;
mais comme, malgré le changement des mœurs, on a toujours
trouvé la bienveillance, la pitié et autres sentiments semblables
« bons à quelque chose », utiles, c'est surtout le bienveillant,
le secourable que l'on appelle maintenant « bons ». Être
méchant, c'est être « non moral » (immoral), pratiquer l'immoralité, s'opposer à la tradition, quelque raisonnable ou absurde
qu'elle puisse être; mais dans toutes les lois morales des diverses époques, c'est surtout nuire à son prochain que l'on a ressenti comme nuisible, si bien qu'actuellement le mot « méchant »
nous fait avant tout penser à un dommage volontairement infligé
au prochain. Elle n'est pas entre « égoïste » et « altruiste »,

l'opposition fondamentale qui a conduit les hommes à distinguer le moral de l'immoral, le bien du mal, elle est entre l'attachement à une tradition, une loi, et l'acte de s'en détacher. La manière dont la tradition *a pris naissance* est ici chose indifférente ; elle l'a fait en tout cas sans référence au bien et au mal ou à quelque impératif catégorique immanent, en visant avant tout à la conservation d'une *communauté*, d'un peuple ; tout usage superstitieux né d'un accident mal interprété finit par imposer une tradition qu'il est moral de suivre ; s'en affranchir est en effet dangereux, plus nuisible encore à la *communauté* qu'à l'individu (parce que la divinité fait expier le sacrilège et toute violation de ses privilèges à la communauté, et par là seulement à l'individu aussi). Or, toute tradition se fait d'autant plus vénérable dans sa continuité que l'origine en est plus reculée, plus oubliée ; les trésors de respect qu'on lui voue s'accumulent de génération en génération, la tradition finit par être sacrée, par inspirer crainte et vénération ; et ainsi la morale de la piété est en tout cas une morale beaucoup plus ancienne que celle qui exige des actions désintéressées.

97. *Le plaisir dans la morale.*

Un genre important de plaisir, de source de moralité donc, naît de l'habitude. On fait plus facilement, mieux, donc plus volontiers toutes choses accoutumées, on y éprouve un plaisir, et l'on sait par expérience que ces choses ont fait leurs preuves, donc sont utiles ; une coutume qui permet de bien vivre démontre par là qu'elle est salutaire, profitable, à l'opposé de toutes les tentatives nouvelles qui ne sont pas encore éprouvées. La coutume est par suite l'union de l'agréable et de l'utile, en outre elle dispense de réfléchir. Dès que l'homme peut exercer une contrainte, il l'exerce pour introduire et imposer ses coutumes, car elles sont pour lui la sagesse irréfutable. Une communauté d'individus impose de même, à chacun d'eux séparément, des mœurs identiques. On voit le sophisme : on se trouve bien d'une coutume, ou tout au moins elle vous permet d'asseoir votre existence, donc cette coutume est nécessaire, car elle passe pour *l'unique* possibilité dont on se puisse trouver bien ; le bien-être de la vie semble sortir d'elle seule. Cette conception des habitudes prises pour condition d'existence est poussée jusqu'aux moindres détails de la coutume ; comme la connaissance de la causalité réelle est infime dans les peuples et les civilisations de bas niveau, on veille avec une crainte superstitieuse à ce que tout suive son cours toujours égal ; même quand la coutume est pénible, dure, incommode, on la conserve à cause de son apparence d'utilité supérieure. On ignore que le même degré de bien-être peut exister aussi bien avec d'autres coutumes et qu'il est même possible d'atteindre des degrés plus élevés. Mais ce que l'on constate, c'est bien que toutes les coutumes, même les plus dures, s'adoucissent avec le temps jusqu'à en devenir agréables, et qu'il n'est pas jusqu'aux mœurs les plus sévères qui ne puissent tourner en habitude et par là même en plaisir.

98. *Plaisir et instinct social.*

L'homme tire de ses rapports avec d'autres hommes une nouvelle espèce de *plaisir* qui s'ajoute aux sentiments agréables dont il est lui-même la source ; par là, il étend considérablement le domaine émotif du plaisir en général. Peut-être beaucoup de choses qui entrent dans cette catégorie lui viennent-elles des animaux, qui éprouvent manifestement du plaisir à jouer entre eux, notamment la mère avec ses petits. Que l'on pense aussi aux rapports sexuels, où presque toute femelle paraît intéressante à n'importe quel mâle en vue du plaisir, et réciproquement. Le sentiment de plaisir fondé sur les relations humaines rend en général l'homme meilleur ; la joie goûtée en commun, le plaisir pris ensemble s'en trouvent accrus, donnent de l'assurance à l'individu, le rendent bienveillant, abolissent la méfiance, l'envie : car, on se sent bien soi-même et l'on voit l'autre se sentir bien de la même manière. *Les manifestations de plaisir semblables* éveillent l'imagination de la sympathie, le sentiment d'être comme égaux ; c'est ce que font aussi les souffrances communes, les mêmes orages, les mêmes dangers, les mêmes ennemis. C'est là-dessus sans doute que se fonde ensuite l'alliance la plus archaïque : le sens en est de se délivrer et se protéger en commun d'un déplaisir menaçant,

au profit de chaque individu. Et l'instinct social grandissant naît
ainsi du plaisir.

99. *Ce qu'il y a d'innocent dans les actions dites mauvaises*[1].

Toutes les « mauvaises » actions sont motivées par l'instinct
de conservation ou, plus exactement, par la tendance de l'individu à rechercher le plaisir et à éviter le déplaisir ; mais, motivées de la sorte, elles ne sont pas mauvaises. « Infliger la
souffrance en soi » *n'existe pas*, hormis dans le cerveau des philosophes, non plus que « donner du plaisir en soi » (pitié au sens
de Schopenhauer). Dans notre genre de vie *antérieur* à l'État,
nous tuons l'être, singe ou homme, qui veut cueillir avant nous
un fruit de l'arbre juste au moment où nous avons faim et nous
précipitons : comme nous ferions encore de l'animal en traversant des régions inhospitalières. — Les mauvaises actions qui
nous indignent le plus actuellement reposent sur l'erreur que
l'autre, qui nous les inflige, a une volonté libre, c'est-à-dire qu'il
n'aurait tenu qu'à son bon plaisir de ne pas nous faire ce mal.
C'est cette croyance au bon plaisir qui suscite la haine, le besoin
de vengeance, la ruse, toutes les perversions de l'imagination,
alors que nous en voulons beaucoup moins à un animal parce
que nous le considérons comme irresponsable. Quant à faire du
mal, non plus par instinct de conservation, mais par représailles, c'est la conséquence d'un faux jugement, c'est donc tout
aussi innocent. Dans les conditions de vie antérieures à l'État,
l'individu peut traiter d'autres êtres avec dureté et cruauté en
manière d'*intimidation*, pour garantir son existence par ces preuves intimidantes de sa puissance. C'est ainsi qu'agit le violent,
le puissant, le premier fondateur d'État, qui se soumet les faibles. Il en a le droit, comme l'État le prend encore de nos jours ;
ou plutôt, il n'y a pas de droit qui puisse empêcher cela. Un
terrain ne peut être préparé à la moralité que du moment où
une grande personnalité ou une personnalité collective, par exemple la société, l'État, soumet les individus, c'est-à-dire les arra-
che à leur isolement et les organise en association. La moralité
ne vient qu'après la *contrainte*, elle-même reste encore un cer-

tain temps contrainte, et l'on s'y plie pour éviter le déplaisir. Plus tard elle devient coutume, plus tard encore libre obéissance, enfin quasiment instinct : alors, comme tous les comportements naturels et depuis longtemps habituels, elle est liée au plaisir — et porte désormais le nom de *vertu*.

100. *Pudeur*.

La pudeur existe partout où il y a un « mystère » ; or, c'est là une notion religieuse qui avait une grande extension aux époques reculées de la civilisation humaine. Il y avait partout des domaines clos dont le droit divin interdisait l'accès, sauf à certaines conditions, purement locales au début, en ce que certains lieux ne pouvaient être foulés par le pieds des profanes, qui éprouvaient horreur et angoisse à leur voisinage. Ce sentiment fut transféré à quantité d'autres situations, aux rapports sexuels par exemple, qu'il s'agissait, privilège et *adyton* de l'âge mûr, de soustraire aux regards de la jeunesse, pour son bien : on imagina un grand nombre de dieux occupés à la sauvegarde et à la sanctification de ces rapports, et placés en sentinelles dans l'appartement nuptial. (C'est ainsi qu'en turc cet appartement s'appelle harem, « sanctuaire », étant désigné par le mot même qui sert pour les portiques des mosquées.) De même la royauté, centre d'où rayonnent la puissance et l'éclat, est un mystère tout de secret et de pudeur pour le sujet : les répercussions continuent de s'en faire sentir de nos jours parmi des peuples qui, par ailleurs, ne comptent nullement au nombre des pudiques. De même encore, le monde tout entier des états intérieurs, « l'âme » comme on l'appelle, reste même actuellement un mystère pour tous les non-philosophes, à la suite du temps infini pendant lequel on l'a crue digne d'une origine divine, d'un commerce avec les dieux : elle est partout un *adyton* et inspire la pudeur.

101. *Ne jugez point*[1].

Il faut, considérant les époques du passé, se garder de se laisser aller à d'injustes invectives. On ne saurait mesurer à notre

aune l'injustice de l'esclavage, la cruauté dans l'asservissement
des personnes et des peuples. Car en ce temps-là l'instinct de
justice n'était pas tellement développé. Qui pourra reprocher
au Genevois[1] Calvin d'avoir fait brûler le médecin Servet? Ce
fut un acte découlant en toute logique de ses convictions, et
l'Inquisition avait de même ses bonnes raisons; seulement, les
idées régnantes étaient fausses et eurent des conséquences qui
nous paraissent cruelles du fait que ces idées nous sont deve-
nues étrangères. Qu'est-ce, du reste, que le supplice d'un individu brûlé au regard des supplices éternels de l'enfer promis à
presque tous! Et pourtant cette image régnait alors sur le monde
entier sans porter essentiellement atteinte, avec ses épouvantes
combien plus grandes, à l'image d'un Dieu[2]. Chez nous aussi,
on traite durement et cruellement les sectaires politiques, mais
comme nous avons appris à croire à la nécessité de l'État, nous
ne sentons pas ici la cruauté aussi vivement que là, où nous
réprouvons les conceptions. La cruauté envers les animaux chez
les enfants et les Italiens, se ramène à l'incompréhension; l'animal, en raison notamment des intérêts doctrinaux de l'Église,
a été rejeté beaucoup trop loin derrière l'homme. — Beaucoup
d'horreurs et d'atrocités de l'histoire, auxquelles on aimerait ne
pas croire tout à fait, s'atténuent également si l'on considère
que le chef qui commande et l'homme qui exécute sont des personnes différentes : le premier, ne voyant pas la chose, n'a pas
son imagination fortement impressionnée, le second obéit à un
supérieur et se sent irresponsable. La plupart des princes et des
chefs militaires paraissent facilement cruels et durs, faute d'imagination, mais ne le sont pas. — *L'égoïsme n'est pas méchant*,
parce que l'idée du « prochain » (le mot est d'origine chrétienne
et ne répond pas à la vérité) est très faible en nous; et que nous
nous sentons presque aussi libres et irresponsables envers lui
qu'envers plantes et pierres. Que l'autre souffre, c'est chose qui
doit *s'apprendre* : et qui jamais ne peut s'apprendre tout à fait.

102. « *L'homme agit toujours bien.* »[3]

Nous n'accusons pas la nature d'immoralité quand elle nous
envoie un orage et nous trempe : pourquoi disons-nous donc

immoral l'homme qui fait quelque mal? Parce que nous supposons ici une volonté libre aux décrets arbitraires, là une nécessité. Mais cette distinction est une erreur. En outre, ce n'est même pas en toutes circonstances que nous appelons immorale une action intentionnellement nuisible; on tue par exemple une mouche délibérément, mais sans le moindre scrupule, pour la pure et simple raison que son bourdonnement nous déplaît, on punit et fait intentionnellement souffrir le criminel afin de se protéger, soi et la société. Dans le premier cas, c'est l'individu qui, pour se conserver ou même pour s'éviter un déplaisir, cause intentionnellement un mal; dans le second, c'est l'État. Toute morale admet les actes intentionnellement nuisibles en cas de *légitime défense*, c'est-à-dire quand il s'agit de *conservation*! Mais ces deux points de vue *suffisent* à expliquer toutes les mauvaises actions exercées par des hommes sur les hommes: on veut son plaisir, on veut s'éviter le déplaisir; en quelque sens que ce soit, il s'agit toujours de sa propre conservation. Socrate et Platon ont raison: quoi que l'homme fasse, il fait toujours le bien, c'est-à-dire ce qui lui semble bon (utile) suivant son degré d'intelligence, son niveau actuel de raison.

103. *Innocence de la méchanceté.*

La méchanceté n'a pas pour but le mal d'autrui pour lui-même, mais notre propre jouissance, celle par exemple d'un sentiment de vengeance ou d'une excitation nerveuse plus intense. La moindre taquinerie suffit à montrer quel plaisir on éprouve à exercer sa puissance sur l'autre et à en tirer le sentiment stimulant de sa supériorité. Or, y a-t-il en l'occurrence quelque chose d'*immoral à prendre son plaisir au déplaisir d'autrui*? La joie de nuire est-elle diabolique, comme le dit Schopenhauer?[1] Dans la nature pourtant, nous trouvons bien notre plaisir à briser des branches, arracher des pierres, nous battre avec des bêtes sauvages, et ce pour prendre conscience de notre force. *Savoir* qu'un autre pâtit de notre fait rendrait donc immorale d'un côté la même chose dont nous nous sentons ailleurs irresponsables? Mais si on ne le savait pas, on n'y trouverait pas non plus le plaisir de sa supériorité, laquelle ne peut justement *se manifes-*

ter que dans la peine d'autrui, par exemple lorsqu'on le taquine. Aucun plaisir égoïste n'est ni bon ni mauvais; d'où pourrait bien venir le décret qu'il ne faut pas provoquer le déplaisir d'autrui pour jouir de notre plaisir égoïste? Du seul point de vue de l'utilité, c'est-à-dire eu égard aux *conséquences*, à un éventuel déplaisir, à supposer que la victime ou, en son nom, l'État nous menacent de châtiment ou de vengeance : c'est la seule chose qui à l'origine ait pu fournir un motif de s'interdire pareilles actions. — La pitié n'a pas davantage pour but le plaisir d'autrui pour lui-même que la méchanceté, comme nous l'avons dit, sa souffrance. Car elle recèle au moins deux éléments de plaisir personnel (si ce n'est plus) et représente ainsi une forme de jouissance égoïste : plaisir de l'émotion, d'une part, c'est l'espèce de pitié qu'on a dans la tragédie, et, d'autre part, quand elle pousse à agir, plaisir de la satisfaction qu'est l'exercice de la puissance. Que la personne en peine nous soit en outre très proche, c'est à nous-mêmes que nous ôtons une peine en accomplissant les actes de la pitié. — Hormis quelques philosophes, les hommes ont toujours placé la pitié assez bas dans l'échelle des sentiments moraux, et avec raison.

104. *Légitime défense*[1].

Si l'on admet d'une façon générale la moralité de la légitime défense, il faudra admettre aussi à peu près toutes les manifestations de l'égoïsme dit immoral : on fait du mal, on vole et on tue pour assurer sa conservation ou sa protection, pour parer à un désastre personnel; on ment chaque fois que la ruse et la dissimulation sont le bon moyen de garantir sa conservation[2]. On concède que *nuire intentionnellement* est moral quand il s'agit de notre existence ou de notre sécurité (conservation de notre bien-être); l'État adopte lui-même ce point de vue pour sévir lorsqu'il décrète les peines. Ce n'est naturellement pas dans le mal fait involontairement que peut se trouver l'immoralité, c'est là le règne du hasard. Mais y a-t-il une seule espèce d'acte intentionnellement nuisible où il ne s'agisse *pas* de notre existence, de la conservation de notre bien-être? Existe-t-il un mal fait par *méchanceté* pure, par exemple dans la cruauté? Si l'on ignore le mal causé par un acte, ce n'est pas un acte de méchanceté ; ainsi l'enfant n'est pas méchant avec l'animal, pas mauvais : il l'étudie et le détruit comme ses jouets. Mais *sait*-on jamais vraiment le mal qu'un acte fait à autrui ? C'est dans les limites de notre système nerveux que nous nous gardons de la douleur : s'il s'étendait plus loin, jusqu'à pénétrer dans nos semblables, nous ne ferions de mal à personne (sauf dans ces cas où nous nous en faisons à nous-mêmes, comme lorsque nous supportons une incision pour guérir, nous fatiguons et peinons pour notre santé). Nous *déduisons* par analogie que quelque chose fait mal à quelqu'un, et il arrive que nous en souffrions nous-mêmes par le souvenir et la force de l'imagination. Mais quelle n'est pas la différence qui subsiste toujours entre une rage de dents et la souffrance (la sympathie) que provoque la vue d'une rage de dents ! Résumons : dans le mal que l'on fait prétendument par méchanceté, le *degré* de douleur produit nous est inconnu dans tous les cas ; mais dans la mesure où un plaisir accompagne l'action (sentiment de sa propre puissance, de l'intensité de sa propre émotion), l'action se fait pour conserver le bien-être de l'individu et se trouve par là ramenée au même point de vue que la légitime défense, le mensonge forcé. Pas de vie sans plaisir ; la lutte pour le plaisir est la lutte pour la vie. L'individu mènera-t-il cette lutte en sorte que les hommes le disent *bon* ou bien en sorte qu'ils le disent *mauvais*, c'est le niveau et la nature de son intelligence qui en décideront.

105. *La justice rétributive.*

Qui a pleinement saisi le principe de l'irresponsabilité totale ne peut plus faire entrer la justice dite rétributive dans le concept de justice, étant admis que cette dernière consiste à donner à chacun son dû. Car celui qui est puni ne mérite pas la punition : on ne se sert de lui que comme d'un moyen d'intimidation pour empêcher à l'avenir certains actes ; celui que l'on récompense ne mérite pas davantage sa récompense : il ne pouvait en effet agir autrement qu'il n'a agi. Ainsi la récompense n'a d'autre sens que d'être un encouragement pour lui et les autres, a donc pour fin de fournir un motif à de futures actions ; on acclame celui qui est en train de courir sur la piste, non pas celui qui est au but. Ni la peine ni la récompense ne sont choses qui reviennent à l'individu comme lui appartenant *en propre* ; elles lui sont données pour des raisons d'utilité, sans qu'il ait à y prétendre avec justice. Il faut dire « le sage ne récompense pas parce qu'on a bien agi » de la même manière que l'on a dit « le sage ne punit pas parce qu'on a mal agi, mais pour empêcher que l'on agisse mal ». Si peine et récompense disparaissaient, du même coup disparaîtraient les motifs les plus puissants qui détournent de certaines actions et poussent à certaines autres ; l'intérêt de l'humanité en exige la perpétuation ; et pour autant que peine et récompense, que blâme et éloge ont sur la vanité l'effet le plus sensible, ce même intérêt exige aussi la perpétuation de la vanité[1].

106. *La cascade.*

Au spectacle d'une cascade, nous pensons voir caprice et arbitraire dans les innombrables courbures, ondulations et brisements de ses vagues ; mais tout y est nécessaire, le moindre remous mathématiquement calculable. Il en est de même pour les actions humaines ; on devrait, si l'on était omniscient, pouvoir calculer d'avance un acte après l'autre, aussi bien que chaque progrès de la connaissance, chaque erreur, chaque méchanceté. Le sujet qui agit est quant à lui, sans doute, pris dans l'illusion de son libre arbitre ; mais si la roue du monde venait à s'arrêter un instant et qu'il y eût une intelligence omnisciente, calculatrice, pour mettre à profit de telles pauses, elle pourrait à partir de là prédire l'avenir de chacun des êtres jusqu'aux temps les plus éloignés et marquer toutes les traces dans lesquelles cette roue passera encore. L'illusion de l'acteur sur lui-même, le postulat de son libre arbitre, font partie intégrante de ce mécanisme à calculer[2].

107. *Irresponsabilité et innocence.*

L'irresponsabilité totale de l'homme, tant pour ce qui est de ses actes que de son être, est la goutte la plus amère que doive avaler l'homme de la connaissance quand il était habitué à voir les lettres de noblesse de son humanité dans la responsabilité et le devoir. Toutes ses estimations, distinctions, aversions en sont faussées et dévaluées ; son sentiment le plus profond, celui qu'il portait au martyr, au héros, ne tenait qu'à une erreur ; il ne peut plus louer, plus blâmer, puisqu'il n'y a ni rime ni raison à louer, à blâmer la nature et la nécessité. Comme il aime l'œuvre d'art réussie, mais sans la louer, car elle n'y est elle-même pour rien, comme il considère la plante, il lui faudra considérer de même les actions des hommes, les siennes propres. Il lui sera possible d'en admirer la force, la beauté, la plénitude, mais interdit d'y trouver quelque mérite ; les processus chimiques et la lutte des éléments, les tourments du malade qui languit après la guérison, ne sont pas plus des mérites que ces conflits et ces détresses de l'âme dans lesquels on est ballotté de-ci de-là par divers motifs jusqu'au moment de se décider enfin pour le plus puissant — à ce qu'on dit (mais jusqu'au moment, en réalité, où c'est le motif le plus puissant qui décide de nous). Or, tous ces motifs, quelques grands noms que nous leur donnions, ont poussé sur ces mêmes racines où nous croyons que gîtent les poisons du mal ; entre les bonnes et les mauvaises actions, il n'y a pas de différence d'espèce, mais tout au plus de degré. Les bonnes actions sont de mauvaises actions sublimées ; les mauvaises, de bonnes actions tournées à la grossièreté, à la bêtise. Unique est le désir de l'individu, désir de jouissance égoïste (uni à la crainte d'en être frustré) qui se satisfait en toutes circonstances, de quelque façon que l'homme puisse, c'est-à-dire doive nécessairement agir : que ce soit par des actes de vanité, de vengeance, de concupiscence, d'utilité, de méchanceté, de perfidie, ou par des actes de sacrifice, de pitié, de connaissance. C'est le degré de jugement qui décide dans quelle direction chacun se laissera entraîner par ce désir ; chaque société, chaque individu a continuellement présente à l'esprit une hiérarchie des biens qui lui sert à déterminer ses actes et à juger ceux des autres[1]. Mais cette échelle se modifie continuellement, beaucoup d'actions sont dites mauvaises, qui ne sont que bêtes, parce que le niveau d'intelligence qui en a décidé était très bas. Bien mieux, même de nos jours toutes les actions sont bêtes en un certain sens, car le plus haut degré d'intelligence humaine qui

se puisse atteindre aujourd'hui sera certainement dépassé encore :
et un coup d'œil rétrospectif montrera alors tous *nos* actes et *nos*
jugements aussi bornés et irréfléchis que nous le paraissent maintenant les actes et les jugements de peuplades sauvages arriérées.
— Se rendre compte de tout cela peut certes causer de profondes
souffrances, mais il y a alors une consolation : ces souffrances
sont les douleurs d'un enfantement. Le papillon veut percer son
cocon, il s'y acharne, le déchire : et le voilà aveuglé, égaré par
la lumière inconnue, le règne de la liberté. Certains hommes, *capables* de pareille tristesse (qu'il doit y en avoir peu !), sont le lieu
d'une première tentative qui décidera si l'humanité, maintenant
morale, peut se transformer pour devenir une humanité *sage*. Le
soleil d'un nouvel évangile baigne de son premier rayon les plus
hautes cimes de l'âme de ces individus : les brouillards s'y con-
densent, plus opaques que jamais, et l'éclat le plus pur y voisine
avec les plus troubles pénombres. Tout est nécessité, dit la nouvelle connaissance : et cette connaissance est elle-même nécessité.
Tout est innocence : et la connaissance est la voie qui ouvre à l'esprit
l'accès de cette innocence. Si le plaisir, l'égoïsme, la vanité sont
nécessaires à la production des phénomènes moraux et à leur floraison suprême, le sens de la vérité et de la justice de la connaissance, si l'erreur et les égarements de l'imagination furent les seuls
moyens pour l'humanité de s'élever peu à peu à ce degré spon-
tané de clarté et d'affranchissement — qui aurait le droit de mépriser ces moyens ? d'être triste quand il aperçoit le but auquel mènent
ces voies ? Tout, dans le domaine de la morale, résulte d'une évolution, est variable, flottant, tout y est fluent, c'est vrai : mais aussi
tout y suit le courant, vers un but unique. Que l'habitude héréditaire de juger, d'aimer, de haïr dans l'erreur continue cependant
de nous gouverner, il se peut, mais sous l'influence de la connaissance croissante elle s'affaiblira ; une nouvelle habitude, celle de
comprendre, de n'aimer et de ne haïr point, d'élever son regard,
va peu à peu prendre racine en nous, dans le même sol, et sera
peut-être assez puissante dans des milliers d'années pour donner
à l'humanité la force de produire l'homme sage, innocent (conscient de son innocence), aussi régulièrement qu'elle produit de nos
jours l'homme qui n'est ni sage ni juste dans la conscience de sa
culpabilité — *et qui est non pas le contraire, mais l'ébauche nécessaire de l'autre.*

III

La vie religieuse

108. *La double lutte contre le mal*[1].

Quand un mal nous atteint, on peut en venir à bout soit en en supprimant la cause, soit en modifiant l'impression qu'il fait sur notre sensibilité : par quelque réinterprétation du mal, en somme, tourné en un bien dont l'utilité se découvrira peut-être plus tard. La religion et l'art (la philosophie métaphysique aussi) s'efforcent d'agir en vue de modifier la sensation, partie en modifiant notre jugement sur ce qui nous arrive (en invoquant par exemple le principe que « Dieu châtie celui qu'il aime[2] »), partie en suscitant un plaisir à l'occasion de la douleur, de l'émotion en général (c'est le point de départ de l'art tragique). Plus on inclinera à réinterpréter et à arranger, moins on envisagera et éliminera les causes du mal ; l'adoucissement, l'anesthésie momentanés, qui sont courants par exemple pour les maux de dents, suffiront même pour de plus graves souffrances. Au fur et à mesure que s'amenuise le pouvoir souverain des religions et de tous les arts anesthésiants, les hommes envisagent plus rigoureusement la suppression réelle de leurs maux, ce qui tourne certes au détriment des poètes tragiques — il se trouve en effet de moins en moins de matière à tragédie du moment que l'empire du destin inéluctable et impitoyable ne cesse de se restreindre —, mais plus encore au détriment des prêtres : car c'est de l'anesthésie des maux humains que ceux-ci ont vécu jusqu'à présent.

109. *La connaissance est tourment.*

Que l'on aimerait, ces paroles fausses des prêtres affirmant un Dieu qui exige le bien de nous, qui est le surveillant et le témoin de chacun de nos actes, de nos instants, de nos pensées, qui nous aime et veut notre plus grand bien dans tous les malheurs, — que l'on aimerait les échanger pour des vérités qui seraient aussi salutaires, rassurantes et bienfaisantes que ces erreurs! Mais de telles vérités n'existent pas; même la philosophie ne peut quant à elle leur opposer tout au plus que de spécieuses entités métaphysiques (mensonges elles aussi, au fond). Or, la tragédie est justement que l'on ne puisse *croire* à ces dogmes de la religion et de la métaphysique quand on a le cœur et la tête habités par la stricte méthode de la vérité, que l'évolution même de l'humanité vous a d'autre part rendu assez délicat, sensible, souffrant, pour avoir besoin de remèdes et de réconforts de la plus noble espèce; c'est en effet de là que provient pour l'homme le danger de payer de son sang la vérité qu'il a reconnue. Byron le dit en vers immortels :

> *Sorrow is knowledge : they who know the most*
> *must mourn the deepst o'er the fatal truth,*
> *the tree of knowledge is not that of life.*[1]

Contre pareils tourments, il n'est meilleur remède que d'évoquer, tout au moins aux pires heures, aux pires obscurcissements de l'âme, la légèreté solennelle d'Horace et de se redire avec lui :

> *quid aeternis minorem*
> *consiliis animum fatigas?*
> *cur non sub alta vel platano vel hac*
> *pinu jacentes...*[2]

Mais à coup sûr, légèreté ou accablement valent mieux, à tous les degrés, qu'un romantisme du retour en arrière et de la désertion, qu'un rapprochement avec le christianisme sous quelque forme que ce soit : car on ne peut décidément plus, en l'état actuel

de la connaissance, se commettre avec celui-ci sans souiller irré-
médiablement *sa conscience intellectuelle* et la trahir vis-à-vis
de soi et des autres. Il se peut bien que ces souffrances soient
assez dures ; mais sans souffrances on ne saurait se faire guide
et éducateur de l'humanité ; et malheur à qui voudrait risquer
de l'être et n'aurait plus cette conscience pure ! [1]

110. *La vérité dans la religion* [2].

Au Siècle des lumières, on n'a pas rendu justice à l'importance de la religion, cela ne fait pas de doute ; mais il est tout
aussi certain qu'à l'époque suivante de réaction on s'est derechef joliment écarté de la justice en traitant les religions avec
amour, voire avec passion, et en leur reconnaissant une intelligence profonde du monde, si ce n'est la plus profonde ; la science
n'avait plus qu'à la dépouiller de son vêtement dogmatique pour
tenir la « vérité » sous une forme désormais non mythique. Les
religions — telle était la thèse de tous les adversaires des
lumières — exprimeraient donc *sensu allegorico*, en tenant
compte de la compréhension de la masse, cette antique sagesse
qui serait la sagesse en soi, puisque toutes les sciences authentiques des temps modernes nous auraient ramenés à elle au lieu
de nous en éloigner : tant et si bien qu'il régnerait, entre les sages
les plus anciens de l'humanité et tous les autres venus plus tard,
une harmonie, voire une identité de vues, et que le progrès des
connaissances — si toutefois on voulait bien en parler — n'en
concernerait pas l'essence même, mais la communication. Il n'y
a rien dans cette conception de la religion et de la science qui
ne soit faux de bout en bout ; et plus personne n'oserait de nos
jours s'en déclarer partisan si l'éloquence de Schopenhauer ne
l'avait prise sous son aile, cette éloquence aux accents si sonores et qui ne toucha pourtant ses auditeurs qu'avec une génération de retard. Autant il est sûr que l'on peut, de l'interprétation
à la fois religieuse et morale du monde et de l'homme qu'a donnée Schopenhauer, tirer beaucoup de choses pour la compréhension du christianisme et d'autres religions, autant il est sûr
qu'il s'est trompé sur *la valeur de la religion pour la connaissance*. Lui-même n'était en la matière que l'élève trop docile des

professeurs de sciences de son temps, qui, tous tant qu'ils étaient,
sacrifiaient au romantisme et avaient abjuré l'esprit du Siècle
des lumières ; né à notre époque d'aujourd'hui, il lui eût
été impossible de parler du *sensus allegoricus* de la religion ;
il aurait plutôt rendu hommage à la vérité, comme il était
dans ses habitudes, en ces termes : *jamais encore, ni directement ni indirectement, ni sous forme de dogme ni sous forme
de parabole, une religion n'a contenu de vérité.* Car toute
religion est née de la peur et du besoin, c'est par les voies
de la raison égarée qu'elle s'est insinuée dans l'existence ; il
lui est peut-être arrivé, se sentant menacée par la science, de
glisser hypocritement quelque théorie philosophique dans son
système, afin qu'on l'y retrouvât plus tard : mais c'est là un
tour de théologien, du temps où une religion doute déjà d'elle-
même. Ce sont ces tours de théologie, à vrai dire pratiqués
très tôt dans le christianisme, religion d'une époque savante,
imprégnée de philosophie, qui ont conduit à cette superstition
du *sensus allegoricus*, mais c'est plus encore l'habitude des
philosophes (de ces hybrides, notamment, philosophes poétisants
et artistes philosophants) de traiter en essence foncière de
l'homme tous les sentiments qu'ils découvraient *en eux-mêmes*,
et de laisser ainsi, même à leurs propres sentiments religieux,
une influence considérable sur la texture intellectuelle de leurs
systèmes. Comme les philosophes étaient soumis par bien des
côtés, dans leurs spéculations, aux coutumes religieuses traditionnelles, ou tout au moins à la domination héréditaire de ce
fameux « besoin métaphysique », ils en arrivèrent à des thèses
qui ressemblaient beaucoup, en fait, aux dogmes judaïques ou
chrétiens ou indiens, — de cette ressemblance qu'ont d'habitude
les enfants avec leur mère, sauf que dans ce cas les pères ne par-
venaient pas à tirer cette maternité au clair, comme il arrive, —
au lieu de quoi, dans l'innocence de leur admiration, ils imagi-
nèrent la belle fable d'une ressemblance de famille entre toutes
les sciences et religions. En réalité, il n'existe ni parenté, ni amitié,
ni même hostilité entre la religion et la vraie science : elles vivent
sur des planètes différentes. Toute philosophie qui laisse une
queue de comète religieuse s'allumer dans l'obscurité de ses perspectives ultimes donne à suspecter toute la part d'elle-même
qu'elle présente comme science : tout cela aussi, on s'en doute,

est de la religion, quoique parée des pompes de la science. — Au demeurant, si tous les peuples tombaient d'accord sur certains points de religion, par exemple l'existence d'un Dieu (ce qui, soit dit en passant, n'est pas le cas en l'occurrence), cela ne serait justement qu'un *argument contraire* à opposer à ces points qu'ils soutiendraient, par exemple l'existence d'un Dieu : le *consensus gentium, et généralem*ent *hominum*, ne peut équitablement passer que pour une folie. Il n'y a pas, à l'opposé, le moindre *consensus omnium sapientium*, en quelque matière que ce soit, à cette exception près dont parlent les vers de Gœthe :

> *Tous les plus sages de tous les temps*
> *Sourient, hochent la tête et s'accordent :*
> *C'est folie que d'attendre un progrès des fous !*
> *Enfants de la sagesse, ô tenez les sots*
> *Juste pour ce qu'ils sont, comme il convient !*[1]

Disons-le sans vers ni rimes et appliqué à notre cas : le *consensus sapientium* consiste bien à tenir le *consensus gentium* pour une folie.

111. *Origine du culte religieux.*

Si nous nous reportons à ces époques où la vie religieuse était dans toute la force de sa floraison, nous y trouverons une conviction fondamentale que nous ne partageons plus, et c'est pourquoi nous nous voyons fermées une fois pour toutes les portes de la vie religieuse ; elle concerne la nature et notre commerce avec elle. A ces époques, on ignore encore tout des lois naturelles ; il n'existe de nécessité ni pour la terre ni pour le ciel ; une saison, le soleil, la pluie peuvent arriver et aussi bien ne pas se produire. Toute notion de causalité *naturelle* y est absente. Quand on rame, ce n'est pas le coup d'aviron qui meut le bateau, ramer n'est au contraire qu'une cérémonie magique par laquelle on contraint un démon à faire avancer le bateau. Toutes les maladies, la mort même sont le résultat d'interventions magiques. Jamais tomber malade et mourir ne sont des phénomènes natu-

rels ; l'idée de « déroulement naturel » manque entièrement,
— elle ne commence à se faire jour que chez les Grecs anciens,
donc à une phase très tardive de l'humanité, dans leur conception de la *Moire* trônant au-dessus des dieux. Qu'un homme tire
à l'arc, il y a toujours à l'œuvre une main, une force irration-
nelles ; que les sources soudain tarissent, on pense d'abord aux
démons souterrains et à leurs malices ; ce ne peut être que la
flèche d'un dieu dont l'action invisible fauche un homme tout
à coup. Dans l'Inde, un menuisier a coutume (d'après
Lubbock[1]) d'offrir des sacrifices à son marteau, sa hache et ses
autres outils ; un brahmane traite de la même manière la pointe
dont il écrit, un soldat les armes qui lui servent en campagne,
un maçon sa truelle, un laboureur sa charrue. La nature tout
entière est dans l'imagination des hommes religieux une somme
d'actions d'êtres doués de conscience et de volonté, un immense
et complexe réseau d'*actes arbitraires*. Aucune conclusion n'est
permise quant à tout ce qui est hors de nous, on ne peut affirmer que rien *sera* tel ou tel, *doit* advenir de telle ou telle façon ;
ce qu'il y a d'à peu près sûr, prévisible, c'est *nous* : l'homme
est la *règle*, la nature *l'absence de règle*, — dans cette proposition tient la conviction foncière qui domine les civilisations
archaïques, rudimentaires, créatrices dans le domaine religieux.
Hommes modernes, nous sentons tout à fait à l'inverse : plus
l'homme se sent aujourd'hui l'âme riche, plus son moi est poly-
phonique, plus aussi est puissant l'effet qu'exerce sur lui l'harmonie de la nature ; dans la nature, nous reconnaissons tous avec
Gœthe le grand calmant de l'âme moderne, nous écoutons battre le pendule de cette grande horloge avec une nostalgie de quiétude, de retour au lieu natal du silence, qui ferait croire que nous
pourrions absorber cette harmonie et y trouver enfin la jouissance de nous-mêmes. C'était le contraire autrefois ; si nous
retournons par la pensée aux niveaux archaïques, rudimentaires des peuples, ou si nous observons de près les sauvages actuels,
nous trouvons que la plus grande force dont ils dépendent est
celle de la *loi*, de la *tradition* : l'individu y est presque automatiquement asservi et tous ses mouvements ont la régularité du
pendule. La nature — l'inconcevable, l'effrayante, la mystérieuse
nature — ne peut lui apparaître que comme *l'empire de la liberté,
de l'arbitraire*, d'une puissance supérieure, plus même, comme

un degré plus qu'humain de l'existence, comme Dieu. Mais alors chaque individu, à ces époques et dans ces conditions, sentira que tout dépend de ces caprices de la nature, son existence, son bonheur, ceux de sa famille, de l'État, la réussite de toutes les entreprises : il est de toute nécessité que certains phénomènes naturels aient lieu en temps voulu, que d'autres, au bon moment, ne se produisent pas. Comment exercer une influence sur ces terribles inconnus, comment dompter l'empire de la liberté ? voilà ce qu'il se demande, ce qu'il cherche anxieusement : n'y a-t-il donc aucun moyen de soumettre ces puissances à cette régularité de la tradition et de la loi qui est la tienne ? — La réflexion des hommes croyant à la magie et au miracle tend à *imposer une loi à la nature* — : et, en bref, le culte religieux est le résultat de cette réflexion. Le problème que ces hommes se posaient s'apparente on ne peut plus étroitement à celui-ci : comment la race *la plus faible* pourra-t-elle néanmoins dicter des lois à *la plus forte*, l'obliger, diriger ses actions (dans ses relations avec la plus faible) ? On se rappellera d'abord l'espèce la plus anodine de contrainte, cette contrainte que l'on exerce quand on a gagné la *faveur* de quelqu'un. C'est donc par des supplications et des prières, par la soumission, par l'engagement à s'acquitter d'offrandes et de tributs réguliers, par des célébrations flatteuses qu'il sera possible d'exercer une contrainte sur les puissances de la nature, en ce sens qu'on se les rendra favorables : l'amour enchaîne et on l'enchaîne. Ensuite on pourra passer des contrats, dans lesquels on s'engage réciproquement à suivre certaines règles, fournit des gages, échange des serments. Mais il est un genre beaucoup plus important de contrainte, plus violente, par magie et enchantement. De même qu'avec l'aide du magicien l'homme sait nuire à un ennemi pourtant plus fort et le tenir sous la peur, de même que le philtre d'amour agit à distance, de même l'homme plus faible croit pouvoir contraindre les esprits de la nature plus forts que lui. Le grand moyen de toute magie est de tenir en son pouvoir quelque chose qui appartient en propre à quelqu'un, cheveux, ongles, quelques mets de sa table, voire son effigie, son nom. Une fois réuni cet appareil, on peut faire de la magie ; car l'hypothèse fondamentale est ici qu'à tout élément spirituel appartient quelque élément corporel ; c'est à l'aide de ce dernier que l'on peut lier, léser,

anéantir l'esprit ; le physique offre la prise par laquelle on peut
saisir le spirituel. De même donc que l'homme agit sur l'homme,
il agira sur n'importe quel esprit de la nature ; car celui-ci a aussi
sa part corporelle par laquelle on peut le tenir. L'arbre et, rapporté à lui, le germe dont il est sorti, cette énigmatique juxtaposition semble prouver qu'un seul et même esprit, tantôt petit,
tantôt grand, a pris corps dans l'une et l'autre forme. Une pierre
qui se met soudain à rouler est le corps dans lequel agit un esprit ;
si un rocher se trouve dans une lande solitaire, et qu'il soit impossible de penser à une force humaine qui l'aurait transporté là,
il faut bien que le bloc y soit venu de lui-même, c'est-à-dire :
il faut bien que l'habite un esprit. Tout ce qui a un corps est
accessible à la magie, donc aussi les esprits de la nature. Si un
dieu est directement attaché à son effigie, on pourra aussi exercer sur lui une contrainte des plus directes (en lui refusant sa
nourriture sacrificielle, le flagellant, le mettant aux fers, et autres
procédés de ce genre). En Chine, les petites gens, pour forcer
la faveur dont les prive leur Dieu, entourent de cordes la statue
de ce Dieu qui les a abandonnés, la jettent bas, la traînent par
les rues, leurs tas de boue et de fumier : « Chien d'esprit, lui
disent-ils, nous t'avons donné pour demeure un temple magnifique, t'avons joliment doré, t'avons bien engraissé, offert des
sacrifices, et dire que tu es si ingrat. » A notre époque même,
on a observé dans certains pays catholiques de semblables mesures de rigueur contre les images de saints et de la Vierge Mère
quand elles n'avaient pas voulu faire leur devoir lors d'épidémies de peste, par exemple, ou de sécheresses. — Toutes ces relations magiques avec la nature donnent naissance à
d'innombrables cérémonies ; et l'on finit, quand il s'en est fait
un trop grand désordre, par s'efforcer de les ordonner, de les
systématiser, tant et si bien que l'on croit s'assurer le déroulement favorable du cours entier de la nature, notamment de la
grande révolution annuelle, grâce au déroulement parallèle d'un
système de rites. Le sens du culte religieux est de dompter la
nature, de la diriger au bénéfice de l'homme, donc de *lui imposer un déterminisme qui n'est pas le sien au départ* ; alors qu'à
l'époque actuelle on cherche à *connaître* le déterminisme de la
nature pour se régler sur lui. Bref, le culte religieux repose sur
des idées de magie opérant d'homme à homme ; et le mage est

plus ancien que le prêtre. Mais il repose *tout autant* sur d'autres idées, plus nobles ; il suppose des rapports humains de sympathie, l'existence de la bienveillance, de la gratitude, de la supplication exaucée, de contrats entre ennemis, de gages concédés, de droits protégeant la propriété. Même à de très bas niveaux de civilisation, l'homme n'affronte pas la nature en serf impuissant, il n'est pas nécessairement son esclave passif ; au niveau religieux atteint par les Grecs, surtout dans leurs rapports avec les dieux de l'Olympe, on peut même penser à la coexistence de deux castes, l'une noble et puissante, l'autre moins noble ; mais toutes deux forment comme un seul et même tout par leur origine, sont d'une seule et même lignée, n'ont pas à avoir honte l'une de l'autre. C'est ce qu'il y a de grand dans la religiosité grecque[1].

112. *En voyant certains objets sacrés de l'Antiquité.*

A quel point nous en arrivons à perdre certaines manières de sentir, c'est ce que montrera par exemple l'union de la farce, voire de l'obscénité, avec le sentiment religieux : le sens de cette possibilité de combinaison nous échappe, nous ne comprenons plus qu'historiquement son existence, dans les fêtes de Déméter et de Dionysos, dans les Jeux de Pâques et les mystères chrétiens ; mais nous connaissons encore nous aussi le sublime allié au burlesque et choses semblables, le touchant mêlé au ridicule : ce que peut-être cesseront aussi de comprendre les temps à venir[2].

113. *Le christianisme, cette antiquité.*

Par un matin de dimanche, quand nous entendons bourdonner les vieilles cloches, nous nous demandons : mais est-ce possible ! tout cela pour un Juif crucifié il y a deux mille ans et qui disait être le Fils de Dieu[3]. La preuve manque de pareille affirmation. — C'est à coup sûr une antiquité plongeant de la nuit des temps jusqu'au cœur de notre époque que la religion chrétienne, et la foi dont jouit ladite affirmation — alors que l'on

est d'habitude si sévère dans l'examen des prétentions — est sans
doute la pièce la plus antique de cet héritage. Un Dieu qui engendre avec une femme mortelle ; un sage qui recommande de ne
plus travailler, de ne plus rendre la justice, mais de guetter les
signes de la fin du monde imminente ; une justice qui accepte
de prendre l'innocent pour victime vicaire ; quelqu'un qui
ordonne à ses disciples de boire son sang ; des prières pour appeler
les miracles ; des péchés commis contre un Dieu, expiés par un
Dieu ; la peur d'un au-delà dont la mort est la porte ; la figure
de la croix pour symbole, à une époque qui ne connaît plus la
destination ni l'ignominie de la croix, — quel frisson d'horreur
nous vient de tout cela, comme un souffle exhalé par le sépul-
cre d'un passé sans fond ! Croirait-on que l'on croit encore chose
pareille ?

114. *Ce qui n'est pas grec dans le christianisme* [1].

Les Grecs ne voyaient pas les dieux homériques en maîtres
au-dessus d'eux, ni eux-mêmes en esclaves au-dessous, comme
les Juifs. Ils ne voyaient pour ainsi dire que l'image des exemplaires les plus réussis de leur caste, c'est-à-dire l'idéal et non
le contraire de leur être propre. On se sent apparentés, il y a
un intérêt réciproque, une sorte de symmachie. L'homme se fait
une noble idée de lui-même en se donnant des dieux pareils, et
la relation qu'il instaure avec eux est celle de la petite et de la
grande noblesse ; alors que les peuples italiques [2] ont une vraie
religion de paysans, dans une perpétuelle angoisse de puissances malignes et capricieuses, d'esprits tourmenteurs. Là où les
dieux de l'Olympe reculaient, la vie grecque était aussi plus sombre et angoissée. — Le christianisme au contraire écrasait et bri-
sait l'homme complètement et l'enfonçait dans une fange épaisse ;
dans ce sentiment de sa totale abjection, il faisait alors éclater
tout à coup une lueur de miséricorde divine, et l'homme surpris, étourdi par la grâce, poussait un cri de ravissement et croyait
un instant tenir le ciel entier dans son âme. C'est à cet excès
morbide de sentiment, à la profonde corruption qu'il exige du
cœur et de la tête qu'œuvrent toutes les inventions psychologiques du christianisme : il veut anéantir, briser, étourdir, enivrer,

la seule chose qu'il ne veuille point est la *mesure*, et c'est pourquoi il est, dans l'acception la plus profonde, barbare, asiatique, tout le contraire de noble et de grec.

115. *De l'avantage d'avoir de la religion.*

Il y a des gens rassis et forts en négoce qui portent leur religion brodée comme un liséré d'humanité supérieure : ceux-là
feront bien de la garder, elle les embellit. — Tous les hommes
qui ne s'entendent pas à quelque métier des armes (y compris
ces armes que sont la parole et la plume) finissent par être serviles : la religion chrétienne leur est fort utile, car la servilité y
prend l'apparence de vertu chrétienne et s'en trouve extraordinairement embellie. — Les gens à qui leur vie quotidienne paraît
trop vide et monotone tournent facilement à la religion : c'est
compréhensible et pardonnable, seulement ils n'ont pas le droit
d'exiger de la religiosité de ceux dont la vie quotidienne ne se
perd pas dans le vide et la monotonie.

116. *Le chrétien ordinaire.*

Si le christianisme était dans le juste avec ses dogmes du Dieu
vengeur, de la coulpe universelle, de l'élection par la grâce et
du danger de damnation éternelle, ce serait un signe de débilité
mentale et de manque de caractère que de *ne pas* se faire prêtre, apôtre ou ermite et de ne pas travailler uniquement à son
salut dans la crainte et le tremblement ; il serait insensé de négliger
ainsi les biens éternels au profit de ses aises temporelles. A supposer que la *foi* existe, le chrétien ordinaire fait piètre figure,
c'est un homme qui ne sait vraiment pas compter jusqu'à trois,
et qui du reste, à cause justement de sa débilité intellectuelle,
ne mériterait pas d'être aussi durement châtié que le lui promet
le christianisme.

117. *De la subtilité du christianisme.*

Une des habiletés du christianisme est d'enseigner si haut la
totale indignité, peccabilité et abjection de l'homme en général
que mépriser son semblable en devient impossible[1]. « Il a beau
pécher tant qu'il veut, il n'est pas essentiellement différent de
moi : c'est moi qui suis indigne et méprisable à tous les degrés »,
voilà ce que se dit le chrétien. Mais même ce sentiment a perdu
son aiguillon le plus acéré, parce que le chrétien ne croit pas
à son abjection individuelle ; il est mauvais en tant qu'être
humain, d'une façon générale, et il se rassure quelque peu en
posant : Nous sommes tous du même moule.

118. *Changement de personnel.*

Dès qu'une religion domine, elle a pour adversaires tous ceux
qui auraient été ses premiers adeptes.

119. *Destinées du christianisme*[2].

Le christianisme est né du besoin de soulager le cœur ; mais
maintenant, il lui faudrait commencer par accabler le cœur pour
pouvoir ensuite le soulager. Il va par conséquent à sa ruine.

120. *La preuve par le plaisir.*

Une opinion agréable est reçue pour vraie : c'est la preuve par
le plaisir (ou, comme dit l'Église, la preuve par la force) dont
toutes les religions sont si fières, alors qu'elles devraient en avoir
honte. Si la foi ne donnait pas la félicité, personne ne croirait :
quelle piètre valeur doit donc être la sienne !

121. *Jeu dangereux.*

Quiconque rouvre aujourd'hui son être au sentiment religieux sera aussi obligé de le laisser grandir en lui, il ne peut faire autrement. Voici alors que son être se transforme peu à peu, il fait une place privilégiée à ce qui dépend et se rapproche de l'élément religieux, l'horizon tout entier de ses jugements et de ses sentiments s'en trouve obnubilé, recouvert par des passages d'ombres religieuses. Le sentiment ne saurait s'arrêter ; que l'on prenne donc garde.

122. *Les disciples aveugles.*

Aussi longtemps qu'un maître connaît bien la force et la faiblesse de sa doctrine, de son art, de sa religion, c'est que le pouvoir en est encore infime. Le disciple, l'apôtre, qui, aveuglé par le prestige du maître et la piété qu'il lui voue, n'a point d'yeux pour la faiblesse de la doctrine, de la religion, etc., a généralement par là même plus de puissance que le maître. Sans ces disciples aveugles, jamais encore l'influence d'un homme et de son œuvre n'est arrivée à s'étendre. Aider au triomphe d'une idée, ce n'est bien souvent que ceci : l'associer si fraternellement à la sottise que le grand poids de celle-ci finisse par l'emporter, entraînant celle-là dans sa victoire.

123. *Destruction des Églises.*

Il n'y a pas assez de religion dans le monde pour seulement anéantir les religions[1].

124. *L'homme sans péché.*

Quand on a compris « comment le péché est venu au monde », c'est-à-dire par le canal d'erreurs de la raison en vertu desquel-

les les hommes se tiennent entre eux, mieux, l'individu se tient
lui-même, pour beaucoup plus noirs et mauvais que ce n'est en
effet le cas, on se sent le cœur grandement soulagé, et il arrive
que les hommes et le monde vous apparaissent auréolés d'une
gloire d'innocence qui vous remplit d'aise jusqu'au fond.
L'homme, au sein de la nature, est toujours l'enfant par excellence. Cet enfant fait bien quelquefois un cauchemar angois-
sant, mais quand il ouvre les yeux il se revoit toujours au paradis.

125. *Irréligiosité des artistes* [1].

Homère est si bien chez lui parmi ses dieux et trouve un tel
plaisir de poète à leur compagnie qu'il a dû être, en tout état
de cause, foncièrement irréligieux ; ce que la croyance populaire
lui offrait — une superstition mesquine, grossière, terrifiante
par certains côtés —, il en disposait aussi librement que le sculpteur de sa glaise, avec ce même naturel, en somme, que possédaient Eschyle et Aristophane et par lequel se distinguèrent à
l'époque moderne, les grands artistes de la Renaissance autant
que Shakespeare et Gœthe.

126. *L'art et la vertu de la fausse interprétation.*

Toutes les visions, les terreurs, les impuissances, les extases du
saint sont des états morbides bien connus qu'il ne fait, se fondant sur des erreurs religieuses et psychologiques invétérées,
qu'*interpréter* tout autrement, c'est-à-dire comme autre chose que
des maladies. — De même, le démon de Socrate est peut-être une
maladie de l'oreille, mais que, conformément à ses idées morales
dominantes, il *s'explique* d'une tout autre manière qu'on ne ferait
aujourd'hui. Il n'en va pas autrement de la folie et des divaga-
tions des prophètes et des prêtres d'oracles ; c'est toujours le degré
de savoir, d'imagination, de zèle, de moralité, animant la tête et
le cœur des *interprètes*, qui en a *fait* de si grandes choses. Une
des plus puissantes actions exercées par ces hommes que l'on
appelle génies et saints est de susciter par leur ascendant des interprètes qui, pour le plus grand bien de l'humanité, les *entendent mal*.

127. *Vénération de la folie.*

Ayant remarqué qu'une émotion faisait souvent la tête plus claire et inspirait d'heureuses idées, on s'imagina que les émotions les plus intenses permettaient d'obtenir les idées et les inspirations les plus heureuses : et dans le fou on vénéra ainsi le sage et l'oracle. Il y a là un faux raisonnement à la base.

128. *Promesses de la science.*

La science moderne a pour but aussi peu de douleur que possible, une vie aussi longue que possible, — c'est-à-dire une sorte de félicité éternelle, très modeste, il est vrai, en comparaison des promesses de la religion.

129. *Libéralité interdite.*

Il n'y a pas assez d'amour et de bonté dans le monde pour avoir licence d'en rien prodiguer à des êtres imaginaires.

130. *Survivance du culte religieux dans l'âme.*

L'Église catholique, et avant elle tous les cultes antiques, tenaient magistralement en main la totalité des moyens capables de plonger l'homme dans des états d'âme extraordinaires et de l'arracher au froid calcul de son intérêt ou à l'exercice de sa pensée pure, de sa raison. Une église toute vibrante de notes graves, les sourdes invocations, régulières et retenues, d'une cohorte de prêtres qui transmet involontairement son exaltation à la communauté et lui communique une attente presque angoissée, comme s'il se préparait un miracle, le frisson d'une architecture qui, demeure de la divinité, s'étend confusément et inspire la crainte de voir cette divinité se manifester dans tous ces espaces ténébreux, — qui voudrait remettre les hommes en pareilles situations alors qu'ils ne croient plus à tout ce qu'elles supposent ? Mais les résultats n'en sont pas perdus néanmoins : ce monde intérieur de l'âme accordée au sublime, à l'émotion, au pressentiment, aux contritions profondes et aux espérances extatiques, c'est le culte surtout qui en fait le don inné aux hommes ; ce qui en subsiste dans l'âme de nos jours, c'est lui qui l'a épanoui du temps qu'il germait, croissait et fleurissait.

131. *Séquelles religieuses* [1].

Autant que l'on puisse croire s'être déshabitué de la religion, ce ne sera pourtant pas au point de ne plus prendre plaisir à retrouver des sentiments et des états d'âme religieux sans contenu intellectuel, dans la musique par exemple ; et quand une philosophie nous présente la justification d'espérances métaphysiques, de la profonde paix de l'âme qu'elles peuvent dispenser, et qu'elle nous parle par exemple de « l'Évangile absolument certain dans le regard des madones de Raphaël » [2], nous accueillons pareilles assertions et démonstrations avec un élan particulièrement chaleureux : prouver est ici plus facile au philosophe, il s'accorde, par ce qu'il veut donner, à un cœur tout disposé à prendre. On notera à ce propos que les libres penseurs sans trop de discernement ne sont vraiment choqués que par les dogmes, mais connaissent fort bien le charme du sentiment religieux ; ils ont du mal à abandonner celui-ci à cause de ceux-là. — La philosophie scientifique doit sévèrement se garder des erreurs qu'elle pourrait introduire en contrebande à la faveur de ce fameux besoin — qui est acquis, et par suite passager ; même des logiciens [3] parlent de « pressentiments » de la vérité dans la morale et dans l'art (par exemple du pressentiment « que l'essence des choses est une ») : ce qui devrait pourtant leur être interdit. Entre les vérités soigneusement établies et pareilles choses « pressenties » il reste un abîme infranchissable, c'est que celles-là sont dues à l'intellect, celles-ci au besoin. La faim ne prouve pas qu'il *existe* un aliment pour la rassasier, mais elle désire cet aliment. La « pressentir » ne signifie pas reconnaître à quelque degré que ce soit l'existence d'une chose, mais la tenir pour possible dans la mesure où on la désire ou bien la redoute ; le « pressentiment »

ne fait pas avancer d'un seul pas dans le pays de la certitude.
— On croit automatiquement que les chapitres d'une philosophie nuancés de religion sont mieux démontrés que les autres ;
mais c'est au fond l'inverse, on a seulement le désir profond
qu'il *puisse* en être ainsi, — que la source d'une félicité soit aussi
la vérité. C'est ce désir qui nous égare à prendre pour bonnes
de mauvaises raisons.

132. *Du besoin chrétien de rédemption* [1].

Il doit être possible à une réflexion attentive d'arriver à obtenir, de ce phénomène de l'âme chrétienne que l'on appelle besoin
de rédemption, une explication exempte de mythologie, c'est-
à-dire purement psychologique. Jusqu'à présent, il est vrai, les
explications psychologiques d'états et de phénomènes religieux
ont eu mauvaise réputation, du fait qu'une théologie soi-disant
libre se livrait à la stérile exploitation de ce domaine ; car dès
le départ, comme l'esprit de son fondateur, Schleiermacher, permet de le supposer, elle visait au maintien de la religion chrétienne et à la perpétuation des théologiens chrétiens : lesquels
devaient trouver dans l'analyse psychologique des « faits » religieux un nouveau mouillage et surtout une nouvelle occupation.
Sans nous laisser égarer par ces devanciers, nous risquerons
l'interprétation suivante dudit phénomène. L'homme a
conscience de certaines actions qui occupent un bas niveau dans
la hiérarchie courante des actions, il se découvre même pour de
telles actions un penchant qui lui semble presque aussi immuable que tout son être. Qu'il aimerait s'essayer à cet autre genre
d'actions que l'appréciation générale reconnaît pour les premières
et les plus élevées, qu'il aimerait se sentir plein de cette bonne
conscience dont s'accompagne, dit-on, une pensée désintéressée ! Hélas, il en reste à ce désir ; l'insatisfaction de ne pouvoir
le satisfaire vient s'ajouter à toutes les autres espèces d'insatisfaction qu'ont suscitées en lui son lot dans la vie en général ou
encore les conséquences de ces actions dites mauvaises ; si bien
qu'il s'en forme un profond malaise, et que le regard se met
en quête d'un médecin qui serait capable de supprimer ce mal
avec toutes ses causes. — Cet état ne serait pas ressenti avec

autant d'amertume si l'homme était assez libre de préventions pour ne se comparer qu'à d'autres hommes : c'est qu'alors il n'aurait aucune raison d'être spécialement mécontent de soi, il ne ferait que porter sa part d'insatisfaction et d'imperfection humaines, ce fardeau universel. Mais il se compare à un être qui est seul capable de ces actions dites sans égoïsme et qui vit dans la conscience perpétuelle d'une pensée désintéressée, Dieu ; c'est de se regarder dans ce clair miroir qu'il se découvre un être d'apparence si trouble, si bizarrement défiguré. C'est ensuite l'idée de ce même être qui l'angoisse, de cet être qui hante son imagination sous les traits d'une justice vindicative : dans toutes les circonstances possibles de sa vie, petites et grandes, il croit reconnaître sa colère, sa menace, voire sentir par anticipation les coups de verge qu'il assène en juge et en bourreau. Qui viendra à son secours dans ce péril qui, par la perspective d'une immense durée de châtiments, l'emporte en atrocité sur toutes les autres terreurs de l'imagination ?

133.

Avant de nous représenter cet état dans ses autres conséquences, nous nous avouerons cependant que l'homme n'y est pas tombé par sa « faute » et son « péché », mais par une suite d'erreurs de la raison, que c'était la faute du miroir si son être lui est apparu obscur et haïssable à ce point, et que ce miroir était son œuvre à lui, l'œuvre très imparfaite de l'imagination et du jugement humains. Tout d'abord, un être qui serait uniquement capable d'actions pures de tout égoïsme est encore plus fabuleux que l'oiseau Phénix ; on ne peut même pas se le représenter clairement, ne serait-ce que parce que le concept d'« action désintéressée » s'évanouit en fumée à un examen serré. Jamais homme n'a rien fait qui eût été fait uniquement pour d'autres et sans aucun mobile personnel ; comment *pourrait-il* même faire quelque chose qui n'eût aucun rapport avec lui, c'est-à-dire sans nécessité intérieure (laquelle devrait tout de même se fonder sur un besoin personnel) ? Comment l'*ego* serait-il capable d'agir sans *ego* ? — Un Dieu qui, en revanche, est *tout* amour, comme il arrive qu'on l'admette, ne serait pas capable d'une seule action désintéressée ; il serait bon à ce propos de se rappeler une pensée de Lichtenberg[1], empruntée, il est vrai, à une sphère plus modeste : « Il nous est impossible de *sentir* pour d'autres, comme on dit ; nous ne sentons que pour nous. C'est chose dure à entendre, mais qui ne l'est pas pourvu qu'on la comprenne bien. On n'aime ni père, ni mère, ni femme, ni enfant, mais les sentiments agréables qu'ils nous valent », ou encore, comme dit La Rochefoucauld[2] : « Si on croit aimer sa maîtresse pour l'amour d'elle, on est bien trompé. » Quant à la raison pour laquelle on estime plus haut les actes d'amour que les autres, non pas certes à cause de leur essence, mais bien de leur utilité, on se reportera aux recherches ci-dessus « sur l'origine des sentiments moraux ». Que si pourtant un homme désirait être tout amour comme ce Dieu, ne rien faire, ne rien vouloir pour soi, mais tout pour les autres, c'est chose déjà impossible pour la simple raison qu'il est obligé de faire *énormément* pour soi s'il veut pouvoir faire tant soit peu pour autrui. Et puis cela suppose que l'autre est assez égoïste pour accepter continuellement ces sacrifices, cette vie qui se donne à lui : si bien que les êtres d'amour et de sacrifice ont intérêt à la conservation des égoïstes incapables d'amour et de sacrifice, et que la moralité suprême devrait nécessairement, pour pouvoir subsister, *contraindre* l'immoralité à l'existence (par quoi, bien entendu, elle se supprimerait elle-même). — Il y a plus : l'idée qu'on a d'un Dieu inquiète et humilie tant qu'on y croit, mais quant à sa *genèse*, c'est un point sur lequel il ne peut plus y avoir de doute en l'état actuel de l'ethnologie comparée ; et dès que l'on comprend cette genèse, c'en est fait de cette croyance. Il arrive au chrétien qui compare son être à celui de Dieu la même chose qu'à Don Quichotte, qui sous-estime sa vaillance parce qu'il n'a en tête que les héros de romans de chevalerie et leurs prodigieuses prouesses : la règle qui sert de mesure ressortit dans les deux cas au royaume de la Fable. Mais que l'idée du Dieu disparaisse, le sentiment de « péché » disparaît aussi, de manquement aux préceptes divins, de souillure infligée à une créature vouée à Dieu. Il reste alors sans doute encore ce malaise à quoi s'allie et se mêle intimement la crainte des châtiments de la justice temporelle ou du mépris des hommes ; mais le tourment des remords, cet aiguillon de tous le plus acéré dans le sentiment de la faute, toujours

est-il qu'il s'émousse quand on se rend compte que l'on a bien
violé par ses actes la tradition humaine, les lois de l'ordre
humain, mais non pas compromis par là, tant s'en faut, le « salut
éternel de l'âme » et ses relations avec la divinité. Si l'homme
pour finir réussit encore à acquérir, à faire passer dans sa chair
et son sang la conviction philosophique de la nécessité absolue
de tous ses actes et de leur totale irresponsabilité, il n'est pas
jusqu'à ce dernier reste de remords qui ne disparaisse aussi.

134.

Or donc, si, comme nous l'avons dit, ce sont certaines erreurs
qui ont fourvoyé le chrétien dans ce sentiment de mépris de soi,
c'est-à-dire une interprétation fausse, non scientifique, de ses actes
et de ses sentiments, il lui faudra constater au comble de l'étonnement que cet état de mépris, de remords, de déplaisir en somme,
n'est pas durable, qu'il lui arrive d'avoir des heures où tout cela
est balayé de son âme, où il se sent libre et vaillant de nouveau.
En vérité, c'est le plaisir de son être propre qui l'a emporté, cette
aise qui lui vient de sa propre force, associés à l'atténuation nécessaire de toute émotion profonde ; l'homme recommence à s'aimer,
il le sent, — mais c'est justement cet amour, cette estime nouvelle
de soi qui lui paraissent incroyables, il ne peut y voir que la des-
cente tout imméritée d'un rayon de la grâce d'en haut. S'il croyait
auparavant apercevoir dans tout ce qui lui arrivait des avertisse-
ments, des menaces, des châtiments et les signes les plus divers
de la colère divine, il *interprète* maintenant ses expériences de
manière à y *introduire* la bonté divine : tel événement lui paraît
déborder d'amour, tel autre lui semble une indication secourable, un troisième, et particulièrement son état d'âme tout à la joie,
une preuve que Dieu est clément. De même que d'abord, dans
son état d'insatisfaction, il interprétait faussement ses actes surtout, ainsi fait-il maintenant surtout de ce qu'il éprouve ; il prend
la confiance qui l'habite pour l'effet d'une puissance régnant hors
de lui-même, l'amour avec lequel il s'aime au fond lui-même revêt
pour lui l'apparence de l'amour divin ; ce qu'il appelle grâce et
prélude à la rédemption est en vérité une grâce et une rédemption
qui lui viennent de lui-même[1].

135.

Ainsi donc, une certaine psychologie fausse, une certaine manière chimérique d'interpréter ses motivations et ses réactions profondes sont la condition nécessaire pour devenir chrétien et ressentir le besoin de rédemption. A-t-on clairement compris cet égarement de la raison et de l'imagination, on cesse d'être chrétien[1].

136. *De l'ascétisme et de la sainteté chrétiens.*

Autant certains penseurs isolés se sont efforcés de présenter ces phénomènes exceptionnels de moralité que l'on a l'habitude d'appeler ascétisme et sainteté comme une sorte de miracle à la face duquel ce serait presque déjà un sacrilège et une profanation que de tenir la lanterne d'une explication rationnelle, autant est forte en revanche la tentation de ce sacrilège. De tout temps, une puissante impulsion *naturelle* a conduit d'une manière générale à protester contre ces phénomènes ; la science, étant, comme nous l'avons dit plus haut, une imitation de la nature, se permet tout au moins d'élever quelque objection quant à leur caractère prétendu inexplicable, voire inapprochable. Il est vrai qu'elle n'a guère eu de succès jusqu'à présent : ces phénomènes restent inexpliqués, à la grande satisfaction de ces dits adorateurs du merveilleux en morale. Car, pour le dire en général, on veut que l'inexpliqué soit absolument inexplicable, l'inexplicable absolument pas naturel, mais surnaturel, miraculeux, — c'est l'exigence qui habite l'âme de tous les religieux et de tous les métaphysiciens (des artistes aussi, lorsqu'ils sont à la fois penseurs) ; alors que dans cette exigence l'homme de science voit le « mauvais principe ». — La première généralité plausible que l'on trouve à considérer l'ascétisme et la sainteté est qu'ils sont de nature *complexe* : car presque partout, dans le monde physique comme dans le monde moral, on a réussi à ramener le prétendu merveilleux à la complexité d'une donnée soumise à de multiples conditions. Osons donc, pour commencer, iso-

ler, dans l'âme des saints et des ascètes, certaines pulsions distinctes et nous les représenter pour finir intimement enchevêtrées.

137[1].

Il y a *un acharnement contre soi-même*[2] dont les manifestations les plus sublimées comprennent certaines formes d'ascétisme. Certains hommes ont en effet un besoin si intense d'exercer
leur puissance et leur passion de dominer que, faute d'autres
objets, ou parce qu'ils y ont toujours échoué par ailleurs, ils
finissent par s'aviser de tyranniser certaines parties de leur propre personne, des secteurs ou niveaux de leur être en quelque
sorte. C'est ainsi que plus d'un penseur professe des vues qui
ne servent manifestement pas à augmenter ou à améliorer sa
réputation ; plus d'un appelle expressément le mépris des autres
sur sa personne alors qu'il lui serait facile en se taisant de rester
un homme estimé ; d'autres désavouent leurs opinions anciennes sans redouter d'être dès lors taxés d'inconséquence : au
contraire, ils s'y efforcent et se conduisent comme ces cavaliers
téméraires qui n'aiment vraiment un cheval que lorsqu'il s'est
emballé, couvert de sueur, a pris le mors aux dents. C'est ainsi
que l'homme gravit les plus hautes montagnes par des chemins
dangereux pour braver sa peur et ses genoux tremblants ; et que
le philosophe professe des idées d'ascétisme, d'humilité et de
sainteté dont la splendeur enlaidit odieusement sa propre figure.
Cet écartèlement de soi-même, cette dérision de sa propre nature,
ce *spernere se sperni*, dont les religions ont fait si grand cas,
ne sont à proprement parler qu'un très haut degré de vanité.
Toute la morale du Sermon sur la Montagne a sa place ici :
l'homme éprouve une véritable volupté à se faire violence par
d'excessives exigences et à déifier ensuite ce je ne sais quoi de
son âme aux prétentions tyranniques. Dans toute morale ascé-
tique, l'homme adore une part de soi-même sous les espèces de
Dieu, et il a besoin pour cela de changer en diable la part qui
reste...

138[1].

L'homme n'est pas également moral à toutes les heures, c'est connu ; si on juge sa moralité selon son aptitude à une abnégation prête aux grandeurs du sacrifice (qui, si elle dure et devient habitude, est de la sainteté), c'est dans la *passion* qu'il est le plus moral ; ce degré supérieur d'émotion lui fournit de tout nouveaux mobiles dont il croyait peut-être, la tête claire et froide comme d'ordinaire, n'être même pas capable. Comment cela se fait-il ? A cause sans doute de l'affinité de tous les genres de grandeur et d'extrême excitation ; porté à un degré exceptionnel d'exaltation, l'homme peut se résoudre aussi bien à une vengeance terrible qu'à un terrible écrasement de son besoin de vengeance. De toute façon, sous l'influence de sa violente émotion, il veut du grand, du violent, du monstrueux, et s'il s'avise par hasard que le sacrifice de soi lui donne autant ou encore plus de satisfaction que le sacrifice d'autrui, c'est lui qu'il choisira. Il ne s'agit donc proprement pour lui que de décharger son émotion ; il se peut bien qu'alors, pour soulager son excitation, il empoigne toutes ensemble les lances de ses ennemis et les plonge dans sa poitrine. Qu'il y ait de la grandeur dans l'abnégation de soi-même. et non dans la vengeance seulement, c'est ce qu'il a fallu inculquer à l'humanité par une longue accoutumance ; une divinité qui se sacrifie elle-même fut le symbole le plus puissant et le plus efficace de ce genre de grandeur. Victoire remportée sur le plus difficile à vaincre des ennemis, domination soudain assurée sur une passion, — tel *apparaît* ce renoncement ; et c'est ainsi qu'il passe pour le sommet de toute morale. En vérité, il s'agit là de la substitution d'une image à l'autre cependant que l'âme garde son même niveau, sa même hauteur d'eau. Désenchantés, se reposant de leur passion, les hommes ne comprennent plus la moralité de ces instants, mais l'admiration de tous ceux qui les ont vécus simultanément les soutient ; l'orgueil est leur consolation quand la passion et la compréhension de leur acte les abandonnent. Au fond, donc, ces actes d'abnégation ne sont pas moraux non plus, en ce qu'ils ne sont pas strictement accomplis en considération d'autrui ; plus exactement, autrui ne fournit à l'âme tendue à l'extrême qu'une occasion de se soulager, grâce à ladite abnégation.

139.

Sous bien des rapports, l'ascète cherche lui aussi à se rendre la vie facile, et ce par une soumission parfaite à une volonté étrangère ou encore à une loi, un rituel dont la sphère le contient entièrement ; un peu à la manière dont le brahmane ne laisse rien à sa propre détermination et se détermine à chaque instant en vertu d'un précepte sacré. Cette soumission est un moyen puissant de se rendre maître de soi ; on est occupé, ignore donc l'ennui, tout en échappant aux stimulations de la volonté égoïste et de la passion ; l'acte accompli, il n'y a aucun sentiment de responsabilité, et de ce fait aucun tourment de repentir. On a renoncé une fois pour toutes à sa volonté personnelle, et c'est plus facile que de n'y renoncer que de temps à autre ; comme il est aussi plus facile de renoncer entièrement à un désir que d'y garder la mesure. Si nous songeons aux rapports actuels du citoyen avec l'État, nous trouverons là aussi que l'obéissance inconditionnelle est plus commode qu'assortie de conditions. Le saint se rend donc la vie plus facile par ce total abandon de sa personnalité, et c'est s'abuser qu'admirer dans ce phénomène une prouesse de moralité sans pareille. Il est en tout état de cause plus difficile d'affirmer sa personnalité sans trouble ni hésitation que de s'en affranchir de ladite manière ; outre qu'il y faut beaucoup plus d'esprit et de réflexion[1].

140.

Après avoir découvert dans bon nombre d'actions des plus difficiles à expliquer des formes de ce plaisir de *l'émotion pour elle-même*, je verrais volontiers aussi dans le mépris de soi qui est une des caractéristiques de la sainteté, et encore dans les tourments que l'on s'inflige à soi-même (par la faim et les flagellations, les dislocations de membres, la simulation de la démence), un moyen grâce auquel ces natures luttent contre l'épuisement général de leur vouloir-vivre (de leurs nerfs); elles recourent aux plus douloureux des moyens d'excitation et de torture pour émerger au moins de temps en temps de cette apathie et de cet ennui où les font si souvent sombrer leur grande indolence d'esprit et cette soumission que j'ai dite à une volonté étrangère[1].

141[2].

Le moyen le plus courant qu'emploient l'ascète et le saint pour se rendre malgré tout la vie encore supportable et intéressante consiste dans une guerre qu'ils font à l'occasion et dans l'alternance des victoires et des défaites. Il leur faut pour cela un adversaire et ils le trouvent dans ce qu'ils appellent « l'ennemi du dedans ». C'est-à-dire qu'ils mettent à profit leur penchant à la vanité, leur soif de gloire et de domination, et encore leurs appétits sensuels, afin de pouvoir considérer leur vie comme une bataille sans trêve et eux-mêmes comme un champ de bataille sur lequel esprits bons et malins s'affrontent avec des fortunes diverses. Comme on le sait, l'imagination sensuelle est tempérée, voire presque supprimée, par la régularité des rapports sexuels, mais déchaînée, à l'inverse, et déréglée par la continence ou le désordre de ces rapports. L'imagination de beaucoup de saints chrétiens était d'une extraordinaire obscénité; en vertu de cette théorie selon laquelle ces appétits étaient de véritables démons qui les hantaient furieusement, ils ne se sentaient pas trop responsables du fait; nous devons à ce sentiment la sincérité si instructive de leurs confessions. Il était de leur intérêt d'entretenir sans cesse ce combat avec plus ou moins d'intensité puisque c'est en lui, on l'a vu, que leur vie désolée trouvait à s'entretenir. Mais afin que le combat parût assez important pour susciter la sympathie et l'admiration durables des autres, gens sans sainteté, il fallait stigmatiser sans répit la sensualité déclarée hérétique[3], et on alla jusqu'à associer si étroitement le danger de damnation éternelle à ces choses que durant des siècles entiers, c'est plus que vraisemblable, les chrétiens ont engendré leurs enfants avec mauvaise conscience; ce qui a sûrement fait grand mal à l'humanité. Et pourtant, c'est bien la tête en bas qu'on voit ici la vérité : attitude particulièrement indécente pour la vérité[1]. Il est vrai que le christianisme avait dit : Tout homme est conçu et enfanté dans le péché, et dans l'intolérable christianisme superlatif d'un Calderon cette idée s'était encore une fois resserrée et entortillée au point de lui faire oser le paradoxe le plus absurde qui soit dans ces vers bien connus :

> *la plus grande faute de l'homme*
> *est celle d'être né*[2].

Dans toutes les religions pessimistes, l'acte de la procréation est senti comme étant mauvais en soi, mais ce sentiment n'est pas le moins du monde un trait général d'humanité ; même le jugement des pessimistes est loin d'être unanime sur ce point. Empédocle, par exemple, ignore absolument qu'il puisse y avoir quoi que ce soit de honteux, de diabolique, de coupable dans les choses érotiques ; dans la grande prairie de la perdition, il ne voit au contraire qu'une seule figure de salut et d'espoir, Aphrodite ; elle lui est garante que la Discorde ne régnera pas éternellement, mais remettra un jour son sceptre à un démon plus clément[3]. Les pessimistes chrétiens de la pratique, on l'a vu, avaient intérêt, eux, à ce qu'une autre opinion restât prédominante ; ils avaient besoin, dans la solitude et le désert spirituel de leur vie, d'un ennemi toujours bien vivant : et d'un ennemi universellement reconnu grâce auquel, en le combattant et l'écrasant, ils pussent faire encore et toujours figure d'êtres surnaturels, quasiment incompréhensibles aux yeux de qui n'était pas saint. Lorsque, enfin, conséquence de leur genre de vie et de leur santé détruite, cet ennemi prenait la fuite pour toujours, ils savaient aussitôt *voir* leur âme peuplée de nouveaux démons. Tantôt en haut, tantôt en bas, l'oscillation des plateaux de la balance, orgueil et humilité, occupait aussi bien leurs têtes de songe-creux que l'alternance du désir et de la paix de l'âme. En ce temps-là, la psychologie servait non seulement à suspecter toute la réalité humaine, mais à l'outrager, à la fustiger, à la crucifier ; se trouver aussi méchant et mauvais que possible, on le voulait, on recherchait l'angoisse du salut de l'âme, la désespérance de sa propre force. Toute chose naturelle à laquelle l'homme attache l'idée de mal, de péché (comme il est encore

habitué à le faire maintenant dans le domaine érotique) acca-
ble, attriste l'imagination, donne un regard fuyant, met l'homme
en conflit avec lui-même, le rend incertain et méfiant ; même
ses rêves en prennent un arrière-goût de conscience torturée. Et
pourtant cette souffrance à cause de la nature est sans fondement aucun dans la réalité des choses : elle n'est que la conséquence des opinions *sur* les choses[1]. Il est facile de voir
pourquoi les hommes deviennent plus mauvais en décrétant mauvaise leur inévitable part naturelle et en la sentant par la suite
toujours telle. C'est l'artifice de la religion, et de ces métaphysiciens qui veulent l'homme méchant et pécheur par nature, que
de lui faire suspecter cette nature et de le *rendre* ainsi mauvais
lui-même : car c'est de ne pas pouvoir dépouiller le vêtement
de nature qu'il apprend à se connaître mauvais. Peu à peu, au
cours d'une longue vie vécue au naturel, il se sent accablé d'un
tel poids de péchés que des puissances surnaturelles sont désormais nécessaires pour lui ôter ce poids ; et du même coup entre
en scène ce besoin de rédemption dont nous avons déjà parlé,
et qui ne correspond pas du tout à un état de péché réel, mais
seulement imaginaire. Que l'on parcoure une à une les thèses
morales établies par les chartes du christianisme, et l'on trouvera toujours que leurs exigences sont exagérées afin que
l'homme n'y *puisse* pas suffire ; l'intention n'en est pas qu'il
devienne plus moral, mais qu'il se sente *aussi pécheur que possible*. Si ce sentiment n'avait pas été *agréable* à l'homme, pourquoi aurait-il formé pareille imagination, s'y serait-il si longtemps
attaché ? De même que dans le monde antique il s'est dépensé
d'immenses trésors d'esprit et d'invention pour accroître la joie
de vivre par des cultes qui étaient des fêtes, à l'époque du christianisme une immense somme d'intelligence a été sacrifiée de
même, mais à une autre ambition : on voulait que l'homme se
sentît pécheur de toutes les manières et s'en trouvât stimulé, vivi-
fié, animé[2]. Stimuler, vivifier, animer, à tout prix — n'est-ce
pas là le mot d'ordre d'une époque énervée, trop mûre, trop
civilisée ? On avait parcouru cent fois le cercle de tous les sentiments naturels, l'âme s'en était fatiguée : alors le saint et l'ascète
inventèrent un nouveau genre d'excitants vitaux. Ils s'exhibè-
rent à tous les yeux, non pour servir vraiment de modèle au grand
nombre, mais de spectacle à la fois effrayant et ravissant, repré-

senté à ces confins du monde et de son au-delà où chacun croyait
apercevoir à l'époque tantôt des lueurs de félicité célestes, tantôt de sinistres langues de feu dardées par l'abîme. L'œil du saint,
fixé sur la signification de toute façon terrible de cette brève
existence terrestre, sur l'imminence d'un jugement dernier déci-
dant des espaces infinis d'une autre vie, cet œil de braise mou-
rante dans un corps à moitié anéanti fit trembler jusqu'en leur
tréfonds les hommes du monde antique ; risquer un regard, le
détourner en frissonnant d'horreur, flairer de nouveau l'attrait
du spectacle, s'en rassasier tant et tant que l'âme se mette à fré-
mir d'ardeur et de fièvres glacées, — telle fut la dernière *jouissance que l'antiquité inventa* une fois devenue elle-même
insensible au spectacle des combats de bêtes et d'hommes.

142.

En résumé, cet état d'âme dont jouit le saint, consacré ou
débutant, se compose d'éléments que nous connaissons tous fort
bien, sauf que, sous l'influence d'idées tout autres que religieuses, ils se présentent sous des couleurs différentes et ne manquent pas alors d'encourir aussi fortement le blâme des gens
qu'ils peuvent, sous cette chamarrure de religion, de sens dernier de l'existence, compter sur leur admiration, leur vénération même, — pouvaient tout au moins y compter par le passé.
Tantôt le saint pratique cet acharnement contre soi-même qui
est proche parent de la soif de domination, et même au plus
solitaire donne encore le sentiment de sa puissance ; tantôt son
sentiment débordant saute du désir de laisser galoper ses passions au désir de leur faire plier les genoux comme à des chevaux sauvages, sous la pression puissante d'une âme fière ; tantôt
il exige une cessation complète de tous les sentiments gênants,
torturants, excitants, un sommeil éveillé, un délassement prolongé au sein d'une morne indolence, animale, végétative ; tantôt il cherche le combat et l'allume au-dedans de lui-même parce
que l'ennui tourne vers lui ses bâillements : ce moi qu'il a déi-
fié, il le passe aux verges de son mépris de soi et de ses cruautés,
il prend plaisir au bouillonnement effréné de ses concupiscen-
ces, à la douleur aiguë du péché, voire même à l'imagination

de sa perdition, il a l'art de tendre des pièges à sa passion, par
exemple celle de l'extrême besoin de domination, de manière
à passer à celle de l'extrême humilité, tant et si bien que son
âme harcelée se trouve complètement disloquée par ce contraste ;
et enfin, si ce sont des visions qu'il convoite, des entretiens avec
les morts ou des êtres divins, c'est bien au fond une espèce rare
de volupté qu'il désire, mais celle-là même peut-être où toutes
les autres viennent s'enchevêtrer en un même nœud. Novalis,
qui, par son expérience et son instinct, est une de nos autorités
en matière de sainteté, trahit quelque part tout le secret avec
une joie naïve : « Il est assez étonnant que l'association de la
volupté, de la religion et de la cruauté n'ait pas depuis longtemps attiré l'attention des hommes sur leur profonde affinité
et leur tendance commune. »[1]

143.

Ce qui donne sa valeur au saint dans l'histoire universelle,
ce n'est pas ce qu'il *est*, mais ce qu'il *signifie* aux yeux des autres,
les non-saints. On s'est trompé sur son compte, on a faussement interprété ses états d'âme et on l'a autant que possible écarté
de soi, en phénomène absolument incomparable et de nature
étrangère, surhumaine : mais c'est justement ce qui lui a valu
cette force extraordinaire avec laquelle il a pu s'emparer de l'imagination d'époques et de peuples entiers. Lui-même ne se connais-
sait pas ; il comprenait lui-même l'écriture de ses humeurs, de
ses penchants, de ses actions, à travers un art de l'interprétation aussi extravagant et artificiel que l'interprétation pneuma-
tique de la Bible. Le côté faussé et morbide de sa nature, avec
son amalgame de misère intellectuelle, de piètre savoir, de santé
pourrie, de nerfs surexcités, restait aussi bien caché à son regard
qu'à celui de ses témoins. Il n'était pas homme spécialement bon,
encore moins spécialement sage : mais il *signifiait* quelque chose
qui était censé dépasser la mesure humaine en bonté et en sagesse.
Croire en lui soutenait la croyance au divin et au miracle, à un
sens religieux de toute existence, au jour imminent d'un Jugement dernier. Dans l'éclat vespéral d'un soleil de fin du monde
qui rayonnait sur les peuples chrétiens, la figure d'ombre du saint

prit des proportions gigantesques : s'éleva même à une telle hauteur que, jusqu'à notre époque qui ne croit plus en Dieu, il y a encore assez de penseurs qui croient au saint.

144.

Il va de soi qu'on peut, à cette figure du saint, esquissée d'après la moyenne de l'espèce entière, opposer telle autre figure qui produirait sans doute une impression plus agréable. Quelques exceptions se détachent çà et là de l'espèce, soit par une grande douceur et un grand amour des hommes, soit par la magie d'une rare énergie ; d'autres sont on ne peut plus séduisantes parce que certaines imaginations délirantes répandent des torrents de lumière sur tout leur être, comme c'est par exemple le cas du fameux fondateur du christianisme, lequel se tenait pour le Fils de Dieu et se sentait de ce fait sans péché ; si bien qu'une chimère — on ne la jugera pas trop durement, l'antiquité tout entière fourmille de fils de dieux — lui permit d'atteindre le même but, ce sentiment d'innocence parfaite, d'irresponsabilité totale, que tout le monde peut s'assurer aujourd'hui grâce à la science. — J'ai de même négligé les saints de l'Inde, qui occupent un rang intermédiaire entre le saint chrétien et le philosophe grec et ne représentent donc pas un type pur : la connaissance, la science — pour autant qu'il y en avait une —, l'élévation au-dessus des autres hommes grâce à la discipline et à la formation logiques de la pensée, c'était la marque de sainteté que l'on exigeait chez les bouddhistes, alors que ces mêmes qualités se voient écartées et maudites dans le monde chrétien comme marques d'impiété.

IV

De l'âme des artistes et écrivains

145. *Que la perfection échapperait au devenir.*

Nous sommes accoutumés, devant toute chose parfaite, à omettre la question de sa genèse, et à jouir de sa présence comme si elle avait surgi du sol d'un coup de baguette magique. Il est vraisemblable que nous continuons à subir ici les effets d'une émotion mythologique archaïque. Nous éprouvons *encore à peu près* le même sentiment (par exemple dans un temple grec comme celui de Paestum) que si un beau matin un dieu avait en se jouant bâti sa demeure de ces blocs énormes; ou, d'autres fois, que si une âme, par un enchantement soudain, s'était trouvée enclose dans une pierre et cherchait maintenant à la faire parler pour elle. L'artiste sait que son œuvre n'aura son plein effet que si elle suscite la croyance à quelque improvisation, à une naissance qui tient du miracle par sa soudaineté; aussi ne manquera-t-il pas d'aider à cette illusion et d'introduire dans l'art, au début même de la création, ces éléments d'agitation inspirée, de désordre tâtonnant à l'aveuglette, de rêve vigilant, tous artifices trompeurs destinés à disposer l'âme du spectateur ou de l'auditeur de telle sorte qu'elle croie au jaillissement soudain de la perfection. — La science de l'art, cela va de soi, se doit de contredire cette illusion avec toute la netteté possible et de mettre en évidence les sophismes et les complaisances de l'intellect, en vertu desquels il va donner dans les panneaux de l'artiste[1].

146. *Le sens de la vérité chez l'artiste.*

Quand il s'agit de la connaissance des vérités, l'artiste a une moralité plus faible que le penseur ; il ne veut absolument pas se laisser enlever les symboles brillants et profonds de la vie et se défend de toutes méthodes, de tous résultats nus et crus. En apparence, il lutte pour élever la dignité et la valeur de l'homme ; en réalité, il ne veut pas renoncer aux postulats qui assurent *les meilleurs effets* de son art, comme sont le fantastique, les mythes, le flou, les extrêmes, le sens du symbole, l'exaltation de la personnalité, la croyance à je ne sais quel miracle du génie ; il attache donc plus d'importance à la permanence de son genre d'activité créatrice qu'au dévouement scientifique à la vérité sous toutes ses formes, quelque apparence simple qu'elles puissent revêtir.

147. *L'art nécromant.*

L'art assume accessoirement la tâche de conserver, et aussi de raviver çà et là certaines idées éteintes, décolorées ; il tresse, quand il s'acquitte de cette tâche, un lien enserrant diverses époques, et il en fait revenir les esprits. Certes, c'est tout au plus une apparence de vie, comme au-dessus de tombeaux, qui s'élève ainsi, ou comme en rêve le retour des morts chéris, mais pour quelques instants au moins le sentiment ancien se ranime et le cœur se remet à battre à un rythme oublié le reste du temps. Il faut alors, à cause de cette utilité générale de l'art, ne pas tenir rigueur à l'artiste lui-même s'il n'est pas aux premiers rangs des lumières de la raison dans une humanité qui se *virilise* progressivement : il est resté enfant ou adolescent toute sa vie et s'est attardé dans la position même où l'a surpris son instinct d'artiste ; or, les sentiments des premiers stades de la vie sont plus proches, on le reconnaît généralement, de ceux des époques du passé que de ceux de l'ère présente. Sans le vouloir, il se trouvera la tâche de ramener l'humanité à son enfance ; c'est là sa gloire, et aussi ses limites.

148. *Quand les poètes adoucissent la vie.*

Les poètes, du moment qu'ils veulent aussi adoucir la vie des hommes, ou bien détournent le regard du présent tourmenté ou bien vêtent ce présent de couleurs neuves à l'aide d'une lumière qu'ils font rayonner du fond du passé. Pour en être capables, il faut qu'eux-mêmes soient à bien des égards des êtres tournés vers le passé, en sorte qu'ils puissent servir de ponts avec des époques et des idées très lointaines, des religions et des civilisations mourantes ou mortes. A proprement parler, ce sont toujours et nécessairement des *épigones*. Il y a assurément certaines choses défavorables à dire de leurs moyens d'adoucir la vie : ils n'apaisent et ne guérissent que provisoirement, rien que sur le moment ; ils empêchent même les hommes de travailler à une amélioration réelle de leur condition en ce qu'ils ne font justement que supprimer, à force de décharges palliatives, la passion des insatisfaits qui poussent à l'action[1].

149. *La flèche lente de la beauté.*

L'espèce de beauté la plus noble est celle qui ne ravit pas d'un seul coup, qui ne procède point par assauts fougueux et grisants (celle-là provoque facilement le dégoût), mais qui s'insinue lentement, que l'on emporte avec soi comme sans la sentir et qu'il nous arrive un jour de retrouver en rêve, mais qui, après avoir longtemps occupé une place modeste dans notre cœur, finit par prendre entièrement possession de nous, remplir nos yeux de larmes, ce cœur de nostalgie. — Et quelle est cette nostalgie qu'éveille la vue de la beauté ? Celle d'être beaux : nous nous figurons qu'il doit s'y attacher beaucoup de bonheur. — Mais c'est là une erreur[2].

150. *D'où l'âme vient à l'art.*

L'art lève la tête là où les religions perdent du terrain. Il reprend une foule de sentiments et d'états d'âme engendrés par la religion, les choie de tout son cœur et y gagne de nouvelles profondeurs, un surcroît d'âme, qui le rendent capable de communiquer élévation et inspiration, ce qu'il ne savait pas faire auparavant. Devenue fleuve[1] à force de croître, la richesse du sentiment religieux ne cesse plus de déborder et cherche à conquérir de nouveaux royaumes ; seulement, le progrès des lumières a ébranlé les dogmes de la religion et inspiré une méfiance radicale : chassé du domaine religieux par les lumières, le sentiment se jette alors dans l'art ; dans la vie politique aussi en certains cas, voire directement dans la science. Partout où l'on perçoit dans les aspirations humaines une sombre nuance de tristesse supérieure, il est permis de supposer qu'elles sont restées imprégnées d'horreur spectrale, d'odeur d'encens et d'ombres d'église.

151. *Par quoi le mètre embellit*[2].

Le mètre étend un voile sur la réalité[3] ; il donne lieu à quelque artifice de langage, quelque trouble de pensée ; grâce à l'ombre qu'il projette sur l'idée, tantôt il dissimule, tantôt fait ressortir. Comme il faut de l'ombre pour embellir, il faut du « vague » pour préciser. — L'art rend supportable le spectacle de la vie en le recouvrant de ce voile de pensée trouble.

152. *L'art de l'âme laide*[4].

On prescrit à l'art des limites beaucoup trop étroites en exigeant que s'y exprime uniquement l'âme réglée, moralement équilibrée. Tout comme dans les arts plastiques, il y a en musique et en poésie un art de l'âme laide, côtoyant l'art de la belle âme ; et les effets les plus puissants de l'art, briser les âmes, mouvoir les pierres, changer les bêtes en hommes, c'est peut-être justement cet art-là qui les a surtout réussis.

153. *L'art fait le cœur lourd au penseur.*

Quelle est la force du besoin métaphysique, et les difficultés que la nature se trouve au dernier moment pour s'en séparer[1], on pourra s'en rendre compte par ce fait que dans l'esprit libre lui-même, alors qu'il s'est déjà débarrassé de toute métaphysique, les plus hauts effets de l'art continuent à provoquer sans peine une résonance de cette corde métaphysique depuis longtemps muette, voire brisée, comme par exemple à certain passage de la *Neuvième symphonie* de Beethoven où il se sent planer au-dessus de la terre dans une cathédrale d'étoiles, un rêve d'*immortalité* au cœur : toutes ces étoiles lui semblent scintiller autour de lui et la terre s'abîmer toujours plus bas. — S'il prend conscience de cet état, il se sentira sans doute le cœur percé jusqu'au fond et ses soupirs iront à l'homme qui lui ramènerait la Bien-aimée perdue, qu'on la nomme Religion ou Métaphysique. Ce sont de pareils moments qui mettent à l'épreuve son caractère[2] intellectuel.

154. *Jouer avec la vie.*

Il fallait cette légèreté, cette frivolité de la fantaisie homérique pour tempérer et tenir un instant en balance l'âme passionnée à l'excès et l'intelligence trop aiguisée des Grecs. S'ils laissent parler cette intelligence, quel aspect âpre et cruel prend la vie ! Ils ne s'abusent pas, mais c'est à dessein qu'ils font jouer autour de la vie un voile de mensonges. Simonide conseillait à ses compatriotes de prendre la vie comme un jeu[3] ; ils ne connaissaient que trop le sérieux de la souffrance (la misère des hommes est justement le sujet que les dieux aiment tant entendre chanter) et ils savaient que l'art est le seul moyen capable de transformer la misère même en jouissance. Mais, en punition de ce profond savoir, ils étaient tellement tourmentés par le besoin de fabulation[4] qu'il leur était difficile, dans la vie de tous les jours, de se garder purs de mensonge et de feinte ; tous les peuples poètes prennent d'ailleurs pareil plaisir au mensonge et par-dessus le marché n'y perdent rien de leur innocence. Les peuples voisins, bien entendu, trouvaient parfois que c'était à désespérer[1].

155. *Croyance à l'inspiration.*

Les artistes ont quelque intérêt à ce que l'on croie à leurs intuitions subites, à leurs prétendues inspirations ; comme si l'idée de l'œuvre d'art, du poème, la pensée fondamentale d'une philosophie tombaient du ciel tel un rayon de la grâce. En vérité, l'imagination du bon artiste, ou penseur, ne cesse pas de produire, du bon, du médiocre et du mauvais, mais son *jugement*, extrêmement aiguisé et exercé, rejette, choisit, combine ; on voit ainsi aujourd'hui, par les *Carnets* de Beethoven, qu'il a composé ses plus magnifiques mélodies petit à petit, les tirant pour ainsi dire d'esquisses multiples. Quant à celui qui est moins sévère dans son choix et s'en remet volontiers à sa mémoire reproductrice, il pourra le cas échéant devenir un grand improvisateur ; mais c'est un bas niveau que celui de l'improvisation artistique au regard de l'idée choisie avec peine et sérieux pour une œuvre. Tous les grands hommes étaient de grands travailleurs, infatigables quand il s'agissait d'inventer, mais aussi de rejeter, de trier, de remanier, d'arranger.

156. *Encore l'inspiration.*

Quand l'énergie créatrice s'est accumulée pendant un certain temps, quelque obstacle en ayant empêché le cours, elle se déverse à la fin dans un flot aussi soudain que si se produisait une inspiration immédiate sans aucun travail intérieur préalable, c'est-à-dire un miracle. C'est en cela que consiste l'illusion bien connue au maintien de laquelle sont un peu trop intéressés, on l'a vu, tous les artistes. Le capital n'a justement fait que *s'accumuler*, il n'est pas tombé du ciel tout à coup. Il y a du reste une inspiration apparente du même genre en d'autres matières, par exemple dans le domaine de la bonté, de la vertu, du vice.

157. *Les souffrances du génie et leur valeur.*

Le génie artiste veut créer de la joie, mais quand il se dresse à un très haut niveau, les hommes capables d'en jouir viennent facilement à lui manquer ; il offre des nourritures, mais on n'en veut pas. C'est ce qui lui donne en certains cas un pathétique à la fois touchant et ridicule ; car il n'a pas le droit au fond de contraindre les hommes au plaisir. Son pipeau sonne, mais personne ne veut danser : cela peut-il être tragique ? Peut-être. Il a finalement, pour compenser cette privation, plus de plaisir à créer que n'en trouve le reste des hommes dans les autres genres d'activité. On s'exagère le sentiment de ses souffrances parce que le ton de sa plainte est plus haut, sa bouche plus éloquente ; et il arrive *parfois* que ses souffrances soient réellement très grandes, mais c'est seulement parce que son ambition, son envie sont si grandes. Un génie du savoir, comme Kepler ou Spinoza, n'est pas d'ordinaire aussi exigeant, et ne fait pas si grand bruit de ses souffrances et privations, en réalité plus grandes. Il peut en effet compter sur la postérité avec beaucoup plus de certitude et tourner le dos au présent ; alors qu'un artiste qui fait de même joue toujours une partie désespérée, où son cœur ne peut que finir par avoir mal. Il est des cas très rares — c'est quand se fondent dans le même individu le génie de l'art et de la connaissance et le génie moral — où vient s'ajouter à ces souffrances-là un genre de souffrances qu'il convient de prendre pour les exceptions les plus singulières du monde : il s'agit de sentiments qui vont au-delà et au-dessus de la personne, qui s'adressent à un peuple, à l'humanité, à l'ensemble de la civilisation, à tout ce qui est existence souffrante ; ceux-là tiennent leur valeur de leur association avec des connaissances particulièrement ardues et rudes d'accès (la pitié n'a guère de valeur en soi). Mais quel étalon, quel trébuchet existe-t-il de leur authenticité ? Ne s'impose-t-il pas, somme toute, de se méfier de tous ceux qui *disent* avoir eux-mêmes des sentiments de cette nature ?

158. *Fatalité de la grandeur*[1].

Chaque fois qu'apparaît la grandeur, c'est la décadence qui suit, notamment dans le domaine de l'art[2]. L'exemple d'une grande personnalité incite les natures plutôt vaniteuses à l'imitation superficielle ou à la surenchère ; tous les grands talents ont en outre ce côté fatal d'étouffer beaucoup de forces et de germes plus faibles et de faire en quelque sorte le vide autour d'eux dans la nature[3]. Le cas le plus favorable dans le développement d'un art est que plusieurs génies se tiennent mutuellement en respect ; c'est une lutte dans laquelle il est d'habitude accordé aux tempéraments plus faibles et plus délicats de trouver aussi un peu d'air et de lumière.

159. *L'art, danger pour l'artiste*[4].

Quand l'art s'empare avec force d'un individu, il le ramène à des conceptions d'un temps où l'art s'épanouissait en pleine sève, il exerce alors une action rétrograde. L'artiste en vient à vénérer un peu plus chaque jour les émotions brutales, croit aux dieux et aux démons, met partout une âme dans la nature, hait la science, devient d'humeur instable comme les hommes de l'antiquité, et réclame le renversement de toutes les conditions qui ne sont pas favorables à l'art, l'exige avec une violence et une iniquité d'enfant. Or, l'artiste est déjà quant à lui un être arriéré, puisqu'il s'en tient au jeu qui est l'affaire de la jeunesse et de l'enfance : et à cela s'ajoute cette lente évolution rétrograde qui le restitue à d'autres temps. Il finit ainsi par se produire un violent antagonisme entre lui et ses contemporains du même âge, et triste est sa fin ; c'est de la sorte, au récit des anciens, qu'Homère et Eschyle[5] terminèrent leur vie et moururent dans la mélancolie.

160. *Caractères inventés.*

Quand on dit que le dramaturge (et l'artiste en général) *crée* réellement des caractères, c'est une belle illusion, une exagération, dans l'existence et la propagation de laquelle l'art célèbre un de ses triomphes les moins voulus, pour ainsi dire en excédent. En fait, nous ne comprenons pas grand-chose à un être humain vivant et réel, et nous généralisons très superficiellement en lui attribuant tel ou tel caractère : mais cette position *très imparfaite* que nous avons vis-à-vis de l'homme, l'auteur la reprend précisément en faisant des esquisses d'êtres (en ce sens il « crée ») tout aussi superficielles que l'est notre connaissance des humains. Il y a beaucoup de poudre aux yeux dans ces caractères créés par les artistes ; ce ne sont vraiment en rien des produits de la nature en chair et en os, à la ressemblance des figures peintes ils manquent un peu trop d'épaisseur, ils ne supportent pas d'être vus de près. Dire surtout que le caractère de l'homme pris dans la vie quotidienne se contredit souvent, mais que celui créé par le dramaturge est l'archétype même que la nature avait en vue, c'est chose on ne peut plus fausse. Un homme réel est quelque chose de *nécessaire* de bout en bout (même dans ces prétendues contradictions), mais nous ne reconnaissons pas toujours cette nécessité. Le personnage inventé, ce fantôme, prétend signifier quelque chose de nécessaire, mais seulement pour des gens qui ne comprennent l'homme réel lui-même que par une simplification grossière, contraire à la nature : si bien que quelques traits appuyés et souvent répétés, avec beaucoup de lumière dessus et beaucoup d'ombre et de pénombre autour, suffisent à toutes leurs exigences. Ils sont donc tout disposés à traiter le fantôme en être réel, nécessaire, étant habitués à prendre pour le tout de l'homme réel un fantôme, une ombre chinoise, une abréviation arbitraire. — Quant au peintre et au sculpteur, soutenir qu'ils expriment l'« Idée » de l'homme, c'est vaine imagination et pure hallucination : on est tyrannisé par l'œil quand on avance pareilles choses, puisque cet œil ne voit du corps humain lui-même que la surface, la peau ; mais l'intérieur du corps entre lui aussi dans l'Idée[1]. Les arts plastiques veulent figurer des caractères au niveau de la peau ; l'art du langage se sert des mots dans le même but, il donne une image du caractère dans les sons. L'art a pour point de départ *l'ignorance* naturelle de l'homme au sujet du dedans (corps et caractère) : il n'existe pas pour les physiciens et les philosophes.

161. *C'est se surestimer que faire créance aux artistes et aux philosophes.*

Nous nous figurons tous que la qualité d'une œuvre, d'un artiste, est démontrée du moment qu'ils nous émeuvent, nous secouent. Mais il faudrait encore que soit d'abord démontrée la qualité de notre jugement et de notre sentiment à nous : ce qui n'est pas le cas. Qui a davantage ému et ravi, dans le domaine des arts plastiques, que le Bernin, qui produit effets plus puissants que ce rhéteur[1] d'après Démosthène qui introduisit le style asiatique et en fonda l'autorité pour deux cents ans ? Cette autorité étendue à des siècles entiers ne prouve rien quant à la qualité et à la valeur durable d'un style ; aussi ne faut-il pas être trop sûr dans la créance que l'on accorde à quelque artiste que ce soit : car elle ne consiste pas seulement à croire à la véracité de notre sentiment, mais aussi à l'infaillibilité de notre jugement, alors que ce jugement ou ce sentiment ou les deux à la fois peuvent eux-mêmes être de nature trop grossière ou trop délicate, raffinés à l'extrême ou rudimentaires. Les grâces et les béatitudes que dispensent une philosophie, une religion, ne prouvent rien non plus quant à leur vérité : pas plus que le bonheur dont jouit l'aliéné du fait de son idée fixe ne prouve le moins du monde que cette idée soit conforme à la raison.

162. *Culte du génie par vanité*[2].

Comme nous avons bonne opinion de nous-mêmes, mais sans aller jusqu'à nous attendre à jamais pouvoir faire même l'ébauche d'une toile de Raphaël ou une scène comparable à celles d'un drame de Shakespeare, nous nous persuadons que pareilles facultés tiennent d'un prodige vraiment au-dessus de la moyenne, représentent un hasard extrêmement rare, ou, si nous avons encore des sentiments religieux, une grâce d'en haut. C'est ainsi notre vanité, notre amour-propre qui nous poussent au culte du génie : car il nous faut l'imaginer très loin de nous, en vrai *miraculum*, pour qu'il ne nous blesse pas (même Gœthe, l'homme sans envie, appelait Shakespeare son étoile des altitudes les plus reculées ; on se rappellera alors ce vers : « Les étoiles, on ne les désire pas »[1]). Mais, compte non tenu de ces insinuations de notre vanité, l'activité du génie ne paraît vraiment pas quelque chose de foncièrement différent de l'activité de l'inventeur mécanicien, du savant astronome ou historien, du maître en tactique. Toutes ces activités s'expliquent si l'on se représente des hommes dont la pensée s'exerce dans une seule direction, à qui toutes choses servent de matière, qui observent toujours avec la même diligence leur vie intérieure et celle des autres, qui voient partout des modèles, des incitations, qui ne se lassent pas de combiner leurs moyens. Le génie ne fait rien non plus que d'apprendre d'abord à poser des pierres, puis à bâtir, que de chercher toujours des matériaux et de toujours les travailler. Toute activité de l'homme est une merveille de complication, pas seulement celle du génie : mais aucune n'est un « miracle ». — D'où vient alors cette croyance qu'il n'y a de génie que chez l'artiste, l'orateur et le philosophe ? qu'eux seuls ont de l'« intuition » ? (ce qui revient à leur attribuer une sorte de lorgnette merveilleuse qui leur permet de voir directement dans l'« être » ![2]). Manifestement, les hommes ne parlent de génie que là où ils trouvent le plus de plaisir aux effets d'une grande intelligence et où, d'autre part, ils ne veulent pas éprouver d'envie. Dire quelqu'un « divin » signifie : « Ici, nous n'avons pas à rivaliser. » Autre chose : on admire tout ce qui est achevé, parfait, on sous-estime toute chose en train de se faire. Or, personne ne peut voir dans l'œuvre de l'artiste comment elle *s'est faite* ; c'est là son avantage, car partout où l'on peut observer une genèse on est quelque peu refroidi. L'art achevé de l'expression écarte toute idée de devenir ; c'est la tyrannie de la perfection présente. Voilà pourquoi ce sont surtout les artistes de l'expression qui passent pour géniaux, et non pas les hommes de science. En vérité, cette appréciation et cette dépréciation ne sont qu'un enfantillage de la raison.

163. *Conscience artisanale*[1].

Ne venez surtout pas me parler de dons naturels, de talents innés ! On peut citer dans tous les domaines de grands hommes qui étaient peu doués. Mais la grandeur leur est *venue*, ils se sont faits « génies » (comme on dit), grâce à certaines qualités dont personne n'aime à trahir l'absence quand il en est conscient ; ils possédaient tous cette solide conscience artisanale qui commence par apprendre à parfaire les parties avant de se risquer à un grand travail d'ensemble ; ils prenaient leur temps parce qu'ils trouvaient plus de plaisir à la bonne facture du détail, de l'accessoire, qu'à l'effet produit par un tout éblouissant. Il est facile, par exemple, d'indiquer à quelqu'un la recette pour devenir bon nouvelliste, mais l'exécution en suppose des qualités sur lesquelles on passe en général en disant : « Je n'ai pas assez de talent. » Que l'on fasse donc cent projets de nouvelles et davantage, aucun ne dépassant deux pages, mais d'une précision telle que chaque mot y soit nécessaire ; que l'on note chaque jour quelques anecdotes jusqu'à savoir en trouver la forme la plus saisissante, la plus efficace, que l'on ne se lasse pas de collectionner et de brosser des caractères et des types d'humanité, que l'on ne manque surtout pas la moindre occasion de raconter et d'écouter raconter, l'œil et l'oreille attentifs à l'effet produit sur les autres, que l'on voyage comme un paysagiste, comme un dessinateur de costumes, que l'on extraie d'une science après l'autre tout ce qui, bien exposé, produit un effet d'art, que l'on réfléchisse enfin aux motifs des actions humaines, ne dédaigne aucune indication qui puisse en instruire, et soit jour et nuit à collectionner les choses de ce genre. On laissera passer une bonne dizaine d'années en multipliant ces exercices[2], et ce que l'on créera alors en atelier pourra se montrer aussi au grand jour de la rue. — Mais comment s'y prennent donc la plupart ? Au lieu de commencer par la partie, ils s'attaquent au tout. Il leur arrivera peut-être d'avoir une fois la main heureuse, de susciter l'intérêt, et ils ne feront plus dès lors que s'y prendre de plus en plus mal, pour de bonnes et naturelles raisons. — Parfois, quand l'intelligence et le caractère viennent à manquer pour organiser un plan de vie artistique de cet ordre, c'est le destin et la nécessité qui se chargent de les remplacer et de guider pas à pas le maître futur dans toutes les étapes exigées par son métier.

164. *Le culte du génie, dangers et avantages*[1].

La croyance à de grands esprits supérieurs et féconds est associée, non pas nécessairement, mais encore très fréquemment, à cette superstition, religieuse en tout ou en partie, que ces esprits sont d'origine surhumaine et possèdent certaines facultés merveilleuses grâce auxquelles ils acquerraient leurs connaissances par de tout autres voies que le reste des hommes. On leur attribue volontiers un regard plongeant directement dans l'essence du monde, comme par un trou du manteau de l'apparence, et les croit capables, sans passer par la fatigue et la rigueur de la science, grâce à ce merveilleux regard divinatoire, de nous communiquer des vérités capitales et définitives sur l'homme et le monde. Tant que le miracle en matière de connaissance trouvera encore des croyants, on accordera peut-être qu'il en résulte quelque utilité pour ces croyants eux-mêmes, du moment que ceux-ci, en se subordonnant sans condition aux grands esprits, mettent leur propre esprit, le temps qu'il se développe, à la meilleure école et discipline qui soit. En revanche, il est pour le moins douteux que la superstition du génie, de ses privilèges et de ses facultés spéciales, soit de quelque utilité pour le génie lui-même quand elle y prend racine. C'est en tout cas mauvais signe que ce frisson d'horreur qui s'empare de l'être humain face à lui-même, qu'il s'agisse de cette fameuse horreur sacrée des Césars ou de celle du génie dont il est ici question ; que ce moment où le parfum des sacrifices que l'on n'offre équitablement qu'à un dieu s'insinue tant et si bien dans le cerveau du génie qu'il se met à chanceler et à se prendre pour on ne sait quoi de surhumain. Les conséquences en sont à la longue : le sentiment d'irresponsabilité, de droits exceptionnels, la conviction que son commerce est à lui seul une grâce qu'il octroie, avec une rage folle à la moindre tentative de le comparer à d'autres ou même de l'estimer inférieur, de mettre en lumière ce qu'il y a de manqué dans son œuvre[2]. Du fait qu'il cesse d'exercer sa critique sur lui-même, les rémiges finissent par tomber une à une de son plumage ; ladite superstition mine sa force à la racine et fera peut-être même de lui un hypocrite quand cette force l'aura abandonné. Même pour les grands esprits, il est donc plus utile, sans doute, de se faire une idée claire de leur force et de son origine, de comprendre en somme quelles qualités purement humaines se sont unies en eux, quels concours heureux de circonstances s'y sont associés : d'une part, donc, une énergie soutenue, une résolution appliquée à des buts distincts, un grand courage personnel, par ailleurs la chance d'une éducation qui leur a précocement offert les maîtres, les modèles, les méthodes les meilleurs. Certes, s'ils visent à produire le plus grand *effet* possible, leur ignorance d'eux-mêmes et ce don gratuit de quasi-démence ont toujours fait merveille ; car on a de tout temps admiré et envié en eux, justement, cette force grâce à laquelle ils annihilent la volonté des gens et les entraînent dans la folle illusion que ce sont des guides surnaturels qui les mènent. Bien plus, c'est pour les hommes une source d'exaltation et d'enthousiasme que de croire quelqu'un en possession de forces surnaturelles : c'est en ce sens que la folie, comme le dit Platon[1], a apporté aux hommes les plus grandes bénédictions. — Il se peut aussi que dans de rares cas isolés ce grain de folie ait été le moyen servant à maintenir l'unité de l'une de ces natures dispersées à tous les extrêmes : même dans la vie des individus, les idées délirantes ont souvent la valeur de remèdes qui, par eux-mêmes, sont des poisons ; cependant, chez tout « génie » qui croit à sa divinité, le poison finit par se manifester en proportion que le « génie » vieillit : on se rappellera par exemple Napoléon, dont le caractère, c'est certain, a justement mêlé cette croyance en lui-même et en son étoile et le mépris des hommes qui en découlait, pour s'élever à cette puissante unité qui le distingue de toutes les personnalités modernes, jusqu'au jour, toutefois, où cette même croyance tourna à un fatalisme presque dément, ôta toute sa vivacité et sa pénétration à son regard et finit par être cause de sa perte.

165. *Le génie et la nullité.*

Parmi les artistes, ce sont justement les esprits originaux, spontanément créateurs, qui peuvent, le cas échéant, ne donner que noix creuses et fadaises, alors que les tempéraments moins libres, les talents, comme on les appelle, ont toujours la mémoire bien remplie de toutes les beautés possibles et produisent quelque chose de passable même à leurs moments de faiblesse. Mais si les esprits originaux sont abandonnés d'eux-mêmes, la mémoire ne leur est d'aucun secours : ils tournent à vide[1].

166. *Le public.*

Tout ce que demande vraiment la foule à la tragédie, c'est d'être bien émue pour pouvoir une bonne fois verser son content de larmes ; au contraire, l'artiste qui va voir la nouvelle tragédie trouve son plaisir dans les inventions techniques et les procédés ingénieux, dans le traitement et la distribution de la matière, dans le tour nouveau donné à de vieux motifs, de vieilles idées. Il a vis-à-vis de l'œuvre d'art une position esthétique, celle du créateur ; l'autre que nous avons dite d'abord, avec son intérêt exclusif pour le sujet, est celle de la foule. Quant à l'homme qui est entre les deux, il n'y a rien à en dire, il n'est ni foule ni artiste et ne sait ce qu'il veut : aussi son plaisir est-il vague et médiocre[2].

167. *Éducation artistique du public.*

Quand le même sujet n'est pas traité de cent façons différentes par divers maîtres, le public n'apprend pas à s'élever au-dessus de son intérêt pour la matière ; mais il finira lui aussi par saisir et goûter les nuances, les fines et neuves inventions dans le traitement de ce sujet, une fois donc qu'il le connaîtra de longue date par de nombreux remaniements et n'y sera plus sensible à l'attrait de la nouveauté, de la curiosité.

168. *L'artiste et sa suite doivent aller au même pas.*

Le passage d'un niveau de style à un autre doit être assez lent pour que non seulement les artistes, mais aussi les auditeurs et spectateurs puissent suivre ce progrès et savoir exactement ce qui se passe. Sinon, c'est le gouffre soudain qui s'ouvre entre l'artiste, créant ses œuvres sur un sommet isolé, et le public, incapable de se hausser désormais à ce sommet et finissant, de dépit, par redescendre plus bas encore. Car lorsque l'artiste n'élève plus son public, celui-ci retombe rapidement, et sa chute est d'autant plus profonde et dangereuse qu'un génie l'a porté plus haut, semblable à l'aigle dont les serres lâchent pour son malheur la tortue enlevée dans les nues.

169. *Origine du comique.*

Si l'on considère que l'homme a été pendant des centaines de millénaires un animal extrêmement sujet à la peur et que toute brusquerie, tout imprévu lui commandait de se préparer à la lutte, peut-être à la mort, et que même plus tard, dans l'ordre social, toute sa sécurité reposait sur le prévu, sur la tradition des idées et des activités, on ne s'étonnera pas que toute brusquerie, tout trait inattendu de la parole et du geste, pour peu qu'ils éclatent sans danger ni dommage, provoquent chez l'homme une détente, qu'il passe alors à l'opposé de la crainte : l'être recroquevillé, tremblant de peur, se détend, s'épanouit largement, — l'homme rit. C'est ce passage d'une crainte momentanée à une gaieté de brève durée que l'on appelle le *comique*. Dans le phénomène du tragique, au contraire, l'homme passe rapidement d'une grande, d'une durable gaieté à une grande crainte ; mais comme cette grande et durable gaieté est chez les mortels beaucoup plus rare que les motifs de crainte, il y a dans le monde beaucoup plus de comique que de tragique ; on rit bien plus souvent que l'on n'est ému.

170. *Ambition d'artiste.*

Les artistes grecs, par exemple les tragiques, créaient pour vaincre ; leur art ne saurait du tout s'imaginer sans le concours : c'est la bonne Eris[1] d'Hésiode, l'Ambition, qui donnait des ailes à leur génie. Or, cette ambition exigeait sur toutes choses que leur œuvre s'élevât au degré suprême de perfection *à leurs propres yeux*, une perfection comme ils la comprenaient, eux, sans tenir compte du goût régnant ni de l'opinion générale sur ce qui fait l'excellence de l'œuvre d'art ; et c'est ainsi qu'Eschyle et Euripide restèrent longtemps sans succès avant d'avoir enfin *formé* des juges qui apprécièrent leurs œuvres selon les règles qu'ils appliquaient eux-mêmes. Ainsi donc, ils aspirent à remporter la victoire sur leurs rivaux conformément à leur propre estimation, devant leur propre tribunal, ils veulent *être* réellement parfaits ; et alors ils demandent au dehors d'approuver leur estimation, de confirmer leur jugement. Aspirer à la gloire veut dire ici « se rendre supérieur et souhaiter que cela paraisse aussi publiquement ». Si la première condition n'est pas remplie et que l'on désire néanmoins la seconde, on parlera de *vanité*. Si c'est la dernière qui manque, sans que l'on en regrette l'absence, on parlera d'*orgueil*.

171. *La nécessité dans l'œuvre d'art*[2].

Les gens qui parlent tellement de la nécessité qu'il y aurait dans une œuvre d'art exagèrent, quand ce sont des artistes, *in majorem artis gloriam*, ou, si ce sont des profanes, par ignorance. Les formes d'une œuvre, qui permettent à ses idées de s'exprimer, qui sont donc sa façon de parler, ont toujours quelque chose de facultatif, comme toutes les sortes de langage. Le sculpteur peut ajouter ou omettre quantité de petites touches : de même l'interprète, qu'il s'agisse d'un acteur ou, pour la musique, d'un virtuose, d'un chef d'orchestre. Toutes ces petites touches et retouches lui font plaisir aujourd'hui, demain non, elles sont là plutôt pour l'artiste que pour l'art, car, soumis à la rigueur et à l'effort sur soi-même qu'exige de lui l'expression de sa grande idée, il a besoin lui aussi par-ci par-là de biscuits et de joujoux pour ne pas rechigner.

172. *Faire oublier le maître*[1].

Le pianiste qui exécute l'œuvre d'un maître aura joué le mieux possible s'il a fait oublier le maître et donné l'illusion qu'il racontait un événement de sa vie ou qu'il vivait juste alors un grand instant. Certes, s'il n'est rien lui-même que d'insignifiant, tout le monde maudira cette loquacité avec laquelle il nous entretient de sa vie. Il lui faut donc savoir séduire l'imagination de l'auditeur. C'est par là que s'expliquent à leur tour toutes les faiblesses et les extravagances de la « virtuosité ».

173. *Corriger la fortune**.

Il y a dans la vie des grands artistes de fâcheux aléas, qui forcent par exemple le peintre à n'esquisser qu'une idée fugitive de son tableau le plus important, ou qui, autre exemple, obligèrent un Beethoven à ne nous laisser dans mainte grande sonate (comme celle en *si majeur*) que d'insuffisantes réductions pour piano d'une symphonie. Sur ce point, l'artiste qui prend la suite devrait bien essayer de corriger après coup la vie des grands hommes : c'est ce que ferait par exemple celui qui, maître de tous les effets de l'orchestration, rendrait pour nous la vie à cette symphonie qui dort de sa fausse mort au piano.

174. *Réduction.*

Bien des choses, des événements ou des personnes, ne supportent pas d'être traités à petite échelle. On ne peut réduire le groupe du Laocoon aux dimensions d'un bibelot; la grandeur lui est nécessaire. Mais il est beaucoup plus rare encore

* En français dans le texte.

qu'une chose petite de nature supporte l'agrandissement ; raison pour laquelle il sera toujours plus facile aux biographes de réussir à peindre un grand homme petit que grand un petit.

175. *La sensualité dans l'art d'aujourd'hui.*

Les artistes se méprennent souvent de nos jours quand ils visent à un effet de leurs œuvres sur les sens : car leurs spectateurs, leurs auditeurs n'ont plus la plénitude de leurs sens et ne passent par l'œuvre d'art, à l'encontre des intentions de l'artiste, que pour arriver à une « sacralité » de leur émotion qui est proche parente de l'ennui. — Leur sensualité commence peut-être juste où finit celle de l'artiste, elles se rencontrent donc tout au plus en un point et un seul.

176. *Shakespeare moraliste.*

Shakespeare a beaucoup médité sur les passions et son tempérament même lui en a fait sans doute approcher beaucoup de très près (les dramaturges sont en général hommes plutôt mauvais). Mais, ne sachant discourir comme Montaigne à leur sujet, il mettait ses observations sur les passions dans la bouche de ses personnages passionnés : ce qui est sans doute contraire à la nature, mais remplit ses drames d'une telle richesse de pensée que tous les autres en paraissent vides, et qu'ils suscitent facilement une antipathie générale. — Les sentences de Schiller[1] (qui se fondent presque toujours sur des idées fausses ou insignifiantes) sont précisément des sentences pour le théâtre et font grande impression en tant que telles : alors que les sentences de Shakespeare font honneur à son modèle Montaigne et cèlent sous leur forme aiguisée de très sévères pensées, mais sont de ce fait, pour les yeux du public, trop lointaines et déliées, donc sans effet.

177. *Se mettre à portée de l'oreille.*

Il faut non seulement se connaître à bien jouer, mais aussi à bien se mettre à portée des oreilles. Aux mains du plus grand maître, le violon ne fait entendre qu'un crin-crin si la salle est trop vaste ; on peut alors confondre le maître avec n'importe quel racleur.

178. *Effets certains de l'inachevé[1].*

De même que les figures en relief font tant d'effet sur l'imagination parce qu'elles sont comme en train de sortir du mur et que soudain, retenues par on ne sait quoi, elles s'immobilisent : parfois, de même, l'exposition incomplète, comme en relief, d'une pensée, de toute une philosophie, en est plus efficace que le développement de A jusqu'à Z : on laisse davantage à faire à la vision du lecteur, on l'incite à continuer l'élaboration de ce qui se détache sous ses yeux dans une telle intensité d'ombre et de lumière, à achever la pensée et à triompher lui-même de cet obstacle qui en empêchait jusqu'alors le dégagement complet.

179. *Contre les originaux.*

C'est quand l'art se revêt de l'étoffe la plus élimée qu'il se fait on ne peut mieux reconnaître pour art.

180. *Esprit collectif.*

Un bon écrivain ne possède pas seulement son esprit, mais encore l'esprit de ses amis.

181. *Deux sortes de méconnaissance.*

Le malheur des écrivains pénétrants et clairs veut qu'on les trouve plats et qu'ainsi on ne leur donne rien de sa peine ; et la chance des écrivains obscurs est que le lecteur se donne pour eux tout le mal possible et porte à leur actif le plaisir qui lui vient de son effort.

182. *Rapports avec la science.*

Tous ceux-là ne portent pas d'intérêt réel à une science qui ne commencent à s'échauffer pour elle qu'à partir du moment où ils y ont fait eux-mêmes quelque découverte.

183. *La clé.*

Si telle pensée, sous les rires et les quolibets des médiocres, prend une grande valeur aux yeux d'un homme éminent, c'est qu'elle est pour lui la clé de trésors cachés, pour eux rien de plus qu'un vieux morceau de ferraille.

184. *Intraduisible.*

Ce n'est ni le meilleur ni le pire d'un livre qui en est intraduisible[1].

185. *Paradoxes de l'auteur.*

Ces prétendus paradoxes de l'auteur dont le lecteur est scandalisé ne se trouvent souvent pas du tout dans le livre de l'auteur, mais bien dans la tête du lecteur.

186. *Esprit.*

Les auteurs les plus spirituels suscitent le plus imperceptible des sourires.

187. *L'antithèse*[1].

L'antithèse est la porte étroite par laquelle le faux a le plus de plaisir à se faufiler jusqu'à la vérité.

188. *Le style des penseurs*[2].

La plupart des penseurs écrivent mal parce qu'ils ne se contentent pas de nous communiquer leurs pensées, mais aussi le pensement de ces pensées.

189. *Les idées dans le poème.*

Le poète fait avancer ses idées solennellement, sur le char du rythme : c'est d'habitude qu'elles ne savent pas aller à pied.

190. *Le péché contre l'esprit du lecteur.*

Quand un auteur dément son talent à seule fin de se mettre au niveau du lecteur, il commet le seul péché mortel que celui-ci ne lui pardonnera jamais : à supposer, s'entend, qu'il s'en avise tant soit peu. On peut du reste dire tout le mal possible de l'homme : mais dans la *manière* de le dire, il faut savoir remettre sa vanité debout.

191. *Limite de l'honnêteté.*

Même l'écrivain le plus honnête, il lui échappe un mot de trop quand il veut arrondir une période.

192. *Le meilleur auteur*[1].

Le meilleur auteur sera celui qui a honte de tourner à l'homme de lettres.

193. *Loi draconienne contre les écrivains.*

On devrait traiter l'écrivain en malfaiteur qui ne mérite son acquittement ou sa grâce que dans les plus rares des cas : ce serait un remède contre la prolifération des livres.

194. *Les bouffons de la culture moderne.*

Les bouffons des cours du moyen âge font pendant à nos feuilletonistes ; c'est le même type d'hommes, raisonnables à moitié, facétieux, excessifs, folâtres, qui ne sont là parfois que pour tempérer de quelque saillie, de quelque bavardage le pathétique des âmes et couvrir de leurs cris les cloches trop graves, trop solennelles des grands événements ; autrefois au service des princes et des nobles, maintenant au service des partis (tant il est vrai que survit de nos jours, dans l'esprit de parti et la discipline des partis, une bonne part de la vieille soumission du peuple dans ses rapports avec le prince). Or, toute la gent littéraire moderne touche de très près aux feuilletonistes, ce sont les « bouffons de la culture moderne », que l'on jugera avec plus d'indulgence en ne les tenant pas pour entièrement responsables. Considérer l'activité d'écrivain comme une profession devrait équitablement passer pour une espèce de folie.

195. *A l'exemple des Grecs.*

Il y a actuellement un grand obstacle au progrès de la connaissance, c'est que l'exagération du sentiment, depuis cent ans qu'elle dure, ne nous a plus laissé que des mots ampoulés et bouffis[1]. Le degré supérieur de culture qui se place sous l'autorité (sinon sous la tyrannie) de la connaissance a besoin de revenir à une plus grande simplicité de sentiment, assortie d'une plus forte concentration de tous les mots ; en quoi les Grecs du temps de Démosthène nous ont précédés[2]. L'outrance est la marque de tous les livres modernes ; et même quand ils sont écrits avec simplicité, les mots n'y sont pas moins *sentis* trop excentriquement. Rigueur de la réflexion, concision, froideur, nudité, même délibérément poussée à la limite inférieure, bref réserve du sentiment et laconisme, — il n'y a pas d'autres remèdes. Au demeurant, cette manière froide d'écrire et de sentir est de nos jours très séduisante, par contraste : et il y a certes là un nouveau danger. Car ce froid coupant est un excitant au même titre qu'un fort degré de chaleur.

196. *Bons conteurs, mauvais didacticiens.*

Il y a souvent chez les bons conteurs une assurance, une rigueur psychologique admirable tant qu'elle peut se manifester dans les actions de leurs personnages, mais qui forme un contraste vraiment ridicule avec la gaucherie de leur réflexion psychologique : au point que leur niveau de culture semble à tel moment aussi élevé et exceptionnel qu'il paraît bas et lamentable l'instant suivant. Il n'est même que trop fréquent de les voir donner une explication manifestement *fausse* de leurs héros et des actes de ceux-ci, — la chose ne fait aucun doute, tout invraisemblable qu'elle paraisse. Il se peut que le plus grand pianiste n'ait guère réfléchi aux conditions techniques, aux vertus, aux vices, aux possibilités d'utilisation et d'éducation propres à chaque doigt (éthique dactylique), et commette de grossières erreurs lorsqu'il vient à parler de ces choses[3].

197. *Gens de connaissance, leurs livres, leurs lecteurs.*

Nous lisons doublement les livres des personnes que nous connaissons (amis et ennemis), puisque cette connaissance ne cesse de chuchoter à nos côtés : « Voilà qui est de lui, voilà un trait caractéristique de sa nature profonde, des grands instants de sa vie, de son talent », et qu'une autre espèce de connaissance cherche parallèlement à établir quel est l'apport intrinsèque de cet ouvrage, quelle estime il mérite pour lui-même, indépendamment de son auteur, quel enrichissement du savoir il nous vaut. Ces deux sortes de lecture et d'appréciation se gênent réciproquement, cela va sans dire. Un entretien avec un ami, lui aussi, ne mûrira les bons fruits de la connaissance que si l'un et l'autre ne pensent plus pour finir qu'à leur sujet et oublient qu'ils sont amis.

198. *Le rythme sacrifié*[1].

De bons écrivains changent le rythme de telle de leurs périodes pour la seule et unique raison qu'ils ne croient pas les lecteurs ordinaires capables de comprendre le mètre auquel obéissait la période dans sa première version : ils leur facilitent donc la tâche en donnant la préférence à des rythmes plus connus. — Cette concession à l'incapacité rythmique des lecteurs actuels a déjà tiré des soupirs à plus d'un, car beaucoup de choses lui ont déjà été sacrifiées. — N'en irait-il pas de même pour certains bons musiciens ?

199. *L'attrait de l'inachevé en art.*

L'inachevé produit souvent plus d'effet que le complet, dans le panégyrique surtout : on a justement besoin, pour ce qu'il se propose, du charme de l'inachevé, élément irrationnel qui fait comme miroiter une mer à l'imagination de l'auditeur et voile, tel un brouillard, le rivage opposé, c'est-à-dire les limites de l'être qu'il s'agit de louer. A citer les mérites connus de quelqu'un, sans craindre de s'étendre sur les détails, on fait toujours naître le soupçon que ce sont ses seuls et uniques mérites. Faire un éloge complet, c'est se mettre au-dessus de l'homme qu'on loue, c'est comme le *perdre de vue* d'en haut. C'est pourquoi l'achèvement a pour effet d'affaiblir.

200. *Écrire et enseigner veut prudence*[1].

Qui s'est mis à écrire et se sent la passion d'écrire ne trouve plus à apprendre, dans presque tout ce qu'il fait et éprouve, que ce qui en est littérairement communicable. Il ne pense plus à soi, mais à l'écrivain et à son public ; il se veut des vues profondes, mais non pas à son propre usage. Qui enseigne est la plupart du temps incapable d'agir encore personnellement pour son bien, il pense toujours au bien de ses disciples, et toute connaissance ne le réjouit que dans la mesure où il peut l'enseigner. Il finit par se regarder comme un lieu de passage du savoir, en somme comme un pur et simple moyen, si bien que c'en est fait de son sérieux en ce qui le concerne.

201. *Que les mauvais écrivains sont nécessaires.*

Il faudra toujours qu'il y ait de mauvais écrivains, car ils satisfont le goût des générations trop jeunes qui n'ont pas encore évolué ; celles-ci ont leurs besoins aussi bien que les autres, plus mûres. Si la vie humaine était plus longue, le nombre d'individus venus à maturité se trouverait supérieur ou tout au moins égal à celui des individus non évolués ; mais, telle qu'elle est, les hommes meurent pour la plupart trop jeunes, c'est-à-dire qu'il y a toujours une majorité d'intelligences rudimentaires au goût mauvais. Elles réclament en outre, avec toute la violence de la jeunesse, la satisfaction de leurs besoins, et *suscitent de force* de mauvais auteurs à leur usage.

202. *Trop près et trop loin.*

Il arrive souvent que le lecteur et l'auteur ne se comprennent pas parce que l'auteur connaît trop bien un sujet et le trouve quasiment ennuyeux, si bien qu'il s'épargne les exemples dont il sait des centaines ; le lecteur, lui, est étranger à la matière et ne lui trouve guère que de mauvaises raisons quand on le frustre des exemples.

203. *Une préparation à l'art qui a disparu.*

De tout ce que l'on faisait au lycée, le plus précieux était l'exercice de style latin : c'était proprement un *exercice d'art*, alors que toutes les autres disciplines n'avaient pour but que le savoir. Donner la prééminence à la composition allemande, c'est de la barbarie[1], car nous n'avons pas de style allemand modèle, au niveau de l'éloquence publique ; mais si l'on veut, par la composition allemande, favoriser l'exercice de la pensée, le mieux sera encore, certainement, d'y laisser pour l'instant le style tout à fait de côté, donc de distinguer entre l'exercice de la pensée et celui de l'expression. Ce dernier devrait concerner les diverses façons de traiter une matière donnée, et non pas l'invention personnelle d'une matière. L'exposition d'un sujet donné était à elle seule tout le travail du discours latin, pour lequel les vieux professeurs avaient une finesse d'oreille depuis longtemps perdue. Autrefois, qui apprenait à bien écrire dans une langue moderne le devait à cet exercice (aujourd'hui on est bien forcé de se mettre à l'école des anciens Français) ; mais il y a plus : il s'y faisait une idée de la noblesse et de la difficulté de la forme et se trouvait préparé à l'art quel qu'il soit en suivant la seule voie véritable, celle de la pratique[2].

204. *Obscur et trop clair côte à côte.*

Les écrivains qui ne savent pas mettre une clarté d'ensemble dans leurs idées choisissent de préférence pour le détail les expres-

sions et les superlatifs les plus forts, les plus exagérés : il en résulte
un effet de lumière comme d'une lueur de torches tombant sur
des chemins enchevêtrés sous bois.

205. *Pittoresque littéraire*[1].

La meilleure manière de représenter un objet chargé de signification sera de tirer de l'objet lui-même, comme un chimiste,
les couleurs dont on le peindra et de s'en servir alors comme
fait l'artiste, de manière à faire naître le dessin des séparations
et transitions de couleurs. Le tableau en gardera quelque chose
de l'élément naturel si attrayant qui donne sa signification à
l'objet lui-même.

206. *Les livres qui vous apprennent à danser*[2].

Il est des écrivains qui, sachant représenter l'impossible sous
les dehors du possible et parler des œuvres de la morale et du
génie comme si les unes et les autres n'étaient qu'humeur et
caprice, suscitent un sentiment de liberté exubérante, tel celui
de l'homme qui ferait les pointes et ne pourrait, dans l'élan de
sa joie intérieure, s'empêcher de danser[3].

207. *Pensées inachevées*.

De même que non seulement l'âge d'homme, mais aussi la
jeunesse et l'enfance ont une valeur *en soi* et veulent être estimés à de tout autres titres que ceux de transitions et de ponts,
de même les pensées qui sont restées inachevées ont aussi leur
valeur. Ce qu'il faut, par suite, c'est ne pas mettre un poète à
la gêne d'une interprétation trop subtile, mais se plaire à l'incer-
titude de son horizon comme si la voie était encore ouverte à
une multitude d'idées. On est sur le seuil ; on attend, comme
pour l'exhumation d'un trésor : il semble que l'on va faire à l'instant une heureuse trouvaille de pensées profondes. Le poète anticipe quelque peu sur le bonheur du penseur découvrant une idée

essentielle et nous remplit ainsi d'un désir qui nous lance vers elle ; pour elle, elle passe, folâtre, en nous frôlant la tête et elle arbore les plus belles ailes de papillon — et voici pourtant qu'elle nous échappe.

208. *Le livre presque devenu homme.*

C'est pour l'écrivain une surprise toujours renouvelée que son livre continue à vivre de sa vie propre dès qu'il s'est détaché de lui ; il a l'impression qu'aurait un insecte dont une partie se serait séparée pour aller désormais son chemin à elle. Il se peut qu'il l'oublie presque complètement, qu'il s'élève au-dessus des idées qu'il y a mises, qu'il ne le comprenne même plus et qu'il ait perdu ces ailes dont le vol l'emportait du temps qu'il méditait ce livre : celui-ci cherche cependant ses lecteurs, allume la vie, inspire la joie, l'effroi, engendre de nouvelles œuvres, devient l'âme de quelques desseins, de certains actes — bref, il vit comme un être doué d'âme et d'esprit et n'est pourtant pas une personne. Le lot le plus heureux, l'auteur l'aura tiré qui pourra dire sur ses vieux jours que dans ses écrits continue à vivre tout ce qu'il y avait en lui de pensées et de sentiments porteurs de vie, de force, d'élévation, de lumière, et qu'il ne représente plus lui-même que la cendre grise tandis que le feu en a été sauvé et propagé à tous les horizons. — Si maintenant l'on considère que toute action humaine, et pas seulement un livre, finit de quelque façon par déterminer d'autres actions, résolutions ou pensées, que tout ce qui arrive s'enchaîne indissolublement à tout ce qui arrivera, on reconnaîtra qu'il existe une *immortalité* réelle, celle du mouvement : tout ce qui a jamais suscité quelque branle est, comme un insecte dans l'ambre, pris et éternisé dans la totalité complexe de l'Étant.

209. *Un plaisir de vieillesse.*

Le penseur, et l'artiste aussi bien, qui a sauvé le meilleur de lui-même dans ses œuvres, ressent une joie presque maligne à voir son corps et son esprit entamés et détruits par le temps, un peu comme si, de son coin, il regardait un voleur s'escrimer sur son coffre-fort, sachant bien, lui, qu'il est vide et tous ses trésors en sûreté.

210. *Fécondité sereine.*

Les aristocrates-nés de l'esprit ne sont pas trop pressés ; leurs créations pointent et tombent de l'arbre par un soir tranquille d'automne sans être dans une même hâte désirées, forcées, évincées par d'autres. Vouloir créer sans trêve ni répit est vulgaire et trahit la jalousie, l'envie, l'ambition. Quand on est quelque chose, on n'a pas besoin en vérité de rien faire — et l'on fait pourtant beaucoup. Il existe au-dessus de l'homme « productif » une autre espèce plus élevée.

211. *Achille et Homère.*

Il en va toujours comme d'Achille et d'Homère : l'un a l'expérience et la sensation du vécu, l'autre les *décrit*. Un véritable écrivain ne fait que mettre des mots sur la passion et l'expérience des autres, il est artiste pour trouver beaucoup à deviner dans le peu qu'il a senti. Les artistes ne sont en rien les hommes de la grande passion, mais ils *se donnent* souvent pour tels, avec le sentiment inconscient que l'on accordera plus de créance à leur passion feinte si leur propre vie témoigne de leur expérience en la matière. Il suffit aussi bien de se laisser aller, de ne pas se dominer, de donner libre cours à sa colère, à sa concupiscence, et tout le monde de s'écrier aussitôt : comme il est passionné ! Mais c'est chose autrement sérieuse que la passion aux ravages profonds, la passion qui ronge et souvent dévore l'individu : qui l'éprouve ne va sûrement pas la décrire dans des romans, des musiques ou des drames. Les artistes sont souvent des êtres *licencieux*, dans la mesure justement où ils ne sont pas artistes : mais ceci est une autre histoire.

212. *Doutes anciens sur l'influence de l'art*[1].

Serait-il vrai, comme le veut Aristote[2], que la tragédie purge si bien la crainte et la pitié que l'auditeur rentre chez lui calmé et refroidi? Que les histoires de fantômes rendent moins poltron et superstitieux? Il est exact que dans certains phénomènes physiques, par exemple la jouissance amoureuse, la satisfaction d'un besoin entraîne une accalmie et une dépression momentanée de l'instinct. Mais la crainte et la pitié ne sont pas en ce sens des besoins d'organes précis qui demandent à être soulagés. Et à la longue, l'exercice de la satisfaction *renforce* même l'instinct, en dépit de ces accalmies périodiques. Il serait possible que la crainte et la pitié fussent tempérées et purgées par la tragédie dans chaque cas isolé : mais dans l'ensemble, elles pourraient être néanmoins amplifiées par l'influence tragique, et Platon[3] aurait malgré tout raison de penser que la tragédie nous rend au total plus craintifs et impressionnables. Le poète tragique lui-même s'en trouverait alors nécessairement affecté d'une vision lugubre et angoissée du monde, d'une âme tendre, excitable, portée aux larmes, de même qu'il serait conforme à l'opinion de Platon que les poètes tragiques, et comme eux les cités tout entières dont ils font surtout les délices, dégénèrent pour tomber dans une démesure effrénée, sans cesse grandissante. — Mais quel droit a donc notre époque de donner une réponse à la grande question de Platon sur l'influence morale de l'art? Quand même nous aurions l'art, — où est chez nous l'influence, une influence *quelconque* de l'art?

213. *Plaisir de l'absurde.*

Comment l'homme peut-il prendre plaisir à l'absurde? Car c'est bien le cas toutes les fois que le rire vient au monde; on peut même dire que presque partout où il y a du bonheur, il y a le plaisir de l'absurde. Le renversement de l'expérience en son contraire, le pratique tournant au gratuit, le nécessaire au caprice, mais en sorte que cet exemple ne cause aucun mal et

ne soit offert qu'une fois, par exubérance, voilà qui nous met
en joie, qui nous délivre momentanément, en effet, de la
contrainte de la nécessité, de l'utilitarisme et du pragmatisme,
dans lesquels nous voyons d'ordinaire nos maîtres implacables ;
nous jouons et rions chaque fois que le prévu (qui d'habitude
provoque gêne et inquiétude) éclate sans blesser. C'est la joie
des esclaves aux saturnales.

214. *Ennoblissement de la réalité.*

Du fait que les hommes voyaient une divinité dans l'instinct
érotique et le sentaient avec gratitude, avec adoration, œuvrer
en eux, cette affection s'est au cours des âges imprégnée d'associations d'idées plus élevées et par là considérablement enno-
blie en fait. C'est ainsi que, grâce à cet art de l'idéalisation,
certains peuples ont su faire de leurs maladies de puissants auxi-
liaires de la civilisation : par exemple les Grecs qui souffraient,
aux premiers siècles, de grandes épidémies nerveuses (du genre
de l'épilepsie et de la danse de Saint-Guy) et en ont formé le
type magnifique de la bacchante. — Les Grecs ne possédaient
rien moins en effet qu'une santé à toute épreuve ; leur secret fut
de vénérer la maladie même comme une divinité, pourvu qu'elle
fût douée de *puissance*.

215. *La musique*[1].

La musique, en soi et pour soi, n'est pas si riche de signification pour notre être intime, de si profonde émotion qu'elle pût
passer pour le langage *immédiat* du sentiment ; mais sa liaison
antique avec la poésie a mis tant de symbolisme dans le mouvement rythmique, dans la force et la faiblesse des sons, que nous
avons maintenant l'*illusion* qu'elle parle directement *à* l'âme et
qu'elle *en* émane. La musique dramatique n'est possible qu'une
fois conquis à l'art des sons un immense domaine de moyens
symboliques, grâce au *lied*, à l'opéra et aux multiples essais d'harmonie imitative. La « musique absolue » est ou bien une forme
en soi, au stade rudimentaire de la musique où le plaisir naît

tout bonnement de sons produits en mesure et d'intensités diverses, ou bien le symbolisme des formes dont la langue est comprise
même sans poésie, après une évolution dans laquelle les deux
arts furent unis jusqu'à ce qu'enfin la forme musicale fût entièrement entretissée de fils d'idées et de sentiments. Les gens qui
en sont restés à un stade antérieur de l'évolution de la musique
peuvent sentir de façon purement formelle le même morceau
que les plus avancés comprendront en tout point symboliquement. En soi, aucune musique n'est profonde ni significative,
ne parle de « volonté », de « chose en soi » ; cela, l'intellect ne
pouvait l'imaginer qu'à une époque qui avait conquis toute
l'étendue de la vie antérieure au symbolisme musical. C'est l'intellect lui-même et lui seul qui a *introduit* cette signification dans
les sons, tout comme en architecture il a mis dans les rapports
de lignes et de masses une signification qui en soi est pourtant
tout à fait étrangère aux lois mécaniques.

216. *Geste et langage*[1].

Plus ancienne que le langage est l'imitation des gestes, qui
se fait involontairement et qui, en dépit du recul généralement
imposé à la mimique et de l'acquisition de la maîtrise musculaire,
est encore si forte de nos jours que nous ne pouvons regarder
les mouvements d'un visage sans subir une innervation du nôtre
(on peut observer qu'un bâillement feint déclenche chez qui le
voit un bâillement naturel)[2]. L'imitation des gestes renvoyait
l'imitateur au sentiment qu'ils exprimaient sur le visage ou le
corps de la personne imitée. C'est ainsi que l'on apprit à se comprendre, que l'enfant s'exerce encore à comprendre sa mère.
D'une façon générale, des sentiments douloureux ont fort bien
pu s'exprimer aussi par des gestes qui causent à leur tour une
douleur (par exemple s'arracher les cheveux, se frapper la poitrine, tordre et contracter violemment les muscles de son visage).
Et inversement, les gestes de plaisir comportaient eux-mêmes
un plaisir et se prêtaient facilement par là à transmettre la compréhension (le rire, réaction au chatouillement, lequel est chose
plaisante, servit en retour à exprimer d'autres sensations plaisantes). — Dès que l'on se comprit par gestes, il put se former

à son tour une *symbolique* des gestes : je veux dire que l'on put
s'entendre au moyen d'un langage combinant signes et sons, en
commençant par produire à la fois le son et le geste (auquel il
s'ajoutait comme symbole) pour se contenter plus tard du son.
— Il semble souvent s'être passé là, aux temps anciens, la même
chose qui s'offre maintenant à nos yeux et à nos oreilles dans
l'évolution de la musique, notamment de la musique dramatique : alors que la musique, sans le commentaire de la danse et
de la mimique, est au commencement une rumeur vide, il se fait
que, par une longue accoutumance à ce parallélisme de la musique et du mouvement, l'oreille est dressée à interpréter immédiatement les figures musicales et finit par s'élever à un tel degré
de prompte compréhension qu'elle n'a plus du tout besoin du
mouvement visible et *comprend* sans lui le compositeur. On parle
alors de musique absolue, c'est-à-dire d'une musique où tout
est aussitôt compris symboliquement sans le secours de rien
d'autre.

217. *L'appauvrissement sensuel du grand art.*

Nos oreilles, du fait de l'entraînement extraordinaire auquel
l'évolution artistique de la musique moderne soumet l'intelligence, se sont de plus en plus intellectualisées. Aussi supportons-
nous aujourd'hui des intensités sonores beaucoup plus fortes,
beaucoup plus de « bruit », parce que nous sommes beaucoup
mieux exercés que nos aïeux à discerner *la raison qui s'y trouve*.
En fait, par cela même qu'ils s'enquièrent aussitôt de la raison,
donc de ce que « cela signifie » et non plus de ce que « c'est »,
tous nos sens sont maintenant quelque peu émoussés : affaiblissement qui se trahit par exemple dans le règne absolu du tempérament des notes ; car, de nos jours, les oreilles qui font encore
les distinctions subtiles, par exemple entre *ut* dièse et *si* bémol,
relèvent des exceptions. Sous ce rapport, notre oreille s'est faite
plus grossière. Ensuite, le côté laid du monde, à l'origine ennemi
des sens, a été conquis à la musique ; l'empire de celle-ci, notamment pour l'expression du sublime, du terrible, du mystérieux,
s'est par là même étonnamment élargi ; notre musique donne
désormais la parole à des choses qui n'avaient pas de langue

autrefois. C'est de la même manière que certains peintres ont
mis plus d'intelligence dans l'œil et se sont avancés bien au-delà
de ce que l'on appelait jadis plaisir des couleurs et des formes.
Là aussi, le côté du monde qui passait pour laid à l'origine a
été conquis par l'intelligence artistique[1]. — De tout cela, quelle
est la conséquence? Plus l'œil et l'oreille se prêtent à la pensée,
plus ils se rapprochent de la limite où cesse leur sensualité :
la joie se retire dans le cerveau, les organes des sens eux-
mêmes s'émoussent et s'atrophient, le symbole prend de plus
en plus la place de la chose, — et par cette voie nous en
arrivons aussi sûrement à la barbarie que par n'importe quelle
autre. D'ici là, on peut toujours se dire : le monde est plus
laid que jamais, pourtant il *signifie* un monde plus beau qu'il
n'y en eut jamais. Or au fur et à mesure que le parfum d'ambre
de cette signification se disperse et se volatilise, ceux qui le
perçoivent encore se font de plus en plus rares ; et les autres s'en
tiennent pour finir à la laideur et cherchent à en jouir directement, en quoi ils ne peuvent pourtant qu'échouer toujours. Il
y a ainsi en Allemagne un double courant d'évolution musicale :
ici une cohorte de dix mille personnes aux exigences sans cesse
plus hautes, plus subtiles, à l'oreille de plus en plus tendue au
« cela signifie », et là l'immense majorité, qui se trouve un peu
plus incapable chaque année de comprendre les significations,
même sous les formes de la laideur sensible, et qui aussi apprend
avec un plaisir grandissant à aller chercher dans la musique ce
qui s'y trouve de laid et d'odieux en soi, c'est-à-dire de basse-
ment sensuel.

218. *La pierre est plus pierre qu'autrefois*[2].

En général, nous ne comprenons plus l'architecture, tout au
moins pas, tant s'en faut, à la manière dont nous comprenons
la musique. Nous sommes devenus étrangers au symbolisme des
lignes et des figures comme nous nous sommes déshabitués des
effets sonores de la rhétorique, et nous avons fini de sucer cette
sorte de lait maternel de la culture dès le premier instant de notre
vie. Dans un monument grec ou chrétien, tout, à l'origine, avait
sa signification, et ce dans la perspective d'un ordre supérieur

des choses : cette atmosphère d'inépuisable signification entourait le monument comme un voile magique. La beauté n'entrait qu'accessoirement dans le système, sans porter essentiellement atteinte au sentiment foncier d'une réalité sublime et inquiétante, consacrée par la présence divine et la magie ; la beauté *tempérait* tout au plus *l'horreur*, — mais cette horreur était partout la condition première. Qu'est maintenant pour nous la beauté d'un monument ? Ce qu'est un beau visage de femme sans esprit : une sorte de masque.

219. *Origine religieuse de la musique moderne.*

La musique expression de l'âme prend naissance dans le catholicisme restauré après le concile de Trente, grâce à Palestrina qui fit passer dans les sons l'esprit de ferveur et d'émotion profonde éveillé à une vie nouvelle ; plus tard aussi, avec Bach, dans le protestantisme, dans la mesure où celui-ci avait été approfondi par les piétistes et affranchi de son caractère foncièrement dogmatique à l'origine. Ces deux créations ont pour condition préalable et préparation nécessaire la pratique de la musique telle que la possédait l'époque de la Renaissance et de la Prérenaissance, notamment cette étude savante de la musique, ce plaisir au fond scientifique que l'on prend aux habiletés de l'harmonie et de la conduite des voix. Il fallait d'autre part le précédent de l'opéra : c'est en lui que le profane éleva sa protestation contre une musique froide, devenue trop savante, et projeta de rendre une âme à Polymnie. — Sans ce renouvellement profondément religieux, sans ces résonances d'une âme bouleversée de ferveur, la musique serait restée savante ou dans le style de l'opéra ; l'esprit de la Contre-Réforme est l'esprit de la musique moderne (car ce piétisme passé dans la musique de Bach est aussi une sorte de Contre-Réforme). Telle est la profondeur de notre dette envers la vie religieuse[1]. — La musique fut la *Contre-Renaissance* dans le domaine de l'art, c'est d'elle que relève la peinture tardive de Murillo, que relève peut-être aussi le style baroque : davantage en tout cas que l'architecture de la Renaissance ou de l'Antiquité. Et même actuellement on pourrait bien se demander : si notre musique moderne avait le pouvoir de

déplacer les pierres, en composerait-elle une architecture antique? J'en doute fort[1]. Car ce qui règne dans cette musique, la
passion, la volupté de hausser, d'exalter amplement ses états
d'âme, la volonté d'intensifier la vie à tout prix, les brusques
changements de l'émotion, le puissant effet de relief obtenu par
l'ombre et la lumière, la juxtaposition de l'extase et du naïf,
— tout cela a déjà régné une fois et créé de nouvelles lois du
style dans les arts plastiques : — mais ce ne fut ni dans l'Antiquité ni au temps de la Renaissance[2].

220. *L'au-delà dans l'art.*

Non, on ne s'avoue pas sans une profonde douleur que les
artistes de tous les temps, dans l'essor qui les portait au sublime, ont entraîné et élevé au ciel de la transfiguration ces représentations, justement, que nous connaissons aujourd'hui pour
fausses : ce sont eux qui ont exalté les erreurs religieuses et philosophiques de l'humanité, et ils n'auraient pu le faire sans croire
à leur vérité absolue. Or, si la croyance à une telle vérité vient
généralement à diminuer, les couleurs d'arc-en-ciel pâlissent aux
confins de la connaissance et de l'illusion humaines : il est alors
impossible que refleurisse ce genre d'art qui, comme la *divina
comedia*, les tableaux de Raphaël, les fresques de Michel-Ange,
les cathédrales gothiques[3], suppose une signification non seulement cosmique, mais encore métaphysique des objets de l'art.
Qu'il ait existé un art pareil, une pareille foi esthétique, il n'en
restera plus un jour qu'une légende touchante.

221. *La révolution dans la poésie[4].*

La sévère contrainte que s'imposèrent les poètes dramatiques
français quant à l'unité d'action, de lieu et de temps, quant au
style, à la versification et à la syntaxe, au choix des mots et des
pensées, fut une école aussi importante que celle du contrepoint
et de la fugue dans l'évolution de la musique moderne, ou que
les figures de Gorgias dans l'éloquence grecque. S'enchaîner ainsi
peut paraître absurde ; il n'y a pourtant pas d'autre moyen, pour

sortir du naturalisme, que de commencer par se limiter le plus
énergiquement (peut-être le plus arbitrairement) possible. Petit
à petit, on apprend ainsi à marcher avec grâce même sur les pas-
serelles étroites qui franchissent des gouffres vertigineux, et l'on
en revient avec le butin d'une suprême souplesse de mouvement,
comme en témoigne l'histoire de la musique aux yeux de tous
les contemporains. On voit bien là comment les chaînes se relâ-
chent pas à pas jusqu'à pouvoir enfin paraître entièrement
rejetées[1] : c'est cette *apparence* qui est le résultat suprême
d'une nécessaire évolution de l'art. Dans la poésie moderne, il
n'y a pas eu cette chance d'une évolution se dégageant progressivement des chaînes que l'on s'était imposées. En Allemagne,
Lessing tourna en dérision la forme française, c'est-à-dire la seule
forme d'art moderne, et il renvoya à Shakespeare, tant et si bien
que l'on perdit la continuité de cet affranchissement pour faire
un saut en plein naturalisme — c'est-à-dire revenir en arrière
aux commencements de l'art. De ce naturalisme, Gœthe essaya
de se libérer en se trouvant sans cesse de nouvelles et différentes manières de contraintes ; mais même le plus doué n'aboutit
qu'à une expérimentation continuelle une fois que ie fil de l'évolution est rompu. Schiller doit la sûreté relative de sa forme à
la tragédie française, son modèle spontanément vénéré, quoique renié, et il garda assez bien son indépendance à l'égard de
Lessing (dont on sait qu'il rejetait les essais dramatiques). Aux
Français eux-mêmes vinrent, après Voltaire, à manquer tout d'un
coup les grands talents qui auraient, de la contrainte à cette apparence de liberté, continué l'évolution de la tragédie ; plus tard,
à l'exemple de l'Allemagne, ils firent aussi le saut dans une espèce
de rousseauisme, d'état de nature de l'art, et se mirent aux expériences. Il suffira de lire de temps à autre le *Mahomet* de Voltaire pour se faire une idée claire de ce que la culture européenne
a perdu une fois pour toutes du fait de cette rupture de la tradition. Voltaire fut le dernier des grands poètes dramatiques, lui
qui soumit au joug de la mesure grecque son âme protéiforme
qui était aussi à la hauteur des plus grands orages tragiques ;
il fut capable de cela même dont aucun Allemand n'a encore
été capable parce que la nature du Français a beaucoup plus
d'affinité pour la grecque que la nature de l'Allemand ; et il fut
aussi le dernier grand écrivain à avoir, dans le traitement de la

prose oratoire, l'oreille grecque, la conscience artistique grecque, la simplicité et la grâce grecques; comme il fut encore, qui plus est, un des derniers hommes à savoir concilier en lui la suprême liberté de l'esprit avec une mentalité résolument anti-révolutionnaire, sans être ni lâche ni inconséquent. Depuis lors, l'esprit moderne, avec son inquiétude, sa haine pour la mesure et la limite, l'a emporté dans tous les domaines, déchaîné d'abord par la fièvre de la Révolution, puis se remettant la bride quand il se prenait de peur et d'horreur pour lui-même, — mais la bride de la logique, non plus de la mesure artistique. Certes, nous goûtons un temps, grâce à ce déchaînement, les poésies de tous les peuples, tout ce qui s'est épanoui dans les provinces reculées, sèves originales, floraisons sauvages, beautés bizarres et disproportions énormes, depuis la chanson populaire jusqu'en haut à ce « grand barbare » de Shakespeare; nous savourons les joies de la couleur locale et du décor d'époque, qui étaient jusqu'à présent inconnues à tous les peuples artistes; nous usons largement des « avantages barbares » de notre temps, que Gœthe fit valoir contre Schiller[1] pour placer le côté informe de son *Faust* sous le jour le plus favorable. Mais pour combien de temps encore? Ce flot envahissant de poésies de tous les styles de tous les peuples emportera *fatalement* petit à petit le coin de terre où la montée paisible d'une sève cachée eût encore été possible; tous les poètes deviendront *fatalement* des imitateurs et expérimentateurs, des copistes casse-cou, toute grande que puisse être leur force au départ; le public enfin, qui a désappris à voir l'acte proprement artistique dans la *maîtrise* des moyens d'expression, dans la parfaite possession et organisation de tous les procédés, le public en arrivera *fatalement* à apprécier de plus en plus la force pour la force, la couleur pour la couleur, l'idée pour l'idée, voire l'inspiration pour l'inspiration elle-même; il ne goûtera plus, par suite, les éléments et les conditions de l'œuvre si ce n'est *isolément*, et il finira même par émettre l'exigence naturelle que l'artiste soit *obligé* lui aussi de les lui présenter isolément. Oui, on a rejeté les chaînes « absurdes » de l'art grec et français, mais on s'est insensiblement habitué à trouver absurdes toutes les chaînes, toutes les limitations; — et l'art va ainsi au-devant de sa ruine, tout en repassant (ce qui est assurément très instructif) par toutes les phases de ses débuts, de

son enfance, de son imperfection, de ses audaces et de ses excès
d'autrefois : il interprète, en allant à sa perte, sa genèse et son
devenir. Un des plus grands, à l'instinct de qui on peut certes
se fier, et à la théorie duquel il n'a rien manqué qu'une trentaine d'années de pratique *en plus*, — Lord Byron a dit quelque part : « En ce qui concerne la poésie en général, plus j'y
réfléchis et plus je suis fermement convaincu que nous faisons
tous fausse route, les uns comme les autres. Nous suivons tous
un système révolutionnaire intérieurement faux, — notre génération ou la súivante arrivera elle aussi à la même
conviction[1]. » C'est là le même Byron qui dit : « Je vois dans
Shakespeare le plus mauvais exemple, encore que le plus extraordinaire poète[2]. » Et ne dit-elle pas exactement de même, au
fond, l'intelligence artistique de Gœthe, plus mûre dans la
deuxième moitié de sa vie ? cette intelligence qui lui permit de
prendre une telle avance sur toute une suite de générations que
l'on peut en gros affirmer que Gœthe n'a pas encore exercé son
influence et que son heure viendra plus tard ? C'est justement
parce que sa nature l'a longtemps retenu dans la voie de la révolution poétique, parce qu'il a joui, jusqu'à l'épuiser on ne peut
plus radicalement, de tout ce que cette rupture de tradition avait
indirectement permis de découvrir et comme d'exhumer sous
les ruines de l'art en fait de nouveautés, trouvailles, perspectives, procédés, c'est pour cela que son revirement ultérieur, sa
conversion pèsent d'un tel poids : ils signifient qu'il éprouvait
le plus profond besoin de renouer avec la tradition de l'art et
de réinventer poétiquement, pour la rendre aux fragments et aux
portiques du temple restés debout, leur antique et intégrale perfection, par l'imagination de l'œil, au moins, si la force du bras
se montrait enfin trop faible pour construire là où la destruction réclamait déjà d'énormes énergies. Vivre dans l'art fut ainsi
pour lui vivre dans le souvenir de l'art vrai : son activité créatrice était devenue un moyen de soutenir la réminiscence, la
compréhension de périodes anciennes de l'art depuis longtemps
disparues. Ses ambitions étaient sans doute irréalisables pour
les forces des temps modernes ; mais le chagrin qu'il en éprouvait était largement compensé par la joie de savoir qu'elles *ont
été* réalisées autrefois et que nous pouvons nous aussi partici-
per encore à cet accomplissement. Non pas des individus, mais

des masques plus ou moins idéaux ; non pas la réalité, mais une universalité allégorique ; des caractères d'époque, des couleurs locales quasiment atténués jusqu'à l'invisible et rendus mythiques ; les manières actuelles de sentir et les problèmes de la société contemporaine réduits aux formes les plus simples, dépouillés de leurs qualités pathologiques de séduction et de passion, privés de toute possibilité d'*agir* sinon dans le sens artistique ; pas de sujets, de caractères nouveaux, mais les anciens, depuis longtemps familiers, sans cesse ranimés par un effort constant de renouvellement et de métamorphose : voilà l'art tel que Gœthe le *comprenait* sur le tard, tel que les Grecs, que les Français aussi le *pratiquaient*.

222. *Ce qui reste de l'art.*

A la vérité, l'art prend une valeur beaucoup plus grande lorsqu'il s'accompagne de certains postulats métaphysiques, par exemple de la croyance généralement admise que le caractère est immuable et que l'essence du monde s'exprime sans discontinuité dans tous les caractères et toutes les actions : l'œuvre de l'artiste devient alors l'image de la *permanence éternelle*, alors qu'à notre idée l'artiste ne peut jamais conférer de validité à son image que pour un temps, puisque l'homme, produit d'une évolution, est dans sa généralité sujet à variation et que même l'individu n'a rien de constant ni de fixe. — Il en va de même pour une autre hypothèse métaphysique : à supposer que notre monde visible ne fût qu'apparence, comme l'admettent les métaphysiciens, l'art s'en trouverait situé assez près du monde réel ; car il y aurait alors beaucoup trop d'analogies entre le monde de l'apparence et le monde de la vision onirique de l'artiste ; et ce qu'il reste de différence élèverait même la signification de l'art à un niveau dépassant la signification de la nature, du moment que l'art figurerait la constance des formes, les types et les modèles de la nature. — Or, ces postulats sont faux ; une fois cela reconnu, quelle place peut-il encore rester à l'art de nos jours ? Il nous a avant tout enseigné durant des millénaires à considérer la vie et chacune de ses formes avec intérêt, avec plaisir, et à amener ces sentiments jusqu'au point de nous écrier enfin : « Quelle qu'elle soit, la vie, elle est bonne. »[1] Cette leçon que nous

donne l'art de jouir de l'existence et de regarder la vie humaine
comme un morceau de nature, sans mouvement de sympathie
trop violent, de n'y voir qu'un objet soumis aux lois de l'évolution, — cette leçon a pris racine au profond de nous-mêmes,
elle reparaît maintenant à la lumière sous forme d'un besoin
tout-puissant de connaissance. On pourrait renoncer à l'art que
l'on n'en perdrait pas pour autant cette faculté acquise grâce
à lui : de même que l'on a abandonné la religion, mais non pas
ces moments d'élévation et d'exaltation que l'âme y a gagnés.
Comme les arts plastiques et la musique sont le critère de cette
richesse de sentiment réellement acquise et accrue grâce à la religion, si l'art venait à disparaître l'intensité et la variété du bonheur de vivre qu'il a cultivées n'en continueraient pas moins à
exiger satisfaction. C'est la science qui dans l'évolution de
l'homme prend la suite de l'art[2].

223. *Le crépuscule de l'art.*

De même que, vieillard, on se rappelle sa jeunesse et célèbre les
fêtes du souvenir, l'art ne sera plus bientôt pour l'humanité qu'un
souvenir émouvant des joies de sa jeunesse. Jamais auparavant l'art
n'a été compris peut-être avec autant de profondeur et d'âme que
de nos jours où il semble que la magie de la mort le baigne de son
halo. On pensera à cette cité grecque de l'Italie méridionale qui
célébrait encore ses fêtes grecques un seul jour de l'année, versant
des larmes de tristesse à voir la barbarie étrangère triompher de
plus en plus de ses traditions d'origine ; jamais sans doute on n'aura
aussi intensément joui de l'héritage hellénique, nulle part savouré
ce nectar divin avec une telle volupté que parmi ces Hellènes mou-
rants. Dans l'artiste, on ne verra bientôt plus qu'un splendide vestige et, comme à un étranger merveilleux dont la force et la beauté
faisaient le bonheur des siècles passés, on lui rendra de ces honneurs que nous n'aimons guère accorder d'habitude à nos semblables. Ce qu'il y a de meilleur en nous, nous l'avons peut-être hérité
de sentiments qui appartiennent à ces siècles passés et auxquels nous
ne pouvons plus guère accéder maintenant par une voie directe ;
le soleil s'est déjà couché, mais le ciel de notre vie en est toujours
embrasé et illuminé, bien que nous ayons cessé de le voir.

V

Caractères de haute et basse civilisation

224. *Ennoblissement par dégénérescence* [1].

L'histoire enseigne que la race qui, dans un peuple, se maintient le mieux est celle où la plupart des individus ont un esprit collectif bien vivant par suite de l'identité de leurs grands principes coutumiers et indiscutables, par suite donc de leur croyance commune. C'est là que se fortifient les bons, les solides usages, que l'individu apprend la subordination, que le caractère reçoit en don une fermeté, encore accrue ensuite par l'éducation. Le danger, pour ces communautés fortes, fondées sur des individus de même nature, de caractère énergique, est l'abêtissement que l'hérédité intensifie progressivement, et qui accompagne toujours la stabilité comme son ombre. C'est des individus plus indépendants, beaucoup plus flottants et faibles moralement, que dépend le *progrès intellectuel* de telles communautés : ce sont les hommes capables de tentatives nouvelles, d'expériences multiples. Innombrables sont ceux de cette espèce qui périssent à cause de leur faiblesse, sans résultat bien évident ; mais en général, surtout quand ils ont une postérité, ils entament la cohésion de la communauté et portent de temps à autre un coup à son élément stable. C'est à cet endroit lésé et affaibli qu'un élément neuf est en quelque sorte *inoculé* à l'ensemble de l'organisme ; mais sa vigueur doit être au total assez forte pour absorber cette nouveauté dans son sang et se l'assimiler. Les natures qui dégénèrent sont de la plus haute importance partout où doit se faire un progrès. Il est nécessaire que tout progrès d'ensemble soit précédé d'un affaiblissement partiel. Les natures les plus fortes *maintiennent* le type, les faibles concourent à le *dévelop-*

per. — Quelque chose d'analogue se produit pour l'individu ;
il est rare qu'une dégénérescence, une mutilation, voire un vice
et, de façon générale, une déficience physique ou morale, ne
s'accompagne pas d'un avantage d'un autre côté. L'homme
maladif, par exemple, aura peut-être, au sein d'une race guerrière et turbulente, plus d'occasions de vivre à l'écart et d'y
gagner plus de sérénité et de sagesse, le borgne aura l'œil qui
lui reste plus fort, l'aveugle aura une vision plus profonde de
la vie intérieure, et en tout cas l'ouïe plus fine. Dans ces conditions, la fameuse lutte pour la vie ne me semble pas être le
seul point de vue à partir duquel puisse s'expliquer le progrès
ou la force croissante d'un individu, d'une race. Il y faut au
contraire le concours de deux éléments : d'abord, l'accroissement de la force stable par des liens retenant les esprits dans
une communauté de croyance et de sentiment ; ensuite, la possibilité d'atteindre à des buts plus élevés, fournie par l'apparition de natures dégénérescentes et, en conséquence,
d'affaiblissements et de lésions partielles de la force stable ; c'est
justement la nature plus faible qui, étant plus subtile et plus
libre, rend possible le progrès quel qu'il soit. Un peuple qui
commence à se gangrener et s'affaiblir en quelque point, mais
reste fort et sain dans l'ensemble, est capable de soutenir l'infec-
tion de la nouveauté et de la tourner à son avantage en l'absor-
bant. Pour l'individu, telle sera la tâche de l'éducation : lui
procurer une assiette si sûre et si ferme qu'il ne puisse absolument plus, dans l'ensemble, être détourné de sa voie. Mais alors
l'éducateur aura le devoir de lui infliger des blessures, ou de
mettre à profit les blessures qu'il a reçues du destin, et une fois
la douleur et le besoin nés de la sorte, quelque élément de nouveauté et de noblesse pourra lui être inoculé par ses plaies. Toute
sa nature l'absorbera et donnera son ennoblissement à sentir
dans les fruits qu'elle portera plus tard.[1] — En ce qui concerne l'État, Machiavel dit que « la forme des gouvernements
est d'importance minime, quoique des gens de demi-culture pensent autrement. Le grand but de la politique devrait être la
durée, qui vaut tout le reste, étant beaucoup plus précieuse que
la liberté. » Seule une durée très grande, aux fondements aussi
sûrs que ses garanties, rend de toute façon possible une évolution constante de l'inoculation du raffinement. Il est vrai que,

le plus souvent, la dangereuse compagne de toute durée, l'autorité, y opposera sa résistance.

225. *L'esprit libre, notion relative.*

On appelle esprit libre celui qui pense autrement qu'on ne s'y
attend de sa part en raison de son origine, de son milieu, de son
état et de sa fonction, ou en raison des opinions régnantes de
son temps. Il est l'exception, les esprits asservis sont la règle ;
ce que ceux-ci lui reprochent, c'est que ses libres principes ou
bien ont leur source dans le désir de surprendre ou bien permettent même de conclure à des actes libres, c'est-à-dire de ceux
qui sont inconciliables avec la morale asservie. On dit aussi parfois que tel ou tel de ces libres principes peut se déduire de quelque travers et exaltation d'esprit ; mais seule parle ainsi la
méchanceté, qui ne croit pas elle-même à ce qu'elle dit, mais
veut s'en servir pour nuire : car l'esprit libre porte d'habitude
le témoignage de la précellence et de l'acuité de son intelligence
écrit sur son visage, si lisible que les esprits asservis le comprennent fort bien. Mais les deux autres dérivations de sa libre pensée procèdent d'une intention sincère ; le fait est que beaucoup
d'esprits libres prennent aussi naissance de l'une ou l'autre façon.
Mais ce pourrait être une raison pour que les principes auxquels
ils sont parvenus par ces moyens soient tout de même plus vrais
et plus sûrs que ceux des esprits asservis. Ce qui compte dans
la connaissance de la vérité, c'est qu'on la *possède*, et non pas
sous quelle impulsion on l'a recherchée, par quelle voie on l'a
trouvée. Si les esprits libres ont raison, les esprits asservis ont
tort, peu importe si les premiers sont arrivés au vrai par immoralité et les autres restés jusqu'à ce jour attachés au faux par
moralité. — Au demeurant, il n'entre pas dans la nature de
l'esprit libre d'avoir des vues plus justes, mais bien plutôt de
s'être affranchi des traditions, que ce soit avec bonheur ou avec
insuccès. Mais d'ordinaire, il aura tout de même la vérité de son
côté, ou tout au moins l'esprit de recherche de la vérité : il veut,
lui, des raisons, les autres des croyances[1].

226. *Origine de la croyance* [1].

L'esprit asservi ne prend pas position pour telle ou telle raison, mais par habitude; il sera par exemple chrétien, mais ce ne sera pas pour avoir scruté les diverses religions et choisi entre elles; anglais[2], mais ce ne sera pas parce qu'il s'est décidé pour l'Angleterre; non, il a trouvé le christianisme et l'Angleterre tout prêts et les a adoptés sans raisons, comme quelqu'un né dans un pays de vignes devient buveur de vin. Plus tard, une fois devenu chrétien et anglais, il aura peut-être réussi à trouver aussi quelques raisons en faveur de son accoutumance; on aura beau renverser ces raisons, on ne le renversera pas, lui, ni le moins du monde sa position. Que l'on oblige, par exemple, un esprit asservi à produire ses raisons contre la bigamie et l'on verra bien alors si son zèle sacré pour la monogamie repose sur des raisons ou sur l'accoutumance. Mais l'accoutumance à des principes intellectuels dépourvus de raisons est justement ce que l'on appelle croyance.

227. *Le vrai et le faux déduits à posteriori de leurs conséquences* [3].

Tous les États et tous les ordres de la société : les classes, le mariage, l'éducation, tout cela ne tient sa force et sa durée que de la croyance des esprits asservis, — donc de l'absence de raisons, tout au moins du refus de s'enquérir des raisons. C'est ce que les esprits asservis n'aiment guère reconnaître, ils sentent bien que c'est un *pudendum*. Le christianisme, qui fut très innocent dans ses fantaisies intellectuelles, ne voulut rien voir de ce *pudendum*, exigea la foi et rien que la foi, repoussa avec passion la demande de raisons; il mettait l'accent sur les succès de la foi : vous le sentirez, l'avantage de la foi, suggérait-il, c'est par elle que vous aurez la félicité. En fait, l'État procède de même, et chaque père élève son fils de pareille façon : tiens seulement cela pour vrai, lui dit-il, et tu sentiras comme cela fait du bien. Or, cela signifie que le *profit* personnel que procure

une opinion est censé en démontrer la *vérité*, l'utilité d'une doctrine en garantir la certitude et le bien-fondé intellectuels. C'est
comme si l'accusé déclarait au tribunal : mon défenseur dit toute
la vérité, car voyez un peu ce qui suit de sa plaidoirie : je serai
acquitté. — Du fait que les esprits asservis n'ont de principes
que pour leur utilité, ils supposent que chez l'esprit libre les opinions sont aussi un moyen de chercher son avantage et qu'il ne
tient pour vrai que tout juste ce qui lui est profitable. Mais
comme ce qui paraît lui être utile est tout l'opposé de ce qui
est utile à ses compatriotes ou à ses confrères, ceux-ci admettent que ces principes sont pour eux un danger ; s'ils ne le disent,
ils le sentent bien : il ne doit pas avoir raison puisqu'il nous est
nuisible.

228. *Le caractère fort et bon*[1].

C'est l'asservissement des opinions, transformé en instinct par
l'habitude, qui conduit à ce que l'on appelle la force de caractère. Quand un homme agit sous l'effet de motifs peu nombreux,
mais toujours les mêmes, ses actions en acquièrent une grande
énergie ; si ces actions se trouvent en accord avec les principes
des esprits asservis, elles sont approuvées et font accessoirement
naître chez leur auteur un sentiment de bonne conscience. Des
motifs peu nombreux, une conduite énergique et une bonne
conscience, voilà qui constitue ce que l'on appelle force de caractère. La connaissance des possibilités et directions multiples de
l'action fait défaut à ce caractère fort ; son intelligence manque
de liberté, elle est asservie, parce qu'elle ne lui montrera, dans
un cas donné, disons que deux possibilités ; c'est alors entre elles
qu'il est obligé de choisir, nécessairement et conformément à
sa nature tout entière, et il le fera facilement et rapidement,
n'ayant pas à choisir entre cinquante possibilités. Le milieu qui
éduque l'individu tend à priver chacun de liberté en lui proposant toujours le moindre nombre de possibilités. Les éducateurs
traitent l'individu comme s'il était quelque chose de nouveau,
sans doute, mais qu'ils voudraient transformer en *copie*. Si
l'homme apparaît d'abord comme une nouveauté sans précédent dans l'existence, il ne s'agit pas moins de le réduire à quel-

que chose de connu, de déjà existant. Ce que l'on appelle bon caractère chez l'enfant, c'est justement la manifestation progressive de son asservissement à l'existence donnée une fois pour toutes ; en se mettant du côté des esprits asservis, l'enfant commence par témoigner de l'éveil de son sens grégaire ; mais ce sens grégaire est la base qui lui permettra d'être plus tard utile à son état, à sa classe.

229. *La mesure des choses chez les esprits asservis.*

Il est quatre sortes de choses dont les esprits asservis disent qu'elles sont justifiées. Premièrement : toutes les choses qui ont de la durée sont justifiées ; deuxièmement : toutes les choses qui ne nous importunent pas sont justifiées ; troisièmement : toutes les choses qui nous valent quelque avantage sont justifiées ; quatrièmement : toutes les choses pour lesquelles nous avons fait des sacrifices sont justifiées. Ce dernier point explique par exemple pourquoi une guerre commencée contre la volonté du peuple se poursuit dans l'enthousiasme dès les premiers sacrifices faits. — Les esprits libres qui plaident leur cause au forum des esprits asservis ont à démontrer qu'il y a toujours eu des esprits libres, donc que la libre pensée a la durée pour elle, ensuite qu'ils ne cherchent pas à être importuns, et enfin qu'à tout prendre ils procurent bien quelque avantage aux esprits asservis ; mais comme ils ne sauraient convaincre ceux-ci de ce dernier point, il ne leur sert de rien d'avoir démontré le premier et le deuxième.

230. *Esprit fort* [1].

Comparé à celui qui a la tradition de son côté et n'a pas besoin de raisons pour fonder ses actes, l'esprit libre est toujours faible, surtout dans ses actes ; car il connaît trop de motifs et de points de vue, et en a la main hésitante, mal exercée. Quels moyens y a-t-il maintenant de le rendre quand même *relativement fort*, en sorte qu'il puisse au moins s'affirmer et ne pas

---

* En français dans le texte.

se perdre inutilement ? Comment naît l'esprit fort* ? La question est celle, dans un cas isolé, de la production du génie. D'où viennent l'énergie, la force inflexible, l'endurance avec lesquelles l'individu, à contre-courant de la tradition, tâche d'acquérir une connaissance toute personnelle du monde ?

231. *La genèse du génie* [1].

L'ingéniosité avec laquelle le prisonnier cherche les moyens de s'évader, le sang-froid et la patience extrêmes avec lesquels il met à profit le moindre avantage, peuvent aider à comprendre de quel procédé se sert parfois la nature pour produire le génie — mot que je prie d'entendre sans aucune arrière-pensée mythologique ou religieuse : elle l'enferme dans un cachot et exaspère son désir de s'évader. Ou, pour prendre une autre image : qui a complètement perdu son chemin dans la forêt, mais s'efforce de gagner la rase campagne en suivant avec une énergie exceptionnelle une direction quelconque, découvrira parfois un chemin nouveau que personne ne connaît ; c'est ainsi que naissent les génies dont on célèbre l'originalité. — Nous avons déjà mentionné qu'une mutilation ou atrophie, qu'un défaut notable de quelque organe fournit souvent l'occasion à un autre organe de développer des qualités exceptionnelles du fait qu'il a à assurer une autre fonction en plus de la sienne propre. C'est à partir de là que l'on pourra découvrir l'origine de maint talent brillant. [2] — De ces indications générales sur la genèse du génie, on fera l'application à ce cas spécial, la genèse du parfait esprit libre.

232. *Conjecture sur l'origine de la libre pensée.*

De même que les glaciers s'accroissent quand le soleil darde des feux plus intenses qu'auparavant sur les mers des régions équatoriales, il se peut bien aussi qu'une libre pensée très forte

---

* Nietzsche traduit par *starker Geist* l'expression française qu'il cite entre parenthèses. (*N.d.T.*)

et en pleine extension atteste qu'il y a quelque part une ardeur
de sentiment extraordinairement accrue.

233. *La voix de l'histoire* [1].

En général, l'histoire *semble* nous enseigner ce qui suit sur
la production du génie : maltraitez et tourmentez les hommes
(crie-t-elle aux passions, Envie, Haine et Jalousie), poussez-les
à bout, l'un contre l'autre, mais pendant des siècles, et alors,
enflammée comme par une étincelle lointaine de la terrible énergie ainsi libérée, jaillira peut-être soudain la lumière du génie ;
alors, la volonté, emballée comme un cheval par l'éperon du
cavalier, s'emportera et bondira dans un autre domaine. — Qui
arriverait à se faire une idée claire de la genèse du génie et voudrait mettre en pratique le procédé dont se sert d'ordinaire la
nature, devrait être aussi méchant et brutal qu'elle l'est. — Mais
peut-être avons-nous mal entendu.

234. *Valeur du mi-chemin* [2].

Peut-être la production du génie est-elle exclusivement réser-
vée à une période limitée de l'humanité. Car on ne doit pas attendre de son avenir tout ce que n'ont pu produire que certaines
conditions bien déterminées d'un moment quelconque du passé ;
par exemple, les effets étonnants du sentiment religieux. Celui-
ci même a eu son temps, et il est beaucoup d'excellentes choses
qui ne se reproduiront plus parce que lui seul pouvait les produire. C'est ainsi que la vie et la civilisation n'auront plus jamais
d'horizon circonscrit par la religion. Peut-être même le type du
saint n'est-il possible qu'à la suite d'une certaine timidité de
l'intelligence dont il ne restera plus trace, semble-t-il, à l'avenir. Et peut-être les hauteurs de l'intelligence ont-elles été réser-
vées de même pour un seul âge de l'humanité : elles se sont
manifestées (et continuent de le faire, car nous vivons toujours
à cet âge) au moment où une énergie extraordinaire et longuement accumulée de la volonté s'est exceptionnellement portée,
du fait de l'hérédité, dans une direction *intellectuelle*. C'en sera

fini de ces hauteurs quand cette sauvage énergie ne sera plus
soumise à pareille éducation. L'humanité, arrivée à mi-chemin,
au milieu de son existence, est peut-être plus près de son but
propre qu'elle ne le sera à sa fin. Il se pourrait que certaines
forces, celles, par exemple, dont l'art découle, fussent vouées
à l'épuisement total; le plaisir du mensonge, du vague, du symbolisme, de l'ivresse, de l'extase, pourrait bien tomber en discrédit. Bien mieux, s'il arrive que la vie s'ordonne dans un État
parfait, il n'y aura plus à tirer du présent aucun motif de poésie, et il ne resterait plus alors que les êtres arriérés pour récla-
mer la fiction poétique. Ceux-ci jetteraient en tout cas un regard
nostalgique en arrière, sur l'époque de l'État imparfait, de la
société à moitié barbare, sur cette époque qui est la nôtre[1].

235. *Le génie et l'État idéal en contradiction*[2].

Les socialistes aspirent à créer un état de bien-être pour le plus
grand nombre possible. Si le foyer permanent de ce bien-être,
l'État parfait, était réellement atteint, ce bien-être même détrui-
rait le terrain sur lequel se développent la grande intelligence
et, d'une manière générale, la forte individualité : j'entends toute
énergie puissante. L'humanité serait par trop épuisée, une fois
cet État fondé, pour pouvoir encore produire le génie. Ne
faudrait-il donc pas souhaiter que la vie conserve son caractère
de violence, que l'on ne cesse d'en susciter et d'en renouveler
les forces et les énergies sauvages?[3] Or, le cœur ardent,
compatissant, veut justement *l'abolition* de ce caractère violent
et sauvage, et le cœur le plus ardent que l'on puisse imaginer
serait précisément le plus passionné à l'exiger; et c'est pourtant
de ce caractère sauvage et violent de la vie que sa passion a tiré
son feu, son ardeur, son existence même; le cœur le plus ardent
veut donc l'abolition de son propre fondement, l'anéantissement
de soi-même, c'est-à-dire qu'il veut bel et bien quelque chose
d'illogique, il n'est pas intelligent. La plus haute intelligence et
le cœur le plus ardent ne peuvent pas coexister dans une seule
et même personne, et le sage qui juge la vie se met au-dessus
même de la bonté et considère tout au plus celle-ci comme quelque chose qu'il n'y a pas à faire entrer en ligne de compte dans

l'évaluation totale de la vie. Le sage est obligé de s'opposer à
ces vœux extravagants de la bonté inintelligente, parce que
l'important est pour lui la survivance de son type, et finalement
la production d'une intelligence supérieure; il ne sera pas favorable tout au moins à la fondation de l'«État parfait», du
moment que n'y trouvent place que des individus à bout de force.
Le Christ, au contraire, que nous imaginerons ici comme le cœur
le plus ardent, a favorisé l'abêtissement des hommes, s'est mis
du côté des pauvres d'esprit et a freiné la production du plus
haut degré d'intelligence : et c'était logique. Son pendant, le sage
parfait[1], s'opposera tout aussi nécessairement — on peut bien
le prédire — à la production d'un Christ. — L'État est une institution judicieuse en vue de protéger les individus les uns
contre les autres; si l'on en exagère le raffinement, c'est, pour
finir, l'individu qui en est affaibli, voire aboli, — et, par suite,
le but premier de l'État[2] radicalement anéanti.

236. *Les zones de civilisation*[3].

On peut dire par métaphore que les périodes de la civilisation correspondent aux différentes zones de climats, sauf que
celles-là se succèdent au lieu d'être juxtaposées comme les lati-
tudes géographiques. En comparaison de la zone tempérée de
la civilisation, à laquelle notre tâche est de passer, celle que nous
avons laissée fait en gros l'impression d'un climat *tropical*.
Contrastes violents, alternance brusque du jour et de la nuit,
fournaise et coloris fastueux, vénération de tous les phénomènes subits, mystérieux et terrifiants, soudaineté des tempêtes,
partout le prodigue débordement des cornes d'abondance de la
nature; et en regard, dans notre civilisation, un ciel clair, mais
nullement lumineux, un air pur, quasiment invariable, de la fraîcheur, du froid même à l'occasion : tel est le contraste oppo-
sant ces deux zones. Quand nous voyons là-bas les passions les
plus furieuses abattues et brisées par la force inquiétante des
représentations métaphysiques, nous avons la même impression
que si des tigres sauvages étaient écrasés sous nos yeux, aux tro-
piques mêmes, entre les anneaux de monstrueux serpents; pareilles scènes manquent à notre climat spirituel, notre imagination

est tempérée, même en rêve il ne nous arrive rien de ce que les peuples du passé voyaient les yeux ouverts. Mais n'y aurait-il pas lieu de nous féliciter de ce changement, quitte à admettre que la disparition de la civilisation tropicale porte essentiellement tort aux artistes et qu'ils nous trouvent, nous qui ne sommes pas artistes, un peu trop terre à terre ? En ce sens, les artistes ont bien le droit de nier le « progrès », car en fait, savoir si les trois derniers millénaires témoignent d'une progression dans les arts, c'est ce dont on peut au moins douter ; un philosophe métaphysicien, comme Schopenhauer, n'aura de même aucun motif de conclure au progrès s'il considère ensemble les quatre derniers millénaires sous l'angle de la philosophie métaphysique et de la religion. — Mais pour nous, *l'existence* d'une zone tempérée de la civilisation signifie à elle seule un progrès.

237. *Renaissance et Réforme.*

La Renaissance italienne recélait en son sein toutes les forces positives auxquelles est due la civilisation moderne : l'émancipation de la pensée, le dédain des autorités, le triomphe de la culture sur la morgue de la naissance, l'enthousiasme pour la science et le passé scientifique de l'humanité, l'affranchissement de l'individu, la flamme de la véracité, l'aversion pour la pure apparence et la recherche de l'effet (flamme qui éclatait dans une multitude de caractères d'artistes, exigeant d'eux-mêmes, avec une suprême pureté morale, la perfection et rien que la perfection pour leurs œuvres) ; mieux encore, la Renaissance avait des forces positives qui n'ont pas encore, *jusqu'à présent*, retrouvé la même puissance dans notre civilisation moderne. Ce fut l'âge d'or de ce millénaire, en dépit de toutes ses taches et de tous ses vices. En contraste sur ce fond, voici la Réforme allemande, énergique protestation d'esprits attardés qui n'avaient pas encore leur content de la vision médiévale du monde et ressentaient un profond malaise, au lieu de la jubilation voulue, à en voir les signes de décomposition, cette platitude extraordinaire que devenait la vie religieuse et leur obstination de Nordiques, ils ramenèrent les hommes en arrière, provoquèrent, par des violences dignes d'un état de siège, la riposte de la Contre-

Réforme, christianisme catholique de légitime défense, et retardèrent de deux ou trois siècles le plein épanouissement et la domination incontestée des sciences, tout autant qu'ils rendirent peut-être à jamais impossible la fusion complète de l'esprit antique et moderne. La grande tâche de la Renaissance ne put être menée à bien, empêchée qu'elle fut par la protestation du génie allemand demeuré entre-temps en arrière (lui qui, au moyen âge, avait eu assez de raison pour franchir et refranchir les Alpes pour son salut). Il a fallu le hasard d'une extraordinaire constellation politique pour que Luther pût se maintenir et cette protestation prendre force : car l'empereur le protégeait, pour se servir de son innovation comme moyen de pression contre le pape, et le pape le favorisait aussi en secret pour faire des princes d'Empire protestants un contre-poids à l'empereur. Sans cette étrange connivence, Luther eût été brûlé comme Huss — l'aurore de la philosophie des lumières[1] aurait paru un peu plus tôt peut-être et avec un éclat plus beau que nous ne pouvons aujourd'hui l'imaginer.

238. *Justice envers le dieu en devenir.*

Quand toute l'histoire de la civilisation se déploie à nos regards en un enchevêtrement d'idées mauvaises et nobles, vraies et fausses, et que le spectacle de ce déferlement donne presque le mal de mer à l'âme, on comprend quelle consolation se trouve dans la conception d'un *dieu en devenir* : celui-ci se dévoile au fur et à mesure dans les métamorphoses et les tribulations de l'humanité, tout ne se réduit pas à un mécanisme aveugle, à une interréaction de forces sans but ni raison. La déification du devenir est une perspective métaphysique — comme du haut d'un phare bordant la mer de l'histoire — dans laquelle une génération de savants trop férus d'histoire a trouvé sa consolation ; il ne faut pas s'en irriter, quelque erronée que puisse être cette conception. Seul celui qui, comme Schopenhauer, nie l'évolution, ne sent rien non plus de la misère de ce déferlement historique et par suite, ne sachant, ne sentant rien de ce dieu en devenir et du besoin d'en admettre l'existence, peut équitablement laisser libre cours à sa raillerie.

239. *Les fruits selon la saison.*

Tout avenir meilleur que l'on souhaite à l'humanité est nécessairement aussi un avenir pire sous plus d'un rapport ; c'est battre la campagne, en effet, que croire qu'un stade nouveau et supérieur d'humanité réunira tous les avantages des stades antérieurs et ne pourra que réaliser, par exemple, la forme suprême de l'art. C'est que chaque saison a ses avantages et ses charmes particuliers, excluant ceux des autres. Ce qui est né de la religion et a prospéré à son voisinage ne saurait renaître une fois celle-ci détruite ; quelques rejetons égarés et tardifs pourront tout au plus induire à quelque illusion à ce sujet, tout comme le souvenir intermittent de l'art du passé : état qui trahit bien un sentiment de perte, de frustration, mais ne prouve pas l'existence d'une force capable d'engendrer un art nouveau.

240. *Gravité croissante du monde.*

Plus la culture d'un homme s'élève, plus nombreux sont ses domaines qui se soustraient à sa moquerie, à sa raillerie. Voltaire était de tout cœur reconnaissant au ciel de l'invention du mariage et de l'Église, tant il avait ainsi pourvu à notre amusement. Mais lui et son temps, et avant lui le XVIe siècle, se sont si bien raillés de ces sujets qu'ils les ont épuisés ; tout l'esprit que l'on dépense encore dans ce domaine est suranné, et surtout beaucoup trop bon marché pour susciter encore l'envie des chalands. Maintenant, on s'enquiert des causes ; c'est l'ère du sérieux. Qui fait encore cas actuellement de considérer sous le jour de la moquerie les différences entre la réalité et l'apparence prétentieuse, entre ce qu'est l'homme et ce qu'il veut représenter ? Le sentiment de ces contrastes produit un effet tout autre dès que l'on cherche à aller au fond des choses. Plus un homme comprend la vie à fond, moins il se raillera, à moins qu'il ne finisse quand même par se railler de la « profondeur de sa compréhension ».

241. *Génie de la civilisation*[1].

Si l'on voulait imaginer un génie de la civilisation, de quelle nature serait-il ? Il manie ses outils, le mensonge, la violence, le plus brutal des égoïsmes, avec une telle sûreté qu'on ne pourrait le dire qu'un être démoniaque et mauvais ; mais ses intentions, qui transparaissent çà et là, sont nobles et bonnes. C'est un Centaure, à moitié bête, à moitié homme, et en plus avec des ailes d'ange à la tête[2].

242. *Éducation miraculeuse.*

L'intérêt porté à l'éducation ne prendra toute sa force qu'à partir du moment où l'on renoncera à croire en un dieu et à sa providence ; la médecine, de même, s'est épanouie dès qu'a cessé la croyance aux cures miraculeuses. Mais pour l'instant tout le monde croit encore à l'éducation miraculeuse, puisque l'on a vu le plus grand désordre, la confusion des buts, l'hostilité des circonstances, donner naissance aux hommes les plus puissants, les plus féconds : comment serait-ce donc possible naturellement ? — Désormais, on va y regarder de plus près, soumettre bientôt même ces cas-là à un examen plus serré : de miracles, on n'y en découvrira jamais. Les conditions étant identiques, des quantités d'êtres périssent continuellement, tandis qu'au contraire l'unique individu sauvé en a d'ordinaire tiré un surcroît d'énergie, ayant supporté ces circonstances défavorables grâce à quelque indomptable force innée, et même encore exercé et accru cette force : ce qui explique le miracle. Une éducation qui ne croit plus au miracle aura trois points à considérer : premièrement, quelle est la quantité d'énergie héritée ? deuxièmement, comment est-il encore possible de susciter de nouvelles énergies ? troisièmement, comment adapter l'individu à ces exigences si nombreuses et diverses de la civilisation sans que celles-ci le troublent et détruisent l'unité de son être, — bref, comment introduire l'individu à sa place[3] dans le contre-point de la culture personnelle et de la vie publique, comment pourra-t-il être à la fois la mélodie dominante et son accompagnement[4] ?

243. *L'avenir du médecin.*

De nos jours, il n'est pas de profession qui permette d'atteindre aussi haut que celle de médecin ; depuis surtout que les médecins de l'âme, les directeurs dits de conscience ne peuvent plus exercer leurs talents d'exorcistes avec l'approbation publique et se voient évités par les gens cultivés. Un médecin d'à présent n'est pas encore arrivé au sommet de sa formation intellectuelle quand il connaît les meilleures méthodes modernes, en possède la pratique à fond et sait établir de ces rapides conclusions de l'effet à la cause qui font la gloire des diagnosticiens ; il lui faut avoir en outre une éloquence qui s'adapte à chaque individu différent et lui tire le cœur du ventre, une virilité dont la seule vue suffit à chasser la pusillanimité (ce ver qui ronge tous les malades), une souplesse de diplomate[1] pour mettre en rapport ceux qui ont besoin de joie pour guérir et ceux qui, pour raisons de santé, doivent (et peuvent) donner de la joie, la subtilité de l'agent de police et de l'avocat pour deviner les secrets d'une âme sans les trahir, — bref, un bon médecin a aujourd'hui besoin dans son art des procédés et privilèges de tous les autres corps de métiers : c'est ainsi armé qu'il sera en mesure de devenir le bienfaiteur de la société entière, en multipliant les bonnes œuvres, le plaisir et la fécondité de l'esprit, en prévenant les mauvaises pensées et intentions, les bassesses (dont la source nauséabonde est si souvent le bas-ventre), en instaurant une aristocratie de corps et d'esprit (grâce aux mariages qu'il fera et empêchera), en coupant court, par bienveillance, à tous les prétendus tourments moraux et remords de conscience ; c'est ainsi que, de « medicine-man », il se transformera en Sauveur, sans avoir pour autant besoin de faire des miracles, non plus que de monter sur la croix.

244. *Aux confins de la folie.*

La somme de nos sentiments, connaissances, expériences, c'est-à-dire tout le poids de la civilisation, s'est tellement accrue qu'il

en est résulté une surexcitation des facultés nerveuses et intellectuelles, danger universel : les classes cultivées des pays européens sont même entièrement névrosées, et il n'est presque pas
une de leurs grandes familles dont un des membres n'ait frôlé
de près la folie. Sans doute, on a maintenant mille façons d'aller
à la santé ; mais ce qui reste nécessaire pour l'essentiel, c'est une
diminution de cette intensité de sentiment, de cet accablant fardeau de civilisation, qui, dût-elle même se faire payer de lourdes pertes, ne nous en laisse pas moins toute latitude d'espérer
cette grande chose que serait une *nouvelle Renaissance*. Au christianisme, aux philosophes, aux poètes, aux musiciens, nous sommes redevables d'une foison d'émotions et de sentiments
profonds[1] ; si nous ne voulons pas qu'ils nous étouffent sous
leur prolifération, il nous faudra conjurer l'esprit de la science,
lequel, à tout prendre, rend un peu plus froid, un peu plus sceptique, et refroidit en particulier ce fleuve ardent de la foi en des
vérités dernières et définitives ; c'est surtout le christianisme qui
en a fait un torrent si impétueux.

245. *La civilisation se fond comme une cloche.*

La civilisation a pris forme comme une cloche, dans un moule
de matière plutôt grossière et commune : hypocrisie, violence,
expansion illimitée de tous les individus et de tous les peuples
chacun pour soi, voilà ce moule. Le temps est-il venu de l'ôter ?
La coulée s'est-elle solidifiée, les bons instincts utiles, les habitudes nobles de l'âme se sont-ils tellement affermis et répandus
partout qu'il n'y ait plus besoin de recourir à la métaphysique
et aux erreurs de la religion, plus besoin d'aucune de ces dure-
tés et de ces violences qui sont le lien le plus puissant d'homme
à homme, de peuple à peuple ? — Pour répondre à cette question, n'attendons plus l'aide et le signe d'un dieu : c'est à notre
propre discernement de décider ici. A l'homme lui-même de prendre en main le gouvernement général de l'humanité, à son
« omniscience » d'ouvrir l'œil pour veiller désormais aux destinées de la civilisation.

246. *Les cyclopes de la civilisation.*

A voir ces bassins ravinés où les glaciers ont fait leur lit, on ne croit guère possible qu'un temps vienne où s'étire à la même place une vallée sylvestre et agreste parcourue de ruisseaux. Il en va de même de l'histoire de l'humanité ; ce sont les forces les plus sauvages qui ouvrent la voie, destructrices d'abord, mais leur activité n'en était pas moins nécessaire afin qu'une douceur de civilisation puisse plus tard monter ici sa maison. Ces énergies effrayantes — cela même que l'on appelle le mal — sont les architectes et les pionniers cyclopéens de l'humanité.

247. *L'humanité tourne en rond.*

Peut-être toute l'humanité n'est-elle qu'une phase de l'évolution d'une certaine espèce animale à durée limitée : l'homme sorti du singe redeviendra singe, et il n'y aura personne pour prendre le moindre intérêt à ce bizarre dénouement de la comédie. De même que la décadence de la civilisation romaine et sa cause principale, l'expansion du christianisme, ont entraîné un enlaidissement généralisé de l'homme dans l'Empire romain, il se pourrait bien aussi que la décadence probable de la civilisation terrestre dans son ensemble eût pour conséquence un enlaidissement beaucoup plus poussé de l'être humain, retombant pour finir à la bête et au singe. — Mais c'est justement parce que nous pouvons envisager cette perspective que nous serons peut-être en état de parer à un tel aboutissement de l'avenir.

248. *Consolation d'un progrès désespéré.*

Notre époque donne une impression d'état intérimaire ; les anciennes conceptions du monde, les vieilles civilisations subsistent encore en partie ; les nouvelles ne sont pas encore affermies par l'habitude, manquent par suite d'unité et de cohérence. Il semble que tout retourne au chaos, que l'ancien se perde, que le nouveau ne vaille rien et aille toujours s'affaiblissant. Mais il en va de même du soldat qui apprend à marcher ; il est un certain temps plus hésitant et maladroit que jamais parce que ses muscles se meuvent tantôt suivant l'ancien système, tantôt suivant le nouveau, et qu'aucun des deux ne l'emporte définitivement. Nous balançons, mais il est nécessaire de ne pas tomber pour autant dans une inquiétude qui pourrait nous faire renoncer au nouvel acquis. Du reste, il nous est *impossible* de revenir à l'ancien, nous avons brûlé nos vaisseaux sans retour ; il ne nous reste qu'à être braves, quoi qu'il puisse sortir de là. — Mettons-nous *en marche*, bougeons de place, c'est tout ce qu'il faut ! Peut-être un jour notre démarche ressemblera-t-elle tout de même à un *progrès* ; sinon, on pourra toujours nous répéter le mot de Frédéric le Grand, mais alors à titre de consolation : Ah, mon cher Sulzer, vous ne connaissez pas assez cette race maudite à laquelle nous appartenons[1].

249. *Souffrir du passé de la civilisation.*

Qui s'est fait une idée claire du problème de la civilisation souffre dès lors du même sentiment que l'héritier d'une fortune acquise par des moyens illégitimes, ou que le prince qui règne grâce aux actes de violence commis par ses ancêtres. Il pense avec tristesse à son origine, et il est souvent honteux, souvent irritable. La somme d'énergie, de vouloir-vivre, de joie qu'il consacre à son bien est souvent contrebalancée par une lassitude profonde : il ne peut oublier son origine. L'avenir, il le regarde avec mélancolie ; ses descendants, il le sait d'avance, souffriront comme lui du passé.

250. *Manières.*

Les bonnes manières se perdent à mesure que l'influence de la cour et d'une aristocratie fermée perd du terrain ; on peut nettement observer ce déclin de décennie en décennie quand on sait regarder les actes publics, lesquels se font manifestement de jour en jour plus populaciers. Personne ne sait plus rendre hommage et flatter avec esprit ; il s'ensuit ce fait ridicule que, dans des cas où rendre ses devoirs (par exemple à un grand homme d'État ou à un grand artiste) est actuellement une *obligation*, on emprunte le langage du sentiment le plus profond, du loyalisme le plus pur et indéfectible — par embarras, par manque d'esprit et de grâce. Aussi les rencontres publiques et cérémonieuses paraissent-elles de plus en plus gauches, quoique plus cordiales et sincères, mais sans l'être. — En serions-nous au point que les manières ne puissent plus s'arrêter sur la pente fatale ? Il me semble plutôt qu'elles décrivent le creux d'une courbe et que nous nous rapprochons de leur position la plus basse. Dès le moment où la société se sera assez affermie dans ses vues et ses principes pour que ceux-ci puissent exercer une action formatrice (alors qu'aujourd'hui les manières apprises, formes résultant d'anciennes situations, s'apprennent et se transmettent en s'affaiblissant toujours davantage), il y aura dans les relations des manières, dans le commerce des gestes et des expressions qui paraîtront forcément aussi nécessaires et naturels dans leur simplicité que le sont ces vues et ces principes. La division meilleure du temps et du travail, l'exercice gymnastique modifié pour s'associer aux belles heures de loisir, la réflexion accrue et désormais plus rigoureuse, donnant au corps lui-même subtilité et souplesse, voilà qui entraînera tout cela avec soi. — Ici, on pourrait, il est vrai, penser avec quelque ironie à nos savants : eux qui se veulent les précurseurs de cette nouvelle culture, se distinguent-ils donc effectivement par de meilleures manières ? Ce n'est guère le cas, il me semble, bien qu'ils aient sans doute l'esprit assez prompt à le vouloir : mais leur chair est faible[1]. Le passé est encore trop puissant dans leurs muscles : ils n'ont encore aucune liberté d'attitude, étant moitié clercs séculiers, moitié précepteurs de personnes de condition, de castes nobles dont ils dépendent, et, de plus, rabougris et momifiés par la pédanterie des sciences, par de sottes méthodes surannées. Ils n'ont donc pas cessé, à coup sûr quant à leur corps, et souvent aussi pour les trois quarts de leur esprit, d'être les courtisans d'une culture vieillie, voire sénile, et comme tels séniles eux-mêmes ; l'esprit nouveau qui s'agite de temps à autre dans ces vieilles carcasses ne sert pour l'instant qu'à les rendre plus incertains et pusillanimes encore. Ils sont hantés par les spectres du passé autant que par les spectres de l'avenir : quoi d'étonnant, dès lors, s'ils ne font guère bonne figure, n'ont guère plaisante tenue?

251. *L'avenir de la science*[1].

La science donne beaucoup de satisfaction à celui qui y consacre son travail et ses recherches, mais fort peu à celui qui en *apprend* les résultats. Mais comme toutes les vérités importantes de la science ne peuvent que devenir peu à peu banales et communes, même ce peu de satisfaction disparaît : c'est ainsi que nous avons depuis longtemps cessé de trouver le moindre plaisir à apprendre la table de multiplication, pourtant si admirable. Si donc la science donne de moins en moins de plaisir par elle-même et en ôte toujours davantage en jetant la suspicion sur la métaphysique, la religion et l'art qui consolent, voilà appauvrie cette source de plaisir, de toutes la plus grande, à laquelle les hommes doivent à peu près toute leur humanité. Aussi une civilisation supérieure devra-t-elle donner un cerveau double à l'homme, quelque chose comme deux compartiments cérébraux, l'un pour être sensible à la science, l'autre à ce qui n'est pas la science : juxtaposés, sans empiétement, séparables, étanches ; c'est là ce qu'exige la santé. La source d'énergie se trouve dans une sphère, dans l'autre le régulateur : il faut chauffer aux illusions, aux idées bornées, aux passions, et se servir de la science clairvoyante pour prévenir les suites malignes et dangereuses d'une chauffe trop poussée. — Si l'on ne satisfait pas à cette condition de civilisation supérieure, on peut prédire presque à coup sûr le cours que prendra l'évolution humaine : le goût du vrai va disparaître au fur et à mesure qu'il garantira moins de plaisir ; l'illusion, l'erreur, la chimère vont reconquérir pas à pas, étant associées au plaisir, le terrain qu'elles tenaient autrefois ; la ruine des sciences, la rechute dans la barbarie en seront la conséquence immédiate ; l'humanité devra se remettre à tisser sa toile après l'avoir, telle Pénélope, défaite pendant la nuit. Mais qui nous garantira qu'elle en retrouvera toujours la force[2]?

252. *Le plaisir de la connaissance.*

Comment se fait-il que la connaissance, élément du chercheur et du philosophe, soit liée à un plaisir ? D'abord et surtout parce que l'on y prend conscience de sa force, donc pour la même raison qui fait que les exercices gymnastiques donnent du plaisir même sans spectateurs. Deuxièmement, parce que l'on dépasse, au cours de la recherche, d'anciennes conceptions en même temps que leurs représentants, que l'on en triomphe, ou tout au moins le croit. Troisièmement, parce qu'une connaissance nouvelle, si petite qu'elle soit, nous donne le sentiment d'être très haut au-dessus de *tous* les autres, d'être les seuls à tenir la vérité sur ce point. Ces trois motifs de plaisir sont les plus importants, mais il y a encore, suivant la nature du sujet connaissant, beaucoup de motifs secondaires. — Une liste assez importante en est donnée, à un endroit où on ne le chercherait pas, par mon étude parénétique[1] sur Schopenhauer : le relevé qu'elle propose peut satisfaire tout servant expérimenté de la connaissance, quand bien même il souhaiterait effacer la nuance ironique qui semble répandue sur ces pages. Car s'il est vrai qu'« une quantité d'instincts et de petits instincts très humains doivent se fondre »[2] pour donner naissance au savant, que le savant est d'un métal très noble, sans doute, mais nullement pur, et qu'il « est fait d'un lacis compliqué d'impulsions et de stimulations très diverses »[3], on peut en dire autant de la genèse et de la nature de l'artiste, du philosophe, du génie moral — et de tous les grands noms, quels qu'ils soient, glorifiés dans cette étude. *Toutes* choses humaines méritent d'être considérées, quant à leur *genèse*, ironiquement : c'est pourquoi l'ironie est dans le monde si *superflue*[4].

253. *La fidélité, preuve de solidité.*

C'est une parfaite marque d'excellence, pour une théorie, que son auteur ait été *quarante ans* sans concevoir la moindre méfiance à son égard ; mais je prétends qu'il n'y a encore eu

aucun philosophe qui n'ait pas laissé tomber pour finir un regard
de mépris — ou tout au moins de suspicion — sur la philosophie qu'avait inventée sa jeunesse. — Mais peut-être n'aura-t-il
rien dit de ce revirement, par orgueil ou — ce qui est vraisemblable chez les natures nobles — par délicatesse envers ses
adeptes.

254. *Extension de l'intéressant.*

Au fur et à mesure que sa culture s'élève, tout devient intéressant pour l'homme, il sait trouver rapidement le côté instructif
d'une chose et discerner le point où elle peut combler une lacune
de sa pensée, confirmer une de ses idées. L'ennui disparaît ainsi
un peu plus chaque jour, mais en même temps la sensibilité exces-
sive de l'âme. L'homme finit par passer au milieu de ses semblables comme un naturaliste parmi les plantes et par se prendre
lui-même pour un phénomène à observer, qui n'excite fortement
que son instinct de connaissance.

255. *Superstition du simultané.*

Choses simultanées sont liées, croit-on. Un parent meurt au
loin, au même moment nous rêvons de lui, — vous voyez bien !
Mais d'innombrables parents meurent sans que nous rêvions
d'eux. C'est comme pour les naufragés qui font des vœux : plus
tard, au temple, on ne voit pas les ex-voto de ceux qui ont coulé.
— Quelqu'un meurt, un hibou ulule, une horloge s'arrête : et
vous voudriez qu'il n'y ait pas de rapport ? Pareille intimité avec
la nature, admise par ce pressentiment, flatte les hommes. — Ce
même genre de superstition se retrouve, sous une forme plus
raffinée, chez certains historiens et peintres de la civilisation,
qui sont en général atteints d'une sorte d'hydrophobie pour toutes les coïncidences absurdes dont abonde pourtant la vie des
individus et des peuples.

256. *Où on s'exerce par la science au pouvoir,*
non au savoir.

La valeur d'avoir pendant quelque temps pratiqué avec rigueur *une science exacte* ne réside pas précisément dans ses résultats : car ceux-ci, comparés à l'océan de ce qui vaut d'être su, n'en seront qu'une goutte infiniment petite. Mais on en retire un surcroît d'énergie, de logique déductive, de ténacité dans l'effort soutenu ; on a appris à atteindre un *but par des moyens adaptés à ce but*. C'est en ce sens qu'il est très précieux, en vue de tout ce que l'on fera plus tard, d'avoir été une fois dans sa vie homme de science[1].

257. *Charme juvénile de la science*[2].

La recherche de la vérité a pour l'instant gardé ce charme de contraster fortement en tous points avec l'erreur désormais décrépite et ennuyeuse ; ce charme va se perdant ; l'âge que nous vivons actuellement est encore, il est vrai, celui de la jeunesse de la science, et notre habitude est de suivre la vérité comme une belle fille ; mais vienne le jour où elle ne sera plus qu'une femme un peu trop mûre au regard acariâtre, qu'arrivera-t-il ? Dans presque toutes les sciences, les vérités de base ou bien n'ont été trouvées que tout récemment, ou bien se cherchent encore ; c'est là un moment tellement plus attrayant que celui où, l'essentiel ayant été entièrement découvert, il ne restera plus au chercheur qu'une piètre glane d'automne (sentiment avec lequel on peut se familiariser dans certaines disciplines historiques[3]).

258. *La statue de l'humanité.*

Le génie de la civilisation procède comme Cellini fondant sa statue de Persée : la matière en fusion menaçait de n'être pas suffisante, mais *il fallait* qu'elle le fût ; il y jeta donc plats et assiettes et tout ce qui lui tombait d'autre sous la main. Et notre génie jette de même à la fonte erreurs, vices, espoirs, illusions et autres choses de métal plus ou moins vil ou précieux, car il faut absolument que la statue de l'humanité sorte achevée du moule ; qu'importe la matière médiocre qu'on aura employée çà et là ?

259. *Une civilisation virile.*

La civilisation grecque de l'époque classique est une civilisation d'hommes. Pour ce qui est des femmes, Périclès[1] épuise le sujet en ces termes dans le Discours funèbre : leur plus grande qualité est que les hommes parlent le moins possible d'elles entre eux. — Les rapports érotiques entre hommes et adolescents furent, à un degré qui échappe à notre compréhension, l'unique et nécessaire condition de toute cette éducation virile (à peu près comme, chez nous, c'est à l'amour et au mariage que les femmes durent longtemps toute leur éducation un peu relevée) ; tout ce qu'il y avait d'idéalisme de la force dans la nature grecque se porta sur ces relations, et jamais jeunes gens ne furent sans doute traités avec autant de sollicitude, d'affection et d'absolu respect du meilleur d'eux-mêmes *(virtus)* qu'aux VIe et Ve siècles, — conformément, donc, à la belle maxime de Hölderlin : « Car c'est en aimant que le mortel donne le meilleur de soi. »[2] A mesure que l'on faisait plus grand cas de ces relations, le commerce avec les femmes tombait plus bas : rien d'autre n'y était pris en considération que le point de vue de la procréation et de la volupté ; il ne s'y trouvait ni commerce intellectuel, ni même amour véritable. Si l'on réfléchit encore que les femmes étaient exclues des jeux et spectacles de toutes sortes, il ne leur restait plus d'autre nourriture spirituelle un peu noble que les cultes religieux. — S'il est vrai pourtant que l'on jouait dans la tragédie les rôles d'Électre et d'Antigone, c'est justement que l'on *tolérait* la chose dans l'art quoiqu'on n'en voulût pas dans la vie : de même qu'aujourd'hui, nous ne supportons pas le moindre pathétique *dans la vie*, mais en aimons le spectacle dans l'art. — Les femmes n'avaient d'autre devoir que d'enfanter de beaux corps puissants où continuait à vivre, aussi intact que possible, le caractère paternel, et de combattre ainsi la surexcitation nerveuse qui prenait le dessus dans une civilisation aussi évoluée. C'est ce qui assura une jeunesse relativement longue à la civilisation grecque ; car le génie de la Grèce retrouvait toujours dans les mères grecques le chemin de la nature.

260. *Le préjugé en faveur de la grandeur.*

Les hommes surestiment visiblement tout ce qui est grand et éminent. Cela vient de leur certitude consciente ou inconsciente de trouver largement quelque utilité à ce qu'un individu applique toute sa force à un seul domaine et se transforme pour ainsi dire en un organe unique et monstrueux. Il est sûr et certain qu'un développement *équilibré* de ses forces offrira plus d'utilité et de bonheur à l'homme lui-même ; car tout talent est un vampire qui suce le sang et la sève des autres forces, et une production exagérée peut conduire l'être le mieux doué presque à la folie. Dans les arts aussi les natures extrêmes sollicitent beaucoup trop l'attention ; il faut pourtant une culture très réduite pour se laisser fasciner par elles. Les hommes se soumettent par habitude à tout ce qui prétend à la puissance.

261. *Les tyrans de l'esprit* [1].

Les seuls endroits où la vie des Grecs resplendit sont ceux où tombe le rayon du mythe ; ailleurs, elle est sombre. Or, justement, les philosophes grecs se privent de ce mythe : n'est-ce pas comme si, du soleil, ils voulaient passer à l'ombre, entrer dans l'obscurité ? Mais aucune plante ne fuit la lumière ; au fond, ces philosophes ne cherchaient qu'un soleil plus *éclatant*, le mythe n'était pas assez pur, assez lumineux à leurs yeux. Cette lumière, ils la trouvaient dans leur connaissance, dans ce que chacun d'eux appelait sa « vérité ». Mais, à l'époque, la connaissance brillait d'un plus grand éclat qu'aujourd'hui ; elle était encore jeune et ne savait pas grand-chose de toutes les difficultés et de tous les dangers de sa route ; elle pouvait encore espérer à ce moment-là gagner d'un bond le centre de l'Être même et résoudre de là l'énigme du monde. Ces philosophes avaient solidement foi en eux-mêmes comme en leur « vérité », et ils en écrasaient tous leurs voisins et devanciers ; chacun d'eux était, belliqueux et violent, un *tyran*. Il se peut que ce bonheur donné par la croyance en la possession de la vérité n'ait jamais été plus grand dans le monde, mais jamais non plus la dureté, l'arrogance, le côté tyrannique et mauvais de pareille croyance. Ils étaient des tyrans, autant dire cela même que tout Grec voulait être, et que chacun était dès qu'il le *pouvait*. Peut-être seul Solon fait-il exception ; il dit dans ses poèmes comment il a dédaigné la tyrannie personnelle. Mais il l'a fait par amour pour son œuvre, pour sa législation ; et être législateur est une forme de tyrannie sublimée. Parménide[1] aussi donna des lois, et sans doute Pythagore et Empédocle ; Anaximandre fonda une cité. Platon fut le désir incarné d'être le plus grand législateur et fondateur d'État philosophe ; il semble avoir terriblement souffert de cette réalisation manquée de son être, et vers la fin de sa vie son âme se remplit du fiel le plus noir. Plus la philosophie grecque allait perdant de sa puissance, plus elle souffrait intimement de ce fiel et de cette hargne ; quand les différentes sectes se mirent à défendre leurs vérités dans les rues, les âmes de tous ces prétendants de la Vérité étaient entièrement engorgées de jalousie et de bave, le poison de la tyrannie sévissait dans leur propre corps. Tous ces petits tyrans se seraient bien dévorés tout crus ; il n'était plus resté en eux la moindre étincelle d'amour, ni assez de plaisir de leur propre science. — A tout prendre, l'axiome que les tyrans meurent le plus souvent assassinés et que leur postérité a la vie courte s'applique aussi aux tyrans de l'esprit. Leur histoire est brève, pleine de violences, leur influence cesse brusquement. On peut dire de presque tous les grands Hellènes qu'ils semblent venus trop tard, ainsi d'Eschyle, de Pindare, de Démosthène, de Thucydide ; vienne la génération suivante, et c'en est fait pour toujours. C'est ce qu'il y a d'impétueux et d'inquiétant dans l'histoire grecque. Il est vrai qu'aujourd'hui l'on adore l'Évangile de la tortue. Penser en historien est, de nos jours, à peu près synonyme de croire que l'histoire s'est faite de tout temps suivant le principe : « le moins possible en le plus de temps possible ». Ah, l'histoire grecque va si vite ! Jamais plus on ne vécut avec une telle prodigalité, un telle démesure. Je n'arrive pas à me persuader que l'histoire des Grecs ait jamais pris ce cours *naturel* dont on lui fait une telle gloire. Ils avaient beaucoup trop de dons divers pour suivre pas à pas cette *progression continue* qui est celle de la tortue dans sa course avec Achille : cela même que l'on nomme évolution naturelle. Chez les Grecs, on avance vite, mais on décline aussi vite ; le mouvement de toute la machine est tellement accéléré qu'il suffit d'un caillou jeté dans ses rouages pour la faire sauter. Un de ces cailloux fut par exemple Socrate ; en une nuit fut anéantie l'évolution jusqu'alors si merveilleusement régulière, mais certes trop rapide, de la science philosophique[1]. Ce n'est pas une question oiseuse que de se demander si Platon, ayant échappé à l'envoûtement socratique, n'aurait pas trouvé un type plus élevé encore d'humanité philosophique, maintenant perdu pour nous à jamais. Le regard, plongeant dans les époques qui l'ont précédé, y voit comme un atelier où se sculptent semblables types. Les VIe et Ve siècles, eux, semblent pourtant promettre plus et mieux qu'ils n'ont eux-mêmes donné ; mais ils en sont restés à la promesse et à l'annonce. Et pourtant il n'est guère de perte plus lourde que celle d'un type, d'une *possibilité de vie philosophique* nouvelle et supérieure, ignorée jusqu'alors. Des types anciens, la plupart même sont mal connus de la tradition ; tous les philosophes de Thalès à Démocrite me semblent extraordinairement difficiles à caractériser ; mais réussir à recréer ces figures, c'est passer en revue les formes du type le plus pur et le plus puissant. Cette aptitude est rare, à vrai dire, elle faisait même défaut aux Grecs de l'époque tardive qui s'occupaient de connaître l'ancienne philosophie ; Aristote surtout semble n'avoir pas d'yeux pour voir quand il se trouve devant ces personnalités[2]. Et il semble ainsi que ces magnifiques philosophes aient vécu en vain, ou que tout leur destin n'ait été que de préparer les bataillons disputeurs et loquaces des écoles socratiques. Il y a là, je l'ai dit, une lacune, une rupture de l'évolution ; il a dû arriver quelque grand malheur, et la seule statue qui nous aurait donné à connaître le sens et le but de ces exercices de grande plastique aura été brisée ou manquée : ce qui s'est réellement produit est resté pour toujours le secret des ateliers. — Ce qui s'est passé chez les Grecs — tout grand penseur devenant un tyran du fait qu'il se croyait posses-seur de la vérité absolue, si bien que même l'histoire de l'esprit

a revêtu chez eux ce caractère de violence et de périlleuse préci-
pitation dont témoigne leur histoire politique —, cela n'a pas
suffi à épuiser ce genre d'événements : il s'en est produit beaucoup de semblables jusqu'aux époques les plus récentes, quoique de plus en plus rarement à mesure qu'on avance, et sans
presque plus rien aujourd'hui de cette conscience pure et naïve
des philosophes grecs. Car, en somme, la thèse opposée et le
scepticisme parlent de nos jours trop fort, trop net. La période
des tyrans de l'esprit est révolue. Sans doute, il y aura toujours
nécessairement une souveraineté dans les sphères de haute
culture, — mais cette souveraineté est désormais aux mains des
oligarques de l'esprit. Ils constituent, en dépit de leurs divisions
géographiques et politiques, une société solidaire dont les membres *se connaissent* et *se reconnaissent*, quelles que puissent être
les appréciations favorables ou défavorables mises en circula-
tion par l'opinion publique et les jugements des journalistes et
feuilletonistes qui agissent sur la masse. La supériorité intellectuelle, qui était source autrefois d'isolement et d'hostilité, crée
plutôt un *lien* maintenant : comment les individus pourraient-
ils s'affirmer eux-mêmes et suivre leur propre route à travers
les flots de la vie, nageant contre tous les courants, s'ils ne
voyaient vivre ici et là leurs pareils dans de pareilles conditions
et ne leur prenaient la main, dans leur combat aussi bien contre
le caractère ochlocratique de la demi-intelligence et de la demi-
culture que contre les tentatives éventuelles d'établir une tyrannie avec l'aide de l'action des masses ? Les oligarques sont nécessaires les uns aux autres, c'est entre eux qu'ils trouvent le meilleur
de leur joie, ils comprennent les marques qui les distinguent
— mais chacun d'eux est libre néanmoins, il combat et triomphe à son rang, choisissant de périr plutôt que de se soumettre.

262. *Homère* [1].

Le fait le plus important de la culture grecque reste toujours
le rayonnement si précoce d'Homère sur tout le monde hellénique. Toute la liberté intellectuelle et humaine atteinte par les
Grecs se ramène à ce fait. Mais il a été en même temps la fata-
lité propre de la culture grecque, car Homère lui enleva sa pro-

fondeur en tirant tout à lui, et il tua le grand sérieux des instincts d'indépendance. De temps en temps, le tréfonds de l'âme
hellénique élevait bien sa protestation contre Homère ; mais c'est
toujours lui qui restait vainqueur. A côté de leur influence libératrice, toutes les grandes puissances spirituelles en exercent une
autre, opprimante ; il y a toutefois une différence, assurément,
selon que c'est Homère, ou la Bible, ou la science qui tyrannise
les hommes.

263. *Dons naturels.*

Dans une humanité aussi supérieurement évoluée qu'est la
nôtre, tout le monde reçoit de la nature la possibilité d'accéder
à de nombreux talents. Chacun a un *talent inné*, mais rare est
celui auquel la nature et l'éducation confèrent ce degré de ténacité, d'endurance, d'énergie, qui lui permettra de devenir réellement un talent, donc de *devenir ce qu'il est* [1], c'est-à-dire de
s'en décharger en œuvres et en actes.

264. *L'homme d'esprit ou surfait ou déprécié.*

Des personnes étrangères à la science, mais bien douées, appré-
cient tout ce qui dénote l'esprit, peu importe qu'il soit dans le
vrai ou fasse fausse route ; elles veulent avant tout que quiconque
les fréquente les entretienne agréablement par leur esprit, les
aiguillonne, les enflamme, les entraîne à la gravité comme à la
plaisanterie, et en tout cas leur serve de très puissante amulette
contre l'ennui. Les natures scientifiques savent au contraire que
le don de pétiller d'idées doit être on ne peut plus sévèrement
bridé par l'esprit de la science ; le fruit que celui-ci désire faire
tomber de l'arbre de la connaissance, ce n'est pas ce qui brille
et séduit par ses dehors, mais bien la vérité souvent dénuée
d'apparence. Il peut, comme Aristote, ne pas faire de différence
entre « l'ennuyeux » et « le spirituel », son démon le mène par
le désert aussi bien qu'à travers la végétation tropicale afin qu'en
tous lieux il trouve plaisir au réel seul, au solide, au vrai. — Il
en résulte, chez les savants sans envergure, un certain mépris,

une suspicion à l'égard de l'homme d'esprit en général, et il y a souvent, en revanche, des esprits brillants qui éprouvent de la répulsion pour la science : comme par exemple presque tous les artistes.

265. *La raison dans l'enseignement* [1].

L'école n'a pas de tâche plus importante que d'enseigner la rigueur de la pensée, la prudence du jugement, la logique du raisonnement : aussi doit-elle faire abstraction de tout ce qui ne saurait servir à ces opérations, la religion par exemple. Elle peut même compter que la confusion, l'accoutumance et le besoin humains reviendront détendre plus tard et malgré tout l'arc d'une pensée trop tendue. Mais, aussi longtemps que son influence s'exerce, son devoir est de provoquer l'éclosion de ce que l'homme a d'essentiel et de distinctif : « la raison et la science, vertus *suprêmes* de l'homme [2] » — au jugement de Gœthe en tout cas. — Le grand naturaliste von Baer trouve la supériorité de tous les Européens, par rapport aux Asiates, dans l'aptitude acquise à donner des raisons de ce qu'ils croient, ce dont les autres sont tout à fait incapables. L'Europe s'est mise à l'école de la pensée logique et critique, l'Asie ne sait toujours pas distinguer entre vérité et poésie, ni se rendre clairement compte si ses convictions procèdent de l'observation personnelle et de la pensée conséquente ou bien de pures imaginations. — C'est la raison dans l'enseignement qui a fait de l'Europe ce qu'elle est : au moyen âge, elle prenait le chemin de redevenir une province, une annexe de l'Asie, — c'est-à-dire de perdre l'esprit scientifique qu'elle devait aux Grecs.

266. *Que l'on sous-estime les résultats de l'enseignement du lycée.*

On cherche rarement la valeur du lycée dans les choses que l'on y apprend vraiment et dont il nous enrichit pour la vie, mais au contraire dans celles que l'on y enseigne et que l'écolier ne s'assimile qu'à contrecœur pour s'en débarrasser aussi vite qu'il le peut. Telle qu'elle est pratiquée partout — cela, tout esprit cultivé l'accordera —, la lecture des classiques est une routine monstrueuse : devant des jeunes gens qui ne sont mûrs sous aucun rapport pour l'entendre, elle est faite par des professeurs dont chaque parole, dont la figure même suffit à noyer un bon auteur sous la poussière. Mais là est justement la valeur que l'on méconnaît ordinairement, — c'est que ces professeurs parlent *la langue abstraite de la grande culture,* lourde et ardue à comprendre telle quelle, mais gymnastique supérieure du cerveau ; c'est que dans cette langue paraissent constamment des notions, des termes techniques, des méthodes, des allusions que ces jeunes gens n'entendent presque jamais dans la conversation de leurs familles ni dans la rue. Quand les écoliers ne feraient qu'*entendre*, leur intelligence s'en trouve automatiquement préadaptée à une forme scientifique de pensée. Il n'est pas possible de sortir de cette discipline en pur enfant de la nature, entièrement vierge d'abstraction.

267. *Apprendre plusieurs langues* [1].

Apprendre plusieurs langues remplit la mémoire de mots au lieu de faits et d'idées, alors que celle-ci est un récipient qui ne peut, pour un individu donné, recevoir qu'une quantité nettement limitée de matières. Apprendre plusieurs langues a encore ce côté dommageable de porter à croire que l'on a des capacités, et aussi bien de conférer effectivement un certain prestige de séduction dans le commerce des hommes ; puis aussi, indirectement, de s'opposer à l'acquisition de connaissances solides et au ferme propos de mériter honnêtement l'estime des gens. Enfin, c'est la hache portée à la racine même de ce sentiment linguistique autrement délicat que l'on a pour sa langue maternelle : il en est inguérissablement lésé et ruiné. Les deux peuples qui ont donné naissance aux plus grands stylistes, les Grecs et les Français, n'apprenaient pas les langues étrangères. — Mais comme le commerce des hommes prend fatalement un tour de plus en plus cosmopolite, et qu'un bon négociant de Londres, par exemple, est d'ores et déjà tenu de se faire comprendre en huit langues, tant oralement que par écrit, il faut bien avouer

que l'étude de plusieurs langues est un *mal* nécessaire ; mais un
mal qui finira, arrivant au paroxysme, par forcer l'humanité
à trouver un remède ; et dans un avenir lointain, indéterminé,
il y aura pour tout le monde une langue nouvelle, langue
commerciale d'abord, ensuite langue généralisée du commerce
intellectuel, aussi sûrement qu'il existera un jour une naviga-
tion aérienne. Sinon, pourquoi la linguistique aurait-elle étudié
pendant un siècle les lois du langage, et évalué ce qu'il y a de
nécessité, de valeurs, de réussites, dans chacune des langues !

268. *Sur l'histoire guerrière de l'individu.*

Dans une seule vie d'homme qui passe par plusieurs stades
de culture, nous trouvons ramassée la lutte qui se livre norma-
lement entre deux générations, entre le père et le fils ; l'étroitesse de la parenté *aggrave* cette lutte parce que chacun des partis
y jette sans ménagement la vie intérieure de l'autre, qu'il connaît
si bien ; et c'est ainsi dans l'individu pris à part que cette lutte
sera le plus acharnée ; chaque phase nouvelle, dans ce cas, passe
sur les précédentes avec cette injustice cruelle qui en méconnaît
les moyens et les fins.

269. *Avec un quart d'heure d'avance*[1].

Il arrive de trouver quelqu'un que ses idées placent au-dessus
de son temps, mais tout juste assez pour anticiper sur les idées
vulgaires des quelque dix ans à venir. Il détient l'opinion publique avant qu'elle ne soit publique, c'est-à-dire : il a, un quart
d'heure avant les autres, embrassé une opinion qui mérite de devenir triviale. D'habitude, pourtant, sa gloire est beaucoup plus
éclatante que celle des hommes réellement grands et supérieurs.

270. *L'art de lire.*

Toute tendance fortement marquée est bornée ; elle se rapproche dans sa direction de la ligne droite et, comme celle-ci, est

exclusive, c'est-à-dire n'épouse pas une quantité d'autres directions comme le font les partis et les natures faibles dans leurs oscillations ondulatoires ; si les philologues sont exclusifs, il faut donc le leur passer aussi. La restitution et la conversation des textes, ainsi que leur explication, poursuivies pendant des siècles au sein d'une corporation, auront finalement permis de trouver aujourd'hui les bonnes méthodes ; tout le moyen âge fut radicalement incapable d'une explication strictement philologique, c'est-à-dire du pur et simple désir de comprendre ce que dit l'auteur, — ce fut tout de même quelque chose que de trouver ces méthodes, il ne faut pas le sous-estimer ! Toutes les sciences n'ont acquis de continuité et de stabilité que du moment où l'art de bien lire, c'est-à-dire la philologie, est parvenu à son apogée.

271. *L'art de raisonner* [1].

Le plus grand progrès qu'aient fait les hommes consiste à avoir appris à *raisonner correctement*. Ce n'est pas là chose aussi naturelle que le suppose Schopenhauer lorsqu'il dit : « Tout le monde est capable de raisonner, fort peu de gens de juger » [2], mais bien chose tardivement acquise et encore loin d'avoir établi son autorité. Aux temps anciens, le raisonnement faux est la règle : et les mythologies de tous les peuples, leur magie et leur superstition, leur culte religieux, leur droit, sont des mines inépuisables de preuves à l'appui de cette proposition.

272. *Phases de la culture individuelle* [3].

La force et la faiblesse de la productivité intellectuelle ne dépendent pas tellement, il s'en faut, des dons naturels hérités que de la quantité d'*énergie* reçue à la naissance. Arrivés à trente ans, la plupart des jeunes gens cultivés reviennent sur leurs pas à partir de ce précoce solstice de leur vie et perdent dès lors le goût de nouvelles orientations intellectuelles. Aussi une culture qui ne cesse de s'accroître a-t-elle aussitôt besoin pour son salut d'une nouvelle génération, qui pourtant ne progressera guère non plus : car, pour *rattraper* la culture de son père, le fils sera obligé de

dépenser presque toute l'énergie héritée que possédait justement
son père à ce moment de sa vie où il l'a engendré ; c'est ce petit
excédent qui lui permet d'aller plus loin (faisant la route une
deuxième fois, on avance un peu plus vite ; le fils, pour apprendre
exactement ce que savait son père, ne consomme pas tout à fait
autant de force). Des hommes très riches d'énergie, comme par
exemple Gœthe[1], parcourent à eux seuls autant de chemin qu'en
pourront tout juste faire quatre[2] générations à la suite ; mais aussi
ils avancent trop vite, tant et si bien que les autres ne les rejoin-
dront qu'au siècle suivant, peut-être même pas complètement, du
fait que ces fréquentes interruptions ont affaibli l'unité de la culture, la continuité de son évolution. — Quant aux phases norma-
les de la culture intellectuelle acquise au cours de l'histoire de
l'humanité, les hommes les franchissent de plus en plus vite les unes
après les autres. Actuellement, ils commencent par aborder la culture par les émotions religieuses de l'enfance, et vers dix ans ils
auront poussé ces sentiments à leur plus haut degré de chaleur, pour
passer ensuite à des formes atténuées (panthéisme) en se rappro-
chant de la science ; ils laissent Dieu, l'immortalité et autres choses
du même genre très loin derrière eux, mais pour succomber aux
prestiges d'une philosophie métaphysique. Celle-ci finit aussi par
leur paraître indigne de créance ; l'art, au contraire, semble leur
offrir toujours davantage, si bien que pour quelque temps il ne reste
et ne survit plus guère de la métaphysique que ce qui peut s'en méta-
morphoser en art, ou alors un état d'âme porté aux transfigura-
tions esthétiques. Mais l'esprit scientifique devient de plus en plus
impérieux et conduit l'homme fait aux sciences naturelles, à l'histoire, et surtout aux méthodes de connaissance les plus rigoureuses, tandis que l'art se voit attribuer une importance de plus en plus
bénigne et effacée. De nos jours, tout cela occupe d'ordinaire les
trente premières années d'une vie. C'est la récapitulation d'une tâche
à laquelle l'humanité a consacré trente mille ans peut-être d'un travail épuisant.

273. *Revenir, mais non pas rester en arrière.*

   Celui qui, de nos jours, a encore des sentiments religieux pour
point de départ de son développement et continue peut-être à

vivre par la suite un certain temps dans la métaphysique[1] et
l'art, il est certain qu'il a pris une bonne longueur de recul et
qu'il commence sa course avec les autres hommes modernes dans
des conditions défavorables : il perd apparemment du terrain
et du temps. Mais du fait qu'il s'est attardé dans ces royaumes
où se libèrent ardeur et énergie, où un torrent volcanique de puissance ne cesse de jaillir à flots d'une source intarissable, il ne
progressera que plus vite dès le moment où il sera coupé à temps
de ces royaumes ; son pied est ailé, sa poitrine a appris à respi-
rer plus calmement, d'un souffle plus long, plus endurant.
— Il n'a fait que reculer pour avoir assez d'espace avant de sauter : il peut ainsi y avoir même quelque chose de terrible, de
menaçant dans ce recul.

274. *Une section de notre Moi traitée en objet d'art*[2].

C'est un signe de culture supérieure que de prendre conscience
de certaines phases d'évolution que les personnes de moindre
intelligence subissent presque sans y penser et effacent ensuite
du tableau de leur âme, que de les fixer et en tracer une image
fidèle : car c'est là le genre de peinture le plus haut, que bien
peu seulement entendent. Il est pour cela nécessaire d'isoler ces
phases artificiellement. Les études historiques développent l'aptitude à cette sorte de peinture, elles qui, à propos d'une tranche
d'histoire, de la vie d'un peuple ou d'un individu, nous invitent
constamment à nous représenter un horizon de pensées bien
défini, une force déterminée de sentiments, la prédominance de
ceux-ci, le recul de celles-là. Être capable de reconstruire rapidement, à partir de certaines données, de tels systèmes d'idées
et de sentiments, comme on reconstitue la vue d'un temple
d'après quelques colonnes et pans de murs restés debout par
hasard, c'est en cela que consiste le sens historien[3]. Il a pour
premier résultat de nous faire comprendre nos semblables comme
autant de ces systèmes bien définis, en représentants de cultures diverses, c'est-à-dire comme autant de nécessités, mais varia-
bles. Et, en retour, de nous mettre à même d'isoler certains
secteurs de notre propre évolution pour leur donner une place
à part.

275. *Cyniques et épicuriens.*

Le cynique se rend compte du lien qui existe entre les souf-frances multipliées et intensifiées du civilisé supérieur et la foule de ses besoins ; il comprend donc que pareille quantité d'opi-nions sur le beau, le convenable, le bienséant, le plaisant, ne peut que faire jaillir d'aussi abondantes sources de jouissance que de déplaisir. Conformément à ces vues, il choisit de régres-ser, en renonçant à beaucoup de ces opinions, et se soustrayant à certaines exigences de la civilisation : il y gagne un sentiment de liberté et de force accrue ; et peu à peu, au fur et à mesure que l'habitude lui rend supportable son genre de vie, il a en fait des sentiments de déplaisir plus rares et plus faibles que les civi-lisés, et se rapproche de l'animal domestique ; en outre, il sent toutes choses avec le piquant du contraste, et puis... il peut aussi pester à cœur joie ; grâce à quoi il se hausse derechef au-dessus du monde des sensations animales. — L'épicurien a le même point de vue que le cynique ; il n'y a d'ordinaire entre eux qu'une différence de tempérament. Puis, l'épicurien se sert de sa grande culture pour se rendre indépendant des opinions régnantes ; il s'élève au-dessus de celles-ci tandis que le cynique se cantonne dans la négation. Il se promène comme par des allées de douce pénombre, bien protégées à l'abri des souffles, tandis que sur sa tête mugissent dans le vent les cimes des arbres, qui lui tra-hissent de quelle violence le monde est agité au-dehors[1]. Le cynique, au contraire, s'en va pour ainsi dire nu dehors, de-ci de-là dans les rafales, et s'y endurcit jusqu'à perdre le sentiment.

276. *Microcosme et macrocosme de la civilisation*[2].

Les meilleures découvertes sur la civilisation, l'homme les fait en lui-même, quand il y trouve à l'œuvre deux puissances hété-rogènes. A supposer que quelqu'un vive aussi intensément pour l'amour des arts plastiques et de la musique qu'il est transporté par l'esprit de la science, et qu'il se rende compte de l'impossi-bilité de lever cette contradiction par l'anéantissement de l'une de ces puissances et le libre et plein épanouissement de l'autre, il ne lui restera plus qu'à faire de lui-même un monument de culture assez vaste pour que ces deux puissances puissent y habiter, ne serait-ce qu'à des extrémités opposées, cependant que seront logées entre elles d'autres puissances, médiatrices et conciliatrices, disposant d'une force prépondérante pour aplanir en cas de nécessité le conflit venu à éclater. Or, ce monument de culture individuel et personnel aura la plus grande ressemblance avec l'édifice de la civilisation de périodes entières et fournira par analogie une suite ininterrompue d'enseignements à ce sujet. Car, partout où s'est développée la grande architecture de la civilisation, sa tâche fut de contraindre à s'accorder les puissances en conflit, en regroupant de manière à leur assurer la suprématie les autres puissances moins irréconciliables, sans pour autant opprimer ni enchaîner les premières.

277. *Bonheur et culture.*

La vue des paysages de notre enfance nous bouleverse : le pavillon dans son jardin, l'église avec ses tombes, l'étang et la forêt, — nous ne revoyons jamais ces choses que l'âme en deuil. Nous nous prenons de pitié pour nous-mêmes, car depuis lors, par quelles souffrances ne sommes-nous point passés ! Et voici toutes choses demeurées si sereines, si éternelles ; nous seuls avons tellement changé, sommes tellement émus ; nous retrouvons même certaines personnes sur lesquelles le temps n'a *pas plus* exercé sa dent que sur un chêne : paysans, pêcheurs, forestiers... ce sont les mêmes. — L'émotion, la pitié de soi-même ressenties en présence d'une culture inférieure sont des marques de culture supérieure ; d'où il ressort que cette culture n'a toujours pas accru le bonheur. Qui attend de la vie une moisson de bonheur et de bien-être, celui-là justement n'aura qu'à prendre un autre chemin que celui de la culture supérieure.

278. *Analogie de la danse.*

Il faut actuellement considérer comme un indice capital de grande culture la possession de cette force et de cette souplesse qui permettent aussi bien d'être honnête et rigoureux dans la connaissance que capable, à d'autres moments, de donner pour ainsi dire cent pas d'avance à la poésie, à la religion, à la métaphysique, et d'en ressentir la puissance et la beauté. Pareille position entre deux exigences si différentes est très difficile, car la science tend à une domination absolue de sa méthode, et si cette tendance n'est pas satisfaite, un autre danger en procède, celui d'hésiter en balançant entre diverses impulsions. Cependant, pour ouvrir au moins par une comparaison quelque perspective sur la solution de cette difficulté, on voudra bien se rappeler que la danse ne se réduit pas à un vague va-et-vient chancelant entre diverses impulsions. C'est à une danse hardie que ressemblera la haute culture : il y faut donc, comme je l'ai dit, beaucoup de force et d'agilité.

279. *De l'allégement de la vie*[1].

Un des grands moyens de se rendre la vie plus légère est d'en idéaliser tous les événements; il convient toutefois de demander à la peinture une idée claire de ce que c'est qu'idéaliser. Le peintre exige du spectateur qu'il n'y regarde pas de trop près, avec trop d'acuité, il le force à prendre un certain recul pour considérer son œuvre de loin; il est obligé de supposer une distance déterminée entre le spectateur et le tableau; il lui faut même admettre chez le spectateur un degré tout aussi déterminé d'acuité visuelle; la moindre hésitation lui est interdite en ces matières[2]. Quiconque veut idéaliser sa vie devra donc ne pas chercher à la voir trop en détail, et forcer toujours son regard à reculer à une certaine distance. Cet artifice, un Gœthe, par exemple, s'y entendait très bien.

280. *Où ce qui accable soulage, et inversement.*

Bien des choses qui, à certains niveaux d'humanité, alourdissent le fardeau de la vie, à un niveau plus élevé servent de soulagement, parce que les hommes de ce niveau ont appris à connaître de plus accablants fardeaux. Il se produit aussi l'inverse : c'est ainsi que la religion, par exemple, a un double visage, suivant que l'on élève son regard vers elle pour se décharger de son faix et de sa détresse, ou bien que l'on baisse le regard sur elle comme sur les fers où l'on vous a mis pour vous empêcher de monter trop haut en plein ciel.

281. *La haute culture est nécessairement incomprise.*

Qui n'a tendu que deux cordes sur son instrument, comme les savants qui n'ont, en plus de *l'instinct de la connaissance*, qu'un instinct religieux acquis, celui-là ne comprend pas les hommes qui savent jouer sur d'autres cordes encore. Il est de l'essence de cette culture supérieure *à plusieurs cordes* d'être toujours mal comprise par la culture inférieure ; comme il arrive, par exemple, chaque fois que l'art est pris pour une forme déguisée de religiosité. Certaines gens, qui n'ont que de la religion, vont même jusqu'à voir dans la science elle-même la recherche d'une émotion religieuse, tout comme les sourds-muets ignorent ce qu'est la musique, en dehors d'un mouvement visible.

282. *Lamentation* [1].

Ce sont peut-être les avantages de notre époque qui entraînent un recul et, à l'occasion, une dépréciation de la *vita contemplativa*. Mais il faut bien s'avouer que notre temps est pauvre en grands moralistes, que Pascal, Épictète, Sénèque, Plutarque ne sont plus guère lus, que le travail et le zèle (qui faisaient autrefois partie de la suite de la grande déesse **Santé**) semblent parfois sévir comme une maladie. Comme le temps de penser et le calme de la pensée manquent également, on ne pèse plus les opinions qui s'écartent de la règle : on se contente de les haïr. L'accélération monstrueuse de la vie habitue l'esprit et le regard à une vision, à un jugement partiels ou faux, et tout le monde ressemble aux voyageurs qui font connaissance avec les pays et les gens sans quitter le chemin de fer. Une attitude indépendante et circonspecte dans la recherche du vrai est quasiment jugée une sorte de folie, le libre penseur[1] se voit décrié, surtout par des savants affligés de ne pas retrouver leur méticulosité foncière et leur affairement d'abeilles dans son art de considérer les choses, et qui aimeraient bien l'exiler dans un coin isolé de la science : alors qu'il a, lui, la tâche toute différente et plus élevée de commander, de sa position à l'écart, le ban et l'arrière-ban des savants et des érudits et de leur montrer les voies et les buts de la culture. — Une lamentation comme celle que l'on vient d'entendre aura sans doute un jour fait son temps et se taira alors d'elle-même, quand le génie de la méditation sera revenu dans toute sa puissance.

283. *Le grand défaut des hommes d'action*[2].

Ce qui fait ordinairement défaut aux hommes d'action, c'est l'activité supérieure, j'entends l'activité individuelle. Ils agissent en qualité de fonctionnaires, négociants, savants, c'est-à-dire de représentants d'une espèce, et non point en êtres uniques, doués d'une individualité bien définie; sous ce rapport-là, ce sont des paresseux. — C'est le malheur des hommes d'action que leur activité soit presque toujours quelque peu déraisonnable. On ne saurait demander, par exemple, au banquier qui thésaurise, le but de son activité acharnée : elle est dénuée de raison. Les hommes d'action roulent comme roule la pierre, conformément à l'absurdité de la mécanique.[3] — Tous les hommes, c'est vrai de nos jours comme ce le fut de tout temps, se divisent en esclaves et êtres libres; car celui qui, de sa journée, n'a pas les deux tiers à soi est un esclave, qu'il soit au demeurant ce qu'il voudra : homme d'État, marchand, fonctionnaire, savant.

284. *En faveur des oisifs*[1].

Signe que le prix de la vie contemplative a baissé, les savants rivalisent si bien aujourd'hui avec les hommes d'action dans une sorte de jouissance active qu'ils semblent estimer plus haut cette manière-là de jouir que celle qui leur convient proprement et qui tient davantage, en fait, de la jouissance. Les savants ont honte de l'*otium*. C'est pourtant une noble chose que loisir et musardise. — S'il est vrai que l'oisiveté est *mère* de tous les vices, elle se trouve au moins ainsi au plus près de toutes les vertus; le désœuvré, toujours, l'emporte comme homme sur l'affairé. — Mais par loisir et oisiveté, ce n'est tout de même pas vous qui allez vous sentir visés, ô paresseux?...

285. *L'inquiétude moderne*[2].

En allant vers l'ouest, l'agitation moderne ne cesse de grandir, au point qu'aux yeux des Américains les habitants de l'Europe font tous figure d'êtres amis du repos et du plaisir, alors qu'ils se démènent tout de bon comme abeilles et guêpes aux vols enchevêtrés. Cette agitation s'accroît tellement que la haute culture n'a plus le temps de mûrir ses fruits; c'est comme si les saisons se succédaient trop rapidement. Faute de quiétude, notre civilisation aboutit à une nouvelle barbarie. A aucune époque, les hommes d'action, c'est-à-dire les agités, n'ont été plus estimés. L'une des corrections nécessaires qu'il faut entreprendre d'apporter au caractère de l'humanité sera donc d'en fortifier dans une large mesure l'élément contemplatif[3]. Mais d'ores et déjà, tout individu qui possède le calme et la fermeté du cœur et de l'esprit a le droit de croire qu'il a non seulement un bon tempérament, mais bien une vertu d'intérêt général, et qu'il remplit même une noble tâche en sauvegardant cette vertu.

286. *En quoi l'homme d'action est paresseux*[1].

Je crois que, sur toute chose où il existe une possibilité d'opinion, tout homme doit avoir une opinion personnelle, étant lui-même une chose singulière et unique qui occupe, par rapport à toutes les autres, une situation neuve et originale. Mais la paresse, qui tient l'homme d'action tout au fond de l'âme, l'empêche de puiser l'eau à sa propre source[2]. — Il en va de la liberté des opinions comme de la santé : individuelles toutes deux, on ne saurait pour aucune établir de règle générale. Ce qui est nécessaire à tel individu pour sa santé est déjà pour tel autre une cause de maladie, et beaucoup de voies et de moyens menant à la liberté de l'esprit peuvent ne représenter, pour des natures d'un niveau supérieur d'évolution, que des voies et moyens de manquer la liberté.

287. *Censor vitae.*

L'alternance d'amour et de haine caractérise pendant long-temps les dispositions intérieures de l'homme qui veut arriver à la liberté dans son jugement sur la vie ; il n'oublie rien et porte tout au compte des choses, le bien et le mal. A la fin, ses expériences ayant entièrement écrit le tableau de son âme, il aura cessé de mépriser et haïr l'existence, sans l'aimer non plus, pour se tenir au-dessus, avec un regard tantôt de joie, tantôt de tristesse, et des sentiments, comme la nature, accordés tantôt à l'été et tantôt à l'automne.

288. *Coup double.*

Qui veut sérieusement se libérer y perdra du même coup, sans la moindre contrainte, ses penchants défectueux et vicieux ; ses accès de colère et de dépit se feront aussi de plus en plus rares. C'est que sa volonté ne désirera rien plus instamment que la connaissance et le moyen d'y arriver, c'est-à-dire cet état durable dans lequel il sera le plus apte à connaître[3].

289. *Vertu de la maladie*[1].

Il peut arriver au malade couché dans son lit de découvrir que, le reste du temps, il est malade de son emploi, de ses affaires ou de sa société, et qu'il y a perdu toute conscience claire de soi : il tire cette sagesse du loisir même où le contraint sa maladie.

290. *Impression champêtre.*

Quand on n'a pas de lignes nettes et paisibles à l'horizon de sa vie, comme en ont montagnes et forêts, la volonté de l'homme se fait inquiète au plus profond d'elle-même, distraite et avide comme une âme de citadin : il n'a ni ne donne le bonheur.

291. *Prudence des esprits libres*[2].

Les hommes d'esprit libre, qui ne vivent que pour la connaissance, auront tôt fait de parvenir au but extérieur de leur existence, à leur position définitive vis-à-vis de la société et de l'État ; ils se déclareront volontiers satisfaits, par exemple, d'un petit emploi ou d'un avoir tout juste suffisant pour vivre ; car ils s'arrangeront pour vivre de manière telle qu'un grand changement des finances publiques, voire même un bouleversement de l'ordre politique, n'entraîne pas en même temps leur propre ruine. Toutes ces choses, ils leur consacrent aussi peu que possible de leur énergie, afin de plonger avec toutes leurs forces rassemblées, et comme toute la longueur de leur souffle, dans l'élément de la connaissance. C'est ainsi qu'ils peuvent espérer descendre assez bas et peut-être aussi voir jusqu'au fond. — Un tel esprit se plaira, d'un événement, à ne prendre qu'un pan, il n'aime pas les choses dans toute l'ampleur et la prolixité de leur drapé : car il ne veut pas s'embrouiller dans ses plis. — Lui aussi connaît les jours de semaine, absence de liberté, dépendance, servitude. Mais il lui faut de temps en temps voir arriver un dimanche de liberté, sinon il ne supportera pas la vie.

— Il est probable que même son amour des hommes sera prudent et de souffle un peu court, car il entend ne se commettre
avec le monde des inclinations et de l'aveuglement qu'autant
qu'il le faut en vue de la connaissance. Il ne peut que s'en remettre au Génie de la Justice pour plaider quelque peu en faveur
de son disciple et protégé si des voix accusatrices venaient à le
dire pauvre d'amour. — Il y a dans sa manière de vivre et de
penser un *héroïsme raffiné* qui dédaigne de s'offrir, comme son
frère plus grossier, à la vénération des foules, et traverse le monde
aussi silencieusement qu'il en sort. Par quelques labyrinthes qu'il
passe, entre quelques rochers que son cours ait souffert de
s'encaisser parfois, dès qu'il vient au jour il reprend sa course
limpide, légère et presque sans bruit, et laisse les rayons du soleil
se jouer jusque dans sa profondeur.

292. *En avant* [1].

Et allons donc, en avant sur la voie de la sagesse, d'un bon
pas, en toute confiance ! Qui que tu sois, sers-toi de cette source
d'expérience que tu es à toi-même ! Jette par-dessus bord le
mécontentement qui te vient de ton être, pardonne-toi ton propre Moi, car tu tiens en toi-même, dans tous les cas, une échelle
à cent degrés par lesquels tu peux t'élever à la connaissance. Le
siècle dans lequel tu t'affliges de te sentir jeté te proclame heureux d'avoir cette chance ; il te crie qu'il t'échoit encore une part
d'expériences dont les hommes d'autres temps devront sans doute
se passer. Ne fais point fi d'avoir encore été religieux ; découvre tout le sens d'avoir encore eu authentiquement accès à
l'art [2]. Ne tiens-tu pas justement de ces expériences le pouvoir
de refaire, en les comprenant mieux, d'immenses étapes de
l'humanité qui t'a précédé ? N'est-ce pas justement sur ce sol
qui te déplaît tant parfois, sur ce terrain de la pensée impure,
qu'ont poussé les plus beaux fruits de notre ancienne civilisation ? Il faut avoir aimé la religion et l'art comme on fait une
mère et une nourrice, — il n'est point sinon de sagesse. Mais
il faut voir plus loin qu'eux, pouvoir leur échapper par le haut ;
rester sous leur charme envoûtant serait ne pas les comprendre.
L'histoire, de même, doit t'être familière, et le jeu prudent avec

les plateaux de la balance : « d'un côté... de l'autre. »[1] Reviens sur tes pas, marche sur les traces dont l'humanité a marqué sa grande et douloureuse pérégrination à travers le désert du passé : c'est ainsi que tu seras le plus sûrement instruit de la direction dans laquelle l'humanité future ne pourra ou ne devra plus revenir. Et cependant que tu tendras de toutes tes forces à discerner par anticipation comment le nœud de l'avenir est encore en train de se nouer, ta propre vie en prendra valeur d'instrument et de moyen de connaissance. Tu détiens le pouvoir d'obtenir que tous les moments de ta vie : tentatives, erreurs, fautes, illusions, passions, ton amour et ton espérance s'intègrent parfaitement au but que tu lui as fixé. Ce but est de devenir toi-même une chaîne nécessaire d'anneaux de civilisation, et de conclure de cette nécessité à celle de la marche de la civilisation universelle. Quand ton regard sera assez vigoureux pour plonger au fond du puits ténébreux de ton être et de ta connaissance, il se peut aussi que t'apparaissent dans sa nappe miroitante les constellations lointaines des civilisations à venir. Crois-tu qu'une telle vie orientée vers un tel but soit trop pénible, trop dénuée de tout agrément ? C'est qu'alors tu n'as pas encore appris qu'il n'est de miel plus doux que celui de la connaissance, et que le jour se lèvera où les nuées traînantes de l'affliction seront aussi la mamelle d'où tu tireras le lait de ton réconfort[2]. Que l'âge vienne, et alors tu saisiras vraiment que tu as écouté la voix de la nature, de cette nature qui gouverne le monde entier par le plaisir : la même vie qui culmine dans la vieillesse culmine aussi dans la sagesse, dans la douce clarté de ce soleil, la joie constante de l'esprit ; l'âge et la sagesse, c'est sur une seule et même crête de la vie que tu les rencontreras ensemble, ainsi l'a voulu la nature. Alors il sera temps, mais non point pour t'en courroucer, que s'approchent les brouillards de la mort. Un élan vers la lumière — ton dernier geste ; une ovation à la connaissance — ton dernier souffle.

VI

L'homme en société

293. *Dissimulation bienveillante.*

On a souvent besoin, dans le commerce des hommes, d'une dissimulation bienveillante par laquelle on feint de ne pas percer à jour les motifs de leur conduite.

294. *Copies.*

Il n'est pas rare de rencontrer des copies d'hommes supérieurs ; et comme pour les tableaux, ces copies plaisent à la plupart des gens davantage que les originaux.

295. *L'orateur* [1].

On peut tenir des discours plus que pertinents, et tels pourtant que tout le monde se récrie comme s'ils ne l'étaient pas : c'est le cas chaque fois que l'on ne s'adresse pas à tout le monde.

296. *Manque d'intimité.*

Le manque d'intimité entre amis est un défaut que l'on ne peut blâmer sans le rendre inguérissable.

297. *Sur l'art de donner*[1].

Être obligé de refuser un don, simplement parce qu'il n'a pas été offert de la bonne façon, aigrit contre le donneur.

298. *Le partisan le plus dangereux.*

Il y a dans tout parti un homme qui, en propageant avec trop de foi les principes du parti, pousse les autres à la défection.

299. *Le malade et ses conseilleurs.*

Qui donne des conseils à un malade y gagne, qu'ils soient reçus ou rejetés, un sentiment de supériorité sur lui. C'est pourquoi les malades fiers et susceptibles haïssent leurs conseilleurs plus encore que leur maladie.

300. *Les deux espèces d'égalité.*

Le besoin d'égalité peut se manifester en ce que l'on cherche soit à rabaisser tous les autres à son niveau (en les dépréciant, les ignorant, leur tendant des pièges), soit à s'élever en même temps qu'eux (en leur rendant justice, les aidant, se réjouissant des réussites d'autrui).

301. *Contre l'embarras.*

Le meilleur moyen de venir en aide aux gens très embarrassés, et de les rassurer, consiste à les louer résolument.

302. *Prédilection pour certaines vertus.*

Avant d'attribuer une valeur particulière à la possession de quelque vertu, il nous faut en constater l'absence complète chez l'adversaire.

303. *Pourquoi l'on contredit.*

On contredit souvent une opinion alors que l'on n'éprouve vraiment d'antipathie que pour le ton sur lequel elle aura été dite.

304. *Confiance et familiarité*[1].

Qui s'évertue à entrer de force dans la familiarité d'une autre personne n'est d'ordinaire pas sûr de posséder sa confiance. Qui est assuré de la confiance attache peu de prix à la familiarité.

305. *Équilibre de l'amitié.*

Il arrive que, dans nos rapports avec un autre être, le juste équilibre de l'amitié se rétablisse dès que nous mettons quelques grains de tort dans le plateau de notre côté.

306. *Les médecins les plus dangereux.*

Les médecins les plus dangereux sont ceux qui, comédiens-nés, imitent le médecin-né avec un talent consommé d'illusion[2].

307. *Où les paradoxes sont à leur place.*

Il n'est parfois besoin, pour gagner des gens d'esprit à une thèse, que de la présenter sous la forme d'un monstrueux paradoxe.

308. *Le moyen de convaincre le courage.*

Pour gagner les gens courageux à une action, le moyen est de la leur dépeindre plus dangereuse qu'elle n'est.

309. *Gentillesses*[1].

Les gentillesses que nous témoignent les personnes que nous n'aimons pas, nous les leur imputons à crime.

310. *Faire attendre*[2].

Un sûr moyen de fâcher les gens et de leur mettre de méchantes pensées en tête est de les faire longtemps attendre. C'est chose qui rend immoral.

311. *Contre les trop familiers*[3].

Les gens qui nous donnent leur confiance pleine et entière croient de ce fait avoir droit à la nôtre. C'est mal raisonner ; les présents que l'on fait ne confèrent aucun droit.

312. *Compensation.*

A-t-on causé quelque tort à un autre, il suffit souvent de lui offrir l'occasion de faire un bon mot à nos dépens pour lui donner personnellement satisfaction, voire pour lui inspirer de bonnes dispositions à notre égard.

313. *Vanité de la langue*[4].

Que l'homme dissimule ses mauvaises qualités et ses vices ou qu'il les reconnaisse avec franchise, c'est sa vanité qui dans tous les cas désire y trouver son avantage : il n'est que d'observer avec quelle finesse il distingue devant qui il cache ces qualités, devant qui il se montre franc et sincère.

314. *Les égards.*

Ne vouloir blesser, ne vouloir léser personne peut aussi bien être une marque d'équité que de timidité d'esprit.

315. *Indispensable à la dispute*[1].

Qui ne sait mettre ses idées à la glace ne doit pas s'engager dans le feu de la discussion.

316. *Société et arrogance.*

On désapprend l'arrogance à se savoir toujours entre personnes de mérite ; c'est la solitude qui implante l'outre-cuidance. Les jeunes gens sont arrogants, car ils fréquentent leurs pareils, qui, n'étant rien, aiment tous à se donner beaucoup d'importance.

317. *Motif d'attaque.*

On n'attaque pas seulement pour faire mal à quelqu'un, pour le vaincre, mais peut-être aussi tout simplement pour prendre conscience de sa force.

318. *Flatterie.*

Les personnes qui veulent, par des flatteries, endormir la prudence que nous mettons dans nos rapports avec elles recourent à un moyen dangereux, une sorte de somnifère qui, s'il n'apporte pas le sommeil, n'en laisse que plus éveillé.

319. *Le bon épistolier.*

Qui n'écrit pas de livres, pense beaucoup et vit dans une société qui ne lui suffit pas, sera d'habitude bon épistolier.

320. *On ne peut plus laid*[1].

On peut douter si un homme qui a beaucoup voyagé a trouvé quelque part dans le monde endroits plus laids que sur la face humaine.

321. *Les compatissants*[2].

Les natures compatissantes, toujours prêtes à porter secours dans le malheur, savent rarement communier aussi bien dans la joie : le bonheur des autres ne leur laisse rien à faire, elles y sont de trop, s'y sentent frustrées de leur supériorité, et en montrent facilement quelque dépit.

322. *La famille du suicidé.*

Les parents d'un suicidé lui tiennent rigueur de n'être pas resté en vie par égard pour leur réputation.

323. *Prévoir l'ingratitude*[3].

Celui qui fait quelque grand don ne trouvera pas de gratitude ; car c'est déjà pour le bénéficiaire un trop lourd fardeau que l'accepter.

324. *Dans une société sans esprit*[1].

Personne ne sait gré de sa courtoisie à l'homme d'esprit dès lors qu'il se met au niveau d'une société où il n'est pas courtois de faire preuve d'esprit.

325. *Présence de témoins.*

On se jette deux fois plus volontiers au secours d'un homme qui vient de tomber à l'eau si c'est en présence de gens qui n'osent le faire.

326. *Mutisme.*

La manière la plus désagréable, pour l'une et l'autre partie, de riposter à une polémique est de garder un silence dépité : car l'attaquant prendra d'ordinaire ce mutisme pour une marque de mépris.

327. *Le secret de l'ami*[2].

Bien rares seront ceux qui, embarrassés pour trouver un sujet de conversation, ne prostitueront pas les plus graves secrets de leurs amis.

328. *Humanité.*

Pour les célébrités de l'esprit, l'humanité consiste, dans leurs rapports avec les gens obscurs, à avoir tort d'obligeante façon.

329. *Par embarras.*

Certaines personnes, qui ne se sentent pas sûres d'elles en société, profitent de la moindre occasion de faire publiquement montre d'une supériorité qu'elles auront sur quelqu'un de leur entourage, par exemple au moyen de taquineries données en spectacle à la compagnie.

330. *Reconnaissance[1].*

Une âme délicate est gênée de savoir quelqu'un son obligé ; une âme grossière, de se savoir l'obligée de quelqu'un.

331. *Marque de divergence.*

La plus forte marque de divergence de vues entre deux personnes se voit à ce que l'une et l'autre mettent quelque ironie dans ce qu'elles se disent sans qu'aucune y sente la moindre ironie[2].

332. *La prétention alliée au mérite.*

La prétention alliée à certains mérites offense plus encore que la prétention de gens sans mérite : car le mérite est déjà à lui seul une offense.

333. *Danger de la voix.*

Il arrive dans la conversation que le son de notre propre voix nous cause une gêne et nous induise à tenir des propos qui ne correspondent pas du tout à notre opinion.

334. *Dans la conversation.*

Va-t-on, dans la conversation, donner de préférence tort ou raison à son interlocuteur, c'est pure affaire d'habitude : ceci se justifie aussi bien que cela.

335. *Crainte du prochain*[1].

Nous craignons une disposition hostile du prochain parce que nous redoutons que cette disposition ne lui ouvre l'accès de nos secrets replis.

336. *Le blâme qui distingue.*

Certaines personnes jouissant d'une grande considération ont une manière de décerner même leur blâme, qui entend être une distinction. Leur intention est de nous faire remarquer avec quelle sollicitude elles s'intéressent à nous. C'est les comprendre on ne peut plus mal que prendre leur blâme à la lettre et s'en défendre ; nous les fâchons de la sorte et nous les aliénons.

337. *Dépit de la bienveillance d'autrui.*

Nous nous abusons sur le degré de haine, de crainte que nous croyons inspirer : c'est que nous connaissons bien, sans doute, le degré de notre aversion pour une personne, un mouvement, un parti, tandis qu'eux-mêmes ne nous connaissent, et par suite ne nous haïssent, que très superficiellement. Nous rencontrons souvent une bienveillance que nous ne nous expliquons pas ; mais si nous la comprenons, elle nous blesse, parce qu'elle montre que l'on ne nous prend pas assez au sérieux, assez en considération.

338. *Vanités qui se croisent.*

Après une rencontre, deux personnes dont la vanité est également grande gardent une mauvaise impression l'une de l'autre, parce que chacune était si préoccupée de l'impression qu'elle voulait produire sur l'autre que celle-ci ne lui en a laissé aucune; toutes deux finissent par s'apercevoir que leur peine est perdue et chacune en impute la faute à l'autre.

339. *Mauvaises manières, bons signes.*

L'esprit supérieur, chaque fois que des jeunes gens ambitieux font preuve à son égard de manque de tact, d'arrogance, voire d'hostilité, y trouve son plaisir; ce sont les mauvaises manières de chevaux fougueux qui n'ont pas encore porté de cavalier, et ne tarderont guère pourtant à être bien fiers de le porter, lui.

340. *Quand il est opportun d'avoir tort*[1].

On fera bien d'accepter sans les réfuter les accusations portées contre nous, même si elles nous font tort, au cas où notre accusateur verrait un tort plus grand encore de notre part dans la contradiction et surtout la réfutation que nous lui opposerions. Il est certain que, de cette manière, quelqu'un pourra toujours avoir raison tout en ayant tort et tourner pour finir, avec la meilleure conscience du monde, au plus insupportable des tyrans et des esprits tourmenteurs; et ce qui est vrai de l'individu peut se produire aussi pour des classes entières de la société.

341. *Trop peu honoré.*

Les personnes très infatuées d'elles-mêmes, auxquelles on a témoigné des marques d'estime moindres qu'elles n'attendaient, essaient longtemps de donner le change à ce sujet, tant à elles-mêmes qu'aux autres, et se transforment en subtils psychologues pour arriver à établir que l'autre les a tout de même suffisamment honorées : si elles n'atteignent pas leur but, si le voile d'illusion se déchire, elles s'abandonneront à un ressentiment d'autant plus vif.

342. *Échos d'états archaïques dans le langage.*

Il est fréquent, dans la manière dont les hommes présentent aujourd'hui leurs dires en société, de reconnaître un écho de ces temps où ils s'entendaient mieux aux armes qu'à tout le reste : ils manient tantôt leurs assertions comme des tireurs pointant leur fusil, tantôt on croit entendre le froissement et le cliquetis des lames, et chez certains l'affirmation s'abat avec un fracas de solide massue. — Les femmes, au contraire, parlent à la façon d'êtres qui sont restés des milliers d'années assis au métier à tisser, ou à tirer l'aiguille, ou à faire l'enfant avec les enfants.

343. *Le narrateur.*

Celui qui narre une histoire laisse facilement voir s'il raconte parce que le fait l'intéresse ou bien parce qu'il veut intéresser par son récit. Dans ce dernier cas, il exagèrera, usera de superlatifs et autres procédés semblables. D'ordinaire, il racontera alors plus mal, parce qu'il ne pensera pas tellement à son sujet mais à lui-même.

344. *Lecture à haute voix.*

Qui lit des poèmes dramatiques à haute voix fait des découvertes sur son caractère ; il trouve sa voix, pour certains accents, certaines scènes, plus naturelle que pour d'autres, pour le pathétique ou pour le bouffon, par exemple, alors que dans la vie courante il ne lui manquait que l'occasion de montrer de la passion ou de la bouffonnerie.

345. *Une scène de comédie qui se voit dans la vie.*

Quelqu'un élabore une pensée ingénieuse sur quelque sujet afin de l'exposer dans une société. On l'entendrait et le verrait alors à la comédie essayer, toutes voiles dehors, de rallier ce point où il pourrait embarquer toute la compagnie pour y placer sa remarque ; n'avoir de cesse qu'il ne pousse l'entretien vers ce seul but, perdant parfois sa direction, la retrouvant, enfin tenir le moment : il manque en perdre le souffle... et alors quelqu'un des autres lui enlève sa remarque de la bouche. Que faire ? De l'opposition à sa propre pensée ?

346. *Impoli sans le vouloir.*

Quelqu'un se montre-t-il impoli envers un autre sans le vouloir, par exemple ne le salue pas, ne l'ayant pas reconnu, il en est tout chagrin bien qu'il ne puisse faire de reproche à ses sentiments ; il souffre de la mauvaise opinion qu'il a suscitée chez l'autre, ou bien il redoute les suites d'une brouille, ou bien il est peiné de l'avoir blessé, — ainsi donc peuvent s'émouvoir la vanité, la crainte ou encore la pitié, peut-être même tout cela ensemble.

347. *Chef-d'œuvre de traîtrise.*

Exprimer à l'endroit d'un conjuré le soupçon blessant qu'il ne vienne à vous trahir, et ce au moment même où l'on commet de son côté une trahison, voilà un chef-d'œuvre de malice, qui est d'occuper l'autre de sa personne et de le forcer à se conduire un certain temps avec une franchise irréprochable, tant et si bien que le traître véritable y trouve ses coudées franches.

348. *Offenser et être offensé.*

Il est beaucoup plus agréable d'offenser et de demander ensuite pardon que d'être offensé et accorder le pardon. Celui qui se met dans le premier cas donne une marque de puissance et puis de bon caractère. L'autre, s'il ne veut pas passer pour inhumain, est en fait *obligé* de pardonner; la jouissance qu'il peut tirer de l'humiliation d'autrui est infime du fait de cette obligation.

349. *Dans la discussion.*

Quand on contredit l'opinion d'autrui en même temps que l'on expose la sienne propre, le regard continuellement attentif porté sur l'autre opinion dérange la plupart du temps l'allure naturelle de la nôtre : elle en semble plus décidée, plus tranchante, peut-être un peu exagérée.

350. *Artifice.*

Qui veut obtenir d'un autre quelque chose de difficile ne doit surtout pas prendre l'affaire comme un problème, mais exposer tout bonnement son plan comme s'il était la seule possibilité; il lui faut, quand il voit poindre l'objection, la contradiction dans l'œil de son adversaire, s'entendre à briser là au plus vite et à ne pas lui laisser le temps.

351. *Remords quand on a été dans le monde.*

Pourquoi avons-nous des remords après avoir quitté une société banale[1]? Parce que nous y avons pris des choses importantes à la légère, parce que nous n'avons pas parlé en toute bonne foi quand il s'est agi des personnes ou que nous avons gardé le silence quand il eût fallu prendre la parole, parce que nous n'avons pas bondi et filé quand l'occasion le voulait, bref

parce que nous nous sommes conduits dans le monde comme
si nous en étions.

352. *On est jugé à faux.*

Qui est toujours à épier comment on le juge n'en a jamais
que dépit. Car ceux qui nous sont le plus proches (« nous
connaissent le mieux ») nous jugent déjà à faux[1]. Même de
bons amis laissent percer leur fiel dans un mot jaloux ; et seraient-
ils nos amis s'ils nous connaissaient bien ? — Les jugements des
indifférents font très mal parce qu'ils ont un tel air d'impartia-
lité, presque d'objectivité. Mais si nous venons à nous apercevoir qu'une personne qui nous est hostile nous connaît aussi bien,
sur un point tenu secret, que nous nous connaissons, la voilà,
la grande contrariété !

353. *Tyrannie du portrait.*

Les artistes et les hommes d'État qui ont vite fait, partant
de traits isolés, d'en composer l'image entière d'une personne
ou d'un événement, sont on ne peut plus injustes en ce qu'ils
exigent après coup que l'événement ou la personne soient réellement tels qu'ils les ont peints ; ils exigent carrément de
quelqu'un qu'il soit aussi doué, aussi retors, aussi injuste qu'il
l'est en vivant dans leur imagination.

354. *Le parent assimilé au meilleur ami.*

Les Grecs, qui savaient si bien ce que c'est qu'un ami — ils
sont seuls de tous les peuples à avoir ouvert un débat philosophique, profond et varié, sur l'amitié, de sorte qu'ils sont les
premiers, et jusqu'à présent les derniers, à avoir vu dans l'Ami
un problème digne d'être résolu —, ces mêmes Grecs ont désigné la *parenté* d'un terme qui est le superlatif du mot « ami »[2].
C'est là ce que je ne m'explique pas.

355. *Probité méconnue.*

Lorsque, dans la conversation, quelqu'un se cite lui-même (« je disais un jour », « j'ai coutume de dire »), ses paroles donnent l'impression de la prétention, alors qu'elles proviennent souvent de la source contraire, d'une probité, en tout cas, qui ne veut pas orner et attifer l'instant présent d'idées qui appartiennent à un moment du passé.

356. *Le parasite.*

C'est pour quelqu'un dénoter un manque total de sentiments élevés que de préférer vivre dans la dépendance, aux frais des autres, à seule fin de n'être pas obligé de travailler, et le plus souvent avec un secret ressentiment contre ceux dont il dépend. — Une telle mentalité est beaucoup plus fréquente chez les femmes que chez les hommes, beaucoup plus pardonnable aussi (pour des raisons historiques).

357. *Sur l'autel de la réconciliation.*

Il y a des circonstances où l'on ne peut obtenir une chose de quelqu'un qu'en le blessant et en se faisant de lui un ennemi : ce sentiment d'avoir un ennemi le tourmente telle-ment qu'il met volontiers à profit le premier signe de disposi-tions plus amènes pour passer à la réconciliation et sacrifier, sur l'autel de cette réconciliation, la chose même qui lui tenait naguère tellement à cœur qu'il ne voulait la donner à aucun prix.

358. *Réclamer la pitié, signe de prétention.*

Il y a des gens qui, lorsqu'ils se mettent en colère et offensent les autres, réclament tout d'abord qu'on ne leur en tienne pas rigueur, et deuxièmement qu'on ait pitié d'eux, qui sont sujets à de si violents paroxysmes. Ainsi va la prétention humaine.

359. *L'appât.*

« Tout homme a son prix » — cela n'est pas vrai. Mais il peut se trouver pour chacun un appât auquel il doit mordre. C'est ainsi qu'il suffit, pour gagner mainte personne à une cause, de donner à cette cause un vernis de philanthropie, de noblesse, de charité, de sacrifice — et à quelle cause ne pourrait-on pas le donner! — C'est la sucrerie et la friandise de son âme à elle; d'autres en ont d'autres.

360. *Attitude devant l'éloge*[1].

Quand de bons amis font l'éloge d'une nature douée[2], elle s'en montrera souvent réjouie, par courtoisie et bienveillance, mais la chose lui est en vérité indifférente. Son être profond n'y oppose qu'inertie, et ce n'est pas cela qui lui fera faire le moindre pas pour s'arracher au soleil ou à l'ombre où elle est blottie; mais les gens veulent faire plaisir par leurs éloges et ce serait les affliger que de n'en point marquer de joie.

361. *L'expérience de Socrate.*

Est-on passé maître en quelque matière qu'on est resté de ce fait même, dans la plupart des autres, un novice fort ignare; mais on en juge à l'inverse, tout juste, comme déjà le savait Socrate par expérience. C'est là l'inconvénient qui rend si désagréable le commerce des maîtres.

362. *Moyen d'abêtissement.*

A lutter contre la bêtise, les plus justes et les plus doux des hommes finissent par devenir brutaux. Ils sont peut-être ainsi sur la bonne voie, pour ce qui est de se défendre; car au front stupide, l'argument qui revient de plein droit est le poing brandi. Mais comme leur caractère, on l'a vu, est doux et juste, ce moyen de légitime défense leur fait plus de mal qu'ils n'en infligent.

363. *Curiosité.*

Si la curiosité n'existait pas, il se ferait peu de chose pour le bien du prochain. C'est la curiosité qui, sous le nom de devoir ou de pitié, se glisse dans la maison du malheureux et de l'indigent. — Il y a peut-être même une bonne part de curiosité dans le fameux amour maternel.

364. *Mauvais calcul en société.*

Tel désire se rendre intéressant par ses jugements, tel autre par ses goûts et ses aversions, un troisième par ses relations, un quatrième par sa solitude… et tous s'abusent cruellement. Car celui devant qui le spectacle se donne, c'est lui qui s'imagine être en l'occurrence le seul spectacle à prendre en considération.

365. *Duel*[1].

On peut dire en faveur de tous les dueis et affaires d'honneur que, si un homme a un tel sentiment de susceptibilité qu'il ne veuille plus vivre dès que tel ou tel dit ou pense ceci ou cela de lui, il a le droit de laisser la mort de l'un ou de l'autre trancher l'affaire. Quant à être si chatouilleux, il n'y a pas à discuter, c'est par là que nous sommes les héritiers du passé, de sa grandeur autant que de ses outrances, sans lesquelles il n'y eut jamais de grandeur. Maintenant, s'il existe un code d'honneur qui accepte le sang au lieu de la mort, en sorte qu'un duel régulier suffit à soulager l'âme, c'est là un grand bienfait, puisque beaucoup de vies humaines seraient sinon en péril. — Au demeurant, une telle institution dresse les hommes à surveiller leurs expressions et rend possible le commerce avec eux.

366. *Distinction et gratitude.*

Une âme bien née se sentira volontiers tenue à la reconnaissance et ne cherchera pas à éviter anxieusement les occasions de s'obliger ; c'est de même avec modération qu'elle manifestera par la suite sa gratitude ; les âmes basses, en revanche, se raidissent contre tout ce qui peut les obliger, ou alors donnent ensuite des marques exagérées et beaucoup trop empressées de gratitude. Ces manières-là paraissent aussi d'ailleurs chez les personnes de basse extraction ou d'humble condition : la moindre faveur qui leur est accordée, *à elles*, leur semble une grâce prodigieuse.

367. *Les heures d'éloquence.*

Tel a besoin, pour bien parler, de quelqu'un qui lui soit décidément et notoirement supérieur, tel autre ne sait trouver une entière liberté de parole et une éloquence aux tournures heureuses qu'en présence de quelqu'un qu'il domine : c'est, dans les deux cas, pour la même raison ; chacun ne parle bien que s'il parle *sans gêne**, l'un parce que, devant un esprit supérieur, il ne sent pas l'aiguillon de la rivalité, de la concurrence, l'autre ne le sentant pas en présence de l'inférieur. — Maintenant, il existe une tout autre espèce d'hommes qui, pour bien parler, ont besoin de parler dans l'émulation, dans l'intention de vaincre. Laquelle de ces deux espèces est alors la plus ambitieuse : celle qui parle bien quand son ambition est stimulée, ou celle qui, pour le même motif, parle mal ou pas du tout ?

368. *Le talent de l'amitié.*

D'entre les hommes qui ont un don particulier pour l'amitié, deux types se dégagent. L'un ne cesse de s'élever et trouve à chaque phase de son évolution l'ami qu'il lui faut exactement. La série d'amis qu'il se fait de cette façon tient rarement ensem-

* En français dans le texte.

ble, est parfois en désaccord et contradiction : ce qui répond bien au fait que les phases ultérieures de son développement annulent ou mutilent les précédentes. Un tel homme pourrait, pour plaisanter, s'appeler une *échelle*. — L'autre type est représenté par celui qui exerce une force d'attraction sur des caractères et des talents très divers, ce qui lui vaut tout un cercle d'amis; du même coup ceux-ci en viennent à nouer entre eux des relations amicales, en dépit de toutes leurs divergences. Un tel homme, nous l'appellerons un *cercle* : car il faut bien que cette parfaite concordance de dispositions et de natures si diverses préexiste en lui sous quelque forme. — Du reste, le talent d'avoir de bons amis l'emporte de loin, chez beaucoup de gens, sur le talent d'être un bon ami.

369. *Tactique de la conversation.*

Après une conversation, on se trouve nourrir les meilleures dispositions pour son interlocuteur si l'on a eu l'occasion de déployer devant lui tout l'éclat de son esprit, de son amabilité. C'est ce que mettent à profit les personnes avisées qui veulent disposer quelqu'un en leur faveur, en lui suggérant au cours de l'entretien les meilleures occasions de faire un bon mot ou de briller de quelque manière. On pourrait imaginer une conversation amusante entre deux malins qui voudraient chacun gagner les bonnes grâces de l'autre et, pour ce faire, se renverraient durant l'entretien les occasions de briller, mais sans qu'aucun les saisît : tant et si bien que la conversation tout entière en prendrait un cours dénué d'esprit autant que d'amabilité, par cela même que chacun ne laisserait qu'à l'autre l'occasion de se montrer spirituel et aimable.

370. *Soupape de l'humeur.*

L'homme qui échoue en quelque chose préfère rapporter cet échec à la mauvaise volonté de quelqu'un d'autre plutôt qu'au hasard. C'est un soulagement pour son ressentiment à vif qu'imaginer une personne plutôt qu'une chose à l'origine de son échec;

car, des personnes, on peut se venger, mais force est bien d'avaler les injures du sort. C'est pourquoi l'entourage d'un prince a coutume, quand un insuccès l'affecte, de lui désigner une seule personne, donnée pour en être cause, et sacrifiée dans l'intérêt de tous les courtisans ; car autrement, le prince déchargerait sa rancœur sur eux tous, ne pouvant tirer vengeance de la Déesse du Destin elle-même.

371. *Où l'on prend la couleur de son entourage.*

Pourquoi inclination et aversion sont-elles si contagieuses que l'on ne puisse guère vivre dans le voisinage d'une personne aux sentiments forts sans se trouver rempli comme un tonneau de ses pour et de ses contre ? C'est que, d'abord, l'abstention complète de jugement est très difficile, parfois même insupportable à notre vanité ; elle est aux mêmes couleurs que l'indigence d'esprit et de sentiment, ou que la pusillanimité, le manque de virilité : et ainsi nous sommes au moins entraînés à prendre parti, voire contre les tendances de notre entourage si cette attitude vaut plus de plaisir à notre orgueil[1]. Mais d'ordinaire — c'est le second point — nous ne prenons absolument pas conscience du passage de l'indifférence à l'inclination ou à l'aversion ; au contraire, nous nous accoutumons graduellement aux façons de sentir de notre milieu, et comme la bonne intelligence et l'adhésion sympathique sont si agréables, nous ne tardons pas à porter toutes les marques et couleurs distinctives de cet entourage.

372. *Ironie*[2].

L'ironie n'est à sa place que comme moyen pédagogique, appliquée par un maître dans ses rapports avec ses élèves quels qu'ils soient : son but est d'infliger honte et humiliation, mais de cette espèce salutaire qui suscite les bonnes résolutions et impose de témoigner respect et gratitude à celui qui nous a ainsi traités en médecin. L'ironiste sait si bien feindre l'ignorance que les élèves qui s'entretiennent avec lui s'y trompent, s'enhardissent à croire de bonne foi à la supériorité de leur propre savoir et donnent prise sur eux de toutes les manières ; ils perdent toute circonspection et se montrent tels qu'ils sont, — jusqu'au moment voulu où le lumignon qu'ils brandissaient sous le nez de leur maître laisse retomber sur eux de fort humiliants rayons. — Quand font défaut de ces rapports comme sont ceux de maître à élève, elle est inconvenance, vulgarité d'âme. Tous les écrivains ironiques comptent sur cette sotte espèce d'hommes qui veulent avoir le plaisir de se sentir supérieurs à tous les autres, y compris l'auteur qu'ils regardent comme le porte-parole de leur prétention. — L'habitude de l'ironie, comme celle du sarcasme, corrompt du reste le caractère, elle lui confère petit à petit une qualité de joie maligne : on finit par ressembler à un chien hargneux qui, non content de mordre, aurait appris le rire.

373. *Prétention*[1].

Il n'est rien dont on doive se garder autant que de la croissance de cette mauvaise herbe que l'on appelle prétention et qui nous gâte nos meilleures moissons ; car il se trouve de la prétention dans la cordialité, les marques de respect, la familiarité bienveillante, dans la caresse, le conseil amical, l'aveu de ses fautes, dans la pitié pour autrui, et toutes ces belles choses éveillent la répugnance quand cette mauvaise herbe s'y met. Le prétentieux, c'est-à-dire celui qui se veut plus d'importance qu'il n'en a ou *qu'on ne lui en reconnaît*, fait toujours un mauvais calcul. Il a sans doute pour lui le succès immédiat, en ce que les gens devant lesquels il montre sa prétention lui rendent d'ordinaire la mesure exacte d'hommages qu'il réclame, par pusillanimité ou par nonchalance ; mais ils en tirent malignement vengeance en soustrayant de la valeur qu'ils lui accordaient jusqu'alors l'équivalent de ce qu'il réclamait outre mesure. Il n'est rien que les hommes se fassent payer plus cher que l'humiliation. Le prétentieux peut rendre tellement suspect et mesquin aux yeux des autres son mérite réel et éminent qu'ils n'essuient même plus la poussière de leurs talons pour le piétiner. — On devrait même ne se permettre une attitude fière que là où l'on peut être absolument sûr de n'être pas compris de travers et regardé comme un prétentieux, par exemple devant ses amis ou sa femme. Car il n'y a pas de plus grande folie dans le commerce des hommes que de s'attirer une réputation de prétention ; c'est pire encore que de n'avoir pas appris à mentir poliment.

374. *Dialogue.*

Le dialogue est la conversation parfaite, parce que tout ce que dit l'un reçoit sa nuance particulière, son timbre, son geste d'accompagnement, *par une stricte référence à l'autre* interlocuteur, c'est-à-dire que l'on y a l'équivalent de ce qui se passe dans la correspondance, où une seule et même personne montre son âme exprimée de dix manières différentes suivant qu'elle écrit à tel ou tel alternativement. Dans le dialogue, la réfraction de la pensée est unique : c'est l'interlocuteur qui la produit, étant le miroir où nous voulons refléter nos idées avec toute la beauté possible. Mais qu'en est-il avec deux, trois interlocuteurs et davantage ? La conversation ne peut alors que fatalement perdre en finesse critique individuelle, les références diverses se croisent, s'annulent ; le tour qui satisfait l'un ne répond pas aux sentiments de l'autre. Aussi l'homme est-il forcé, en compagnie de plusieurs personnes, de se rabattre sur lui-même, de présenter les faits tels qu'ils sont, mais aussi de priver les choses de cette atmosphère enjouée d'humanité qui fait d'un entretien un des plus grands agréments de ce monde. Il n'est que d'entendre le ton sur lequel parlent habituellement les hommes en compagnie d'autres hommes réunis ; il semble que la basse continue de tous leurs discours soit toujours la même : « Voilà ce que, moi, je suis, ce que, moi, je dis ; pour vous, pensez-en ce que vous voudrez ! » C'est la raison pour laquelle les femmes d'esprit laissent le plus souvent une impression étrange, pénible, rebutante, à qui a fait leur connaissance dans le monde ; d'avoir à parler à plusieurs personnes, devant beaucoup de gens, les prive de toute leur séduction intellectuelle et ne laisse plus voir, dans une lumière crue, que leur égocentrisme délibéré, leur tactique et leur intention de triompher publiquement : alors que, dans le dialogue, ces dames redeviennent femmes et retrouvent toute la grâce de leur esprit.

375. *Gloire posthume.*

Espérer être reconnu à sa valeur dans un avenir lointain n'a de sens que si l'on admet que l'humanité est immuable dans son essence et que toute grandeur doit être sentie telle non pas à un seul moment, mais dans tous les temps[1]. Or, c'est là une erreur ; l'humanité évolue fortement en tout ce que sa sensibilité et son jugement lui font trouver beau et bon ; c'est une chimère de se croire soi-même en avance d'une lieue de route, et l'humanité tout entière lancée sur notre voie à nous. En outre, un savant méconnu peut aujourd'hui compter à coup sûr que d'autres referont sa découverte et qu'un jour, bien plus tard, c'est tout juste si quelque historien lui reconnaîtra le mérite d'avoir déjà su lui aussi ceci et cela, mais sans avoir été en mesure de mettre sa cause en crédit. Ne pas être reconnu est toujours interprété par la postérité comme un manque de force. — Bref, il ne faut pas prendre si facilement le parti de l'isolement superbe. Il y a d'ailleurs des cas d'exception ; mais ce sont la plupart du temps nos défauts, nos faiblesses, nos folies qui empêchent nos qualités éminentes d'être reconnues.

376. *Des amis.*

Une bonne fois, considère donc à part toi combien sont divers les sentiments, partagées les opinions, même entre tes relations les plus proches ; combien des opinions même pareilles se trouvent avoir, dans la tête de tes amis, une orientation ou une force tout autres que dans la tienne ; combien il se présente de si différentes occasions de malentendu, de séparation dans une fuite hostile. Après quoi tu te diras : Que le sol est incertain sur lequel reposent toutes nos liaisons et amitiés, que les froides averses sont proches ou les intempéries, que tout homme est solitaire ! Quiconque se rend bien compte de cela, et puis encore que toutes les opinions, que leur genre et leur force sont, chez ses semblables, tout aussi nécessaires et irresponsables que leurs actes, qui arrive à savoir discerner cette nécessité intérieure des opinions dans l'irréductible enchevêtrement du caractère, des occupations, du talent, du milieu, — celui-là s'affranchira peut-être de cette amertume, de cette âpreté de sentiment avec laquelle le sage fameux s'écriait : « Amis, il n'y a point d'amis ! » Voici plutôt ce qu'il s'avouera : Oui, il y a des amis, mais c'est l'erreur, c'est l'illusion sur ta personne qui te les a amenés ; et il aura fallu qu'ils apprennent à garder le silence pour rester tes amis ; car ce qui assied presque toujours pareilles relations humaines, c'est qu'il y a un certain nombre de choses que l'on ne dit, que l'on n'effleure même jamais ; mais ces cailloux se mettent-ils à rouler, l'amitié s'en va derrière eux et se brise. Existe-t-il des hommes capables de n'être pas blessés à mort s'ils venaient à découvrir ce que leurs amis les plus intimes savent d'eux tout au fond ? — C'est en apprenant à nous connaître nous-mêmes, à considérer notre propre être comme une sphère instable d'opinions et d'humeurs, et ainsi à le mépriser quelque peu, que nous rétablirons l'équilibre avec les autres. Nous avons, c'est vrai, de bonnes raisons de faire peu de cas de chacun de ceux que nous connaissons, quand ce serait le plus grand ; mais de tout aussi bonnes de retourner ce sentiment contre nous-mêmes. — Et ainsi, supportons-nous les uns les autres, puisque aussi bien nous nous supportons nous-mêmes ; peut-être alors l'heure de joie viendra-t-elle un jour elle aussi où chacun dira :

> « Amis, il n'y a point d'amis ! » s'écriait le sage mourant ;
> « Ennemis, il n'y a point d'ennemis ! » s'écrie le fou vivant
>   que je suis.[1]

VII

Femme et enfant

377. *La femme parfaite.*

La femme parfaite est un type d'humanité supérieur à l'homme parfait : quelque chose de beaucoup plus rare aussi. — L'histoire naturelle des animaux offre un moyen de rendre cette proposition vraisemblable.

378. *Amitié et mariage*[1].

Le meilleur ami aura probablement aussi la meilleure épouse, parce qu'un[2] bon mariage est fondé sur le talent de l'amitié.

379. *Survie des parents.*

Les dissonances non résolues entre le caractère et les idées des parents se perpétuent dans l'être de l'enfant et font l'histoire de sa souffrance intime.

380. *Legs maternel.*

Tout homme porte en soi une image de la femme qui lui vient de sa mère : c'est elle qui le détermine à respecter les femmes en général ou bien à les mépriser ou bien à ne ressentir pour toutes qu'indifférence.

381. *Corriger la nature*[1].

N'a-t-on pas un bon père qu'il faut s'en donner un.

382. *Pères et fils*[2].

Les pères ont beaucoup à faire pour expier d'avoir des fils.

383. *Erreur des femmes distinguées.*

Les femmes distinguées pensent qu'une chose n'existe tout bonnement pas quand il n'est pas possible d'en parler en société.

384. *Une maladie masculine.*

Le plus sûr remède à cette maladie masculine du mépris de soi est d'être aimé d'une femme intelligente.

385. *Une espèce de jalousie.*

Les mères sont facilement jalouses des amis de leurs fils quand ils remportent des succès marquants. Ce qu'une mère aime ordinairement dans son fils, c'est soi-même plus que son fils[3].

386. *Déraison raisonnable*[4].

Au point de maturité de sa vie et de son intelligence, l'homme est envahi par le sentiment que son père a eu tort de l'engendrer.

387. *Bonté maternelle.*

Certaines mères ont besoin d'enfants heureux et honorés, d'autres d'enfants malheureux : faute de quoi leur bonté de mère ne pourrait se montrer.

388. *Il y a soupirs et soupirs*[1].

Quelques hommes, c'est l'enlèvement de leur femme qui les a fait soupirer ; la plupart, c'est que personne n'ait voulu la leur enlever.

389. *Mariages d'amour*[2].

Les unions qui se contractent par amour (les mariages qu'on dit d'amour) ont l'erreur pour père et la nécessité (le besoin) pour mère[3].

390. *Amitié féminine.*

Des femmes peuvent très bien nouer amitié avec un homme, mais il faut certes, pour entretenir cette amitié, que joue un rien d'antipathie physique.

391. *Ennui.*

Beaucoup de personnes, de femmes notamment, ne connaissent pas l'ennui parce qu'elles n'ont jamais appris à travailler régulièrement.

392. *Un élément de l'amour*[1].

Dans toute espèce d'amour féminin transparaît aussi quelque chose de l'amour maternel.

393. *L'unité de lieu et le drame*[2].

Si les époux ne vivaient pas ensemble, les bons ménages seraient plus fréquents.

394. *Suites ordinaires du mariage.*

Tout commerce qui n'élève pas abaisse[3], et inversement; c'est pourquoi les hommes déchoient d'ordinaire quelque peu quand ils prennent femme, alors que les femmes sont quelque peu élevées. Les hommes de trop grande spiritualité ont autant besoin du mariage qu'ils y répugnent comme à une médecine abhorrée[4].

395. *Enseigner à commander.*

Il faut que l'éducation enseigne le commandement aux enfants de familles modestes aussi bien que l'obéissance à d'autres enfants.

396. *Le désir de tomber amoureux.*

Il n'est pas rare que des gens fiancés par convenance réciproque s'efforcent de tomber amoureux pour échapper au reproche de froideur, de calcul intéressé. Il en est de même qui, tournant par intérêt au catholicisme, s'appliquent à se faire réellement pieux; les simagrées religieuses leur en deviennent plus faciles.

397. *Pas de répit en amour.*

Un musicien qui aime le mouvement lent prendra le même morceau toujours plus lentement. C'est ainsi qu'aucun amour ne connaît de repos.

398. *Pudeur.*

En général, la pudeur des femmes augmente avec leur beauté.

399. *Un bon ménage.*

Un ménage qui tient bon est celui dans lequel chacun cherche à atteindre un but personnel à travers l'autre, par exemple quand la femme se veut réputée grâce à son mari, le mari aimé grâce à sa femme.

400. *Nature de Protée*[1].

Par amour, les femmes prennent entièrement la forme sous laquelle elles vivent dans l'imagination des hommes dont elles sont aimées.

401. *Amour et possession*[2].

La plupart du temps, la manière dont les femmes aiment un homme de valeur est de le vouloir tout à elles seules. Elles le mettraient bien sous clé si leur vanité ne les en dissuadait : celle-ci veut que sa valeur se manifeste également à d'autres[3].

402. *La marque d'un bon ménage.*

Ce qui fait la preuve de la qualité d'un ménage, c'est qu'il lui arrive de tolérer une « exception »[1].

403. *Le moyen d'amener n'importe qui à n'importe quoi.*

A force de tracas, d'inquiétudes, de travaux et de pensées accablants, on peut fatiguer et affaiblir n'importe qui au point qu'au lieu de s'opposer à quelque chose qui a un air de complication, il s'y prête. Les diplomates et les femmes le savent bien.

404. *Honorabilité et honnêteté.*

Ces jeunes filles qui ne veulent devoir qu'au charme de leur jeunesse un avenir assuré pour toute leur vie, et dont des mères astucieuses inspirent encore la ruse, recherchent exactement la même chose que les courtisanes, sauf qu'elles sont plus avisées et moins honnêtes que celles-ci.

405. *Masques*[2].

Il y a des femmes qui n'ont pas, où qu'on la cherche chez elles, de réalité intérieure, mais ne sont que masques. L'homme est à plaindre qui se lie avec de ces êtres quasi fantomatiques, nécessairement décevants, mais capables, justement, d'éveiller le plus fortement le désir de l'homme : il part en quête de leur âme... et jamais ne cesse de la chercher.

406. *Le mariage, cette longue conversation.*

Il faut, au moment de contracter mariage, se poser[3] cette question : crois-tu pouvoir tenir agréablement conversation avec cette femme jusqu'à la vieillesse ? Tout le reste est transitoire dans le mariage, mais presque tout le temps de l'échange revient à la conversation.

407. *Rêves virginaux.*

Les jeunes filles inexpérimentées nourrissent la flatteuse idée qu'il est en leur pouvoir de rendre un homme heureux ; elles apprennent par la suite que c'est autant dire mépriser un homme qu'admettre qu'il suffit d'une jeune fille pour le rendre heureux. — La vanité des femmes exige qu'un homme soit davantage qu'un époux comblé.

408. *Disparition de Faust et de Marguerite.*

Selon la très pénétrante remarque d'un érudit[1], les hommes cultivés de l'Allemagne actuelle ressemblent[2] à un mélange de Méphistophélès et de Wagner, mais nullement à Faust, ce Faust que leurs grands-pères, dans leur jeunesse tout au moins, sentaient s'agiter en eux. Donc — pour continuer sur cette idée — il y a deux raisons pour que les *Marguerites* ne leur conviennent pas. Et comme elles ne sont plus demandées, il semble bien qu'elles disparaissent.

409. *Les jeunes filles au lycée.*

Surtout, pour rien au monde, n'allez pas à leur tour plier les jeunes filles à la formation de nos lycées ! Elle qui, d'adolescents pleins d'esprit et de feu, avides de savoir, fait trop souvent... des copies de leurs professeurs !

410. *Sans rivales.*

Les femmes ont vite fait, voyant un homme, de s'apercevoir si son âme est déjà prise ; elles veulent être aimées sans rivales,

et elles lui font grief des buts que poursuit son ambition, de ses
tâches politiques, de sa science et de son art, s'il a une passion
pour ces choses. A moins que celles-ci ne lui permettent de briller, — car alors, à supposer une liaison amoureuse avec lui, elles
en attendent un surcroît de leur brillant à elles; auquel cas le
soupirant a leurs faveurs.

411. *L'intelligence féminine.*

L'intelligence des femmes se manifeste sous forme de maîtrise parfaite, de présence d'esprit, d'exploitation de tous les
avantages. C'est une qualité foncière qu'elles transmettent à leurs
enfants, et le père y ajoute le fond plus obscur du vouloir. Son
influence détermine pour ainsi dire le rythme et l'harmonie selon
lesquels se jouera la vie nouvelle; mais la mélodie en est donnée par la femme. — Soit dit à l'intention des esprits avisés :
les femmes ont l'entendement, les hommes la sensibilité et la
passion. Cela n'est pas en contradiction avec le fait que les hommes portent leur intelligence beaucoup plus loin : leurs impulsions sont plus profondes, plus puissantes, et ce sont elles qui
mènent si loin leur intelligence, laquelle est en soi quelque chose
de passif. Les femmes s'étonnent souvent en secret de la grande
vénération que les hommes portent à leur sensibilité. Pour autant
que, lors du choix d'un conjoint, les hommes cherchent avant
tout un être doué de profondeur et d'âme, mais les femmes un
être brillant, doué de présence et de sagacité d'esprit, on voit
nettement, au fond, que l'homme recherche l'homme idéal, et
la femme, la femme idéale, c'est-à-dire chacun non pas le
complément, mais bien l'achèvement de ses propres qualités[1].

412. *Un jugement d'Hésiode[2] confirmé.*

C'est bien un signe de l'astuce des femmes qu'elles aient su
presque partout se faire entretenir, comme des frelons dans la
ruche. Que l'on veuille bien considérer ce que cela signifie en
fait à l'origine, et pourquoi ce ne sont pas les hommes qui se
font entretenir par les femmes. A coup sûr parce que la vanité

et l'ambition masculines sont plus grandes que l'astuce féminine ; car les femmes ont su, par leur soumission, s'assurer l'avantage prépondérant, voire la domination. Il n'est pas jusqu'aux
soins donnés aux enfants qui n'aient pu, à l'origine, servir de
prétexte à l'astuce féminine pour se soustraire le plus possible
au travail. Même de nos jours, elles s'entendent encore, si elles
ont une activité réelle, par exemple de bonnes ménagères, à en
faire un étalage si étourdissant que les hommes s'habituent à
estimer le mérite de cette activité dix fois plus qu'il ne vaut.

413. *Ce sont myopes qui s'éprennent.*

Il suffit parfois simplement de lunettes plus fortes pour guérir l'amoureux ; et qui aurait l'imagination assez puissante pour
se représenter un visage, une taille, vieillis de vingt ans, traver-
serait peut-être la vie sans grand dommage.

414. *Les femmes dans la haine*[1].

Quand la haine les tient, les femmes sont plus dangereuses
que les hommes ; d'abord parce qu'aucune considération d'équité
ne les retient une fois excités leurs sentiments d'hostilité, et que,
sans être gênées par rien, elles laissent monter leur haine
jusqu'aux dernières conséquences, ensuite parce qu'elles sont
exercées à trouver les points faibles (tout homme, tout parti a
les siens) et à y enfoncer le fer : en quoi le poignard acéré qu'est
leur intelligence leur rend d'excellents services (alors que la vue
des blessures inspire aux hommes une certaine retenue, souvent
même des dispositions généreuses et conciliantes).

415. *Amour.*

L'idolâtrie que les femmes vouent à l'amour est essentiellement, à l'origine, une invention de leur subtilité, en ce que toutes ces idéalisations de l'amour leur sont un moyen d'accroître
leur puissance et de se montrer toujours plus désirables aux yeux

des hommes. Mais l'accoutumance séculaire à cette estime exagérée de l'amour a fait qu'elles ont donné dans leur propre pan-
neau et ont oublié cette origine. Elles sont maintenant plus dupes
elles-mêmes que les hommes, et, de ce fait, souffrent aussi davantage de la désillusion qui se produira presque fatalement dans
la vie de toute femme — à supposer qu'elle ait toutefois assez
d'imagination et d'esprit pour connaître illusion et désillusion.

416. *A propos de l'émancipation des femmes.*

Se peut-il, d'une manière générale, que les femmes soient justes
alors qu'elles sont si habituées à aimer, à n'être, peu importe
pour ou contre, que sentiment?[1] De là vient aussi qu'elles sont
rarement acquises à une cause, mais plutôt aux personnes : si
pourtant elles le sont à quelque cause, elles s'en font aussitôt
les militantes et en compromettent ainsi le rayonnement pur et
innocent. Il en résulte un danger nullement négligeable si on leur
confie la politique et certains secteurs de la science (par exemple l'histoire). Quoi de plus rare, en effet, qu'une femme qui
saurait réellement ce que c'est que la science?[2] Les meilleures
nourrissent même en leur cœur un secret dédain pour elle, comme
si elles lui étaient supérieures par on ne sait quoi. Tout cela pourra
changer, peut-être; en attendant, c'est ainsi.

417. *L'inspiration dans le jugement des femmes.*

Ces décisions subites que les femmes ont coutume de jeter dans
le pour et le contre, ces éclats fulgurants de sympathie et d'aversion illuminant soudain leurs rapports personnels, bref, les preuves de l'injustice féminine, des hommes les ont, dans leur amour,
auréolés de gloire, comme si toutes les femmes avaient des inspirations de sagesse même sans trépied delphique et couronne
de laurier : et longtemps après, leurs sentences s'interprètent et
se commentent encore comme autant d'oracles sibyllins. Si l'on
considère toutefois qu'il y a quelque chose à faire valoir en faveur
de toute personne, de toute cause, mais aussi bien quelque chose
à leur opposer, qu'il n'est rien qui n'ait non seulement deux,

mais trois et quatre faces, on ne trouvera guère ces décisions soudaines sujettes à l'erreur totale ; on pourrait même dire : la nature des choses est ainsi faite que les femmes ont toujours raison.

418. *Se faire aimer.*

Comme, de deux personnes qui s'aiment, il y en a d'habitude une qui aime, l'autre qui est aimée, on a fini par croire qu'il existe dans tout commerce amoureux une quantité constante d'amour : plus un des partenaires en prendrait, moins il en resterait pour l'autre. Il arrive par exception que la vanité persuade à chacun des deux que c'est lui qui doit être aimé, si bien que tous deux cherchent également à se faire aimer : il en résulte, surtout dans le mariage, nombre de scènes où le comique le dispute à l'absurde.

419. *Les contradictions sous les crânes féminins.*

Les femmes ayant l'esprit tourné beaucoup plus vers les personnes que vers les choses mêmes, leur pensée concilie dans ses limites des tendances qui, logiquement, sont contradictoires entre elles ; leur habitude est justement de s'enthousiasmer tour à tour pour les représentants de ces tendances et d'adopter en bloc leurs systèmes ; en sorte cependant d'y laisser se former un vide en chaque endroit où une personnalité nouvelle pourra par la suite l'emporter. Il arrive sans doute que toute la philosophie ne consiste plus, dans la tête d'une femme âgée, qu'en vides de ce genre.

420. *Qui souffre le plus ?*

Après une querelle, une brouille personnelles entre une femme et un homme, l'un des deux souffre surtout à l'idée d'avoir fait mal à l'autre ; tandis que le second souffre surtout de n'avoir pas fait assez mal à l'autre, raison pour laquelle il s'évertue encore après coup à lui mettre la mort dans l'âme par force larmes, sanglots et mines défaites.

421. *Une occasion de générosité féminine*[1].

En se plaçant une bonne fois par la pensée au-dessus des exigences de la moralité, on pourrait sans doute se demander si la nature et la raison n'enjoignent pas à l'homme de contracter plusieurs mariages successifs, sous une forme qui serait d'épouser d'abord, à l'âge de vingt-deux ans, une personne d'âge mûr, intellectuellement et moralement supérieure, et capable de lui servir de guide pour passer les dangers de la vingtaine (ambition, haine, mépris de soi-même, passions de toute sorte). L'amour de cette femme tournerait tout entier plus tard à l'affection maternelle, et non seulement elle tolérerait, mais elle exigerait, pour le plus grand bien de cet homme, qu'il contractât une union, la trentaine venue, avec une toute jeune fille dont il prendrait lui-même en main l'éducation. — Le mariage est, de vingt à trente ans, une institution nécessaire, qui, de trente à quarante, n'est plus qu'utile; sur le reste de la vie, elle vient à exercer une action pernicieuse, en favorisant la régression intellectuelle de l'homme.

422. *Tragédie de l'enfance.*

Il n'est sans doute pas rare que des hommes aux aspirations nobles et grandes aient à soutenir leur lutte la plus dure pendant leur enfance : parce qu'il leur faudra, peut-être, pour imposer leur manière de voir, tenir tête à la bassesse d'esprit d'un père adonné[2] à la fausseté et au mensonge, ou bien, comme Lord Byron, vivre en conflit perpétuel avec une mère puérile et furieusement irascible. Si l'on est passé par là, on ne se consolera plus, sa vie durant, de savoir qui l'on a eu en vérité pour le plus grand, le plus dangereux de ses ennemis.

423. *Aveuglement des parents.*

Les erreurs capitales de jugement à propos d'un individu sont commises par ses parents : c'est un fait, mais comment l'expliquer ? Les parents ont-ils une expérience trop diverse de leur enfant et sont-ils dès lors incapables de la ramener à l'unité ? On observe que des voyageurs visitant des peuples étrangers n'en saisissent correctement les traits distinctifs généraux qu'au commencement de leur séjour ; plus ils apprennent à connaître un peuple, plus aussi ils désapprennent à en discerner les particularités typiques. Dès que leurs yeux s'accommodent à voir de près, ils cessent de percevoir les lointains. Serait-ce parce qu'ils n'ont jamais pris assez de recul que les parents portent un jugement faux sur leurs enfants ? — Une tout autre explication serait la suivante : l'habitude fait que les hommes, cessant de réfléchir à ce qui les entoure de très près, se contentent de l'accepter. Ce manque de réflexion dû à l'habitude est peut-être cause que les parents, obligés de juger leurs enfants, les jugent si faussement.

424. *Vues sur l'avenir du mariage.*

Ces femmes d'esprit noble et libre qui se fixent pour tâche l'éducation et l'élévation du sexe féminin ont un point de vue à ne pas négliger : le mariage conçu au plus haut de son idée, comme une amitié d'âmes entre deux êtres de sexe différent, c'est-à-dire nouée, comme on espère qu'elle le sera à l'avenir, à seule fin de procréer et d'élever une génération nouvelle. Un mariage de cette sorte, qui ne recourra à la sensualité que comme à un moyen rare, occasionnel, servant à des fins plus hautes, aura vraisemblablement besoin, c'est à craindre, d'un auxiliaire naturel, *le concubinage* ; car s'il faut, pour garantir la santé du mari, que l'épouse se plie encore à la satisfaction exclusive de ses besoins sexuels, ce sera un point de vue faux, contraire aux fins susdites, qui sera déterminant lors du choix d'une épouse : la réalisation du désir de postérité sera laissée au hasard, une édu-

cation heureuse des plus invraisemblables. Une bonne épouse,
appelée à être tout ensemble amie, aide, génitrice, mère, chef
de famille, administratrice, voire peut-être à vaquer à ses affaires et à remplir ses fonctions indépendamment de son mari, ne
saurait être aussi une concubine : ce serait, d'une manière générale, trop lui demander. Il pourrait ainsi se produire à l'avenir
l'inverse de ce qui se voyait à Athènes à l'époque de Périclès :
les hommes, qui n'avaient guère alors dans leurs femmes que
des concubines, s'adressaient en passant à des Aspasies, du
moment qu'ils avaient envie de ces charmes, de cette liberté de
cœur et d'esprit propres à un commerce agréable que savent seules créer la grâce et la souplesse intellectuelle des femmes. Toutes les institutions humaines, comme le mariage, ne permettent
qu'un degré modéré d'idéalisation pratique, faute de quoi se
fait aussitôt sentir la nécessité de remèdes grossiers.

425. *Une période de* Sturm und Drang *pour les femmes.*

Dans les trois ou quatre pays civilisés d'Europe, il sera possible, grâce à quelques siècles d'éducation, de transformer les femmes en tout ce que l'on voudra, même en hommes, non pas certes
sexuellement parlant, mais enfin dans n'importe quel autre sens.
Soumises à pareille intervention, elles auront un beau jour acquis
toutes les forces et toutes les vertus viriles, nécessairement ac-
compagnées, il est vrai, des faiblesses et des vices correspon-
dants : cela, je l'ai dit, on peut y arriver. Mais comment
supporterons-nous l'état de transition qui s'ensuivra et pourra
lui-même durer un certain nombre de siècles, pendant lesquels
folies et injustices, ces cadeaux dont nous ont de tout temps gra-
tifié les femmes, garderont encore la suprématie sur tout l'acquis
qu'elles y auront ajouté? Ce sera là le temps où la colère cons-
tituera la passion proprement virile, la colère de voir tous les
arts et toutes les sciences submergés et envasés par un dilettan-
tisme inouï, la philosophie assassinée sous le verbiage affolant
des bavardes, la politique plus délirante et partisane que jamais,
la société en pleine dissolution, tout cela parce que les gardien-
nes des vieilles convenances en seront venues à se paraître ridi-

cules à elles-mêmes et tendront à se placer en dehors de ces convenances sous tous les rapports. Si, en effet, les femmes jouis-
saient de leur plus grand pouvoir *dans les limites* des
convenances, à quoi ne devront-elles pas recourir pour regagner
un pouvoir de même importance une fois qu'elles auront renoncé
à ces convenances?

426. *Esprit libre et mariage.*

Les esprits libres vivront-ils avec des femmes? En général,
je crois que, tels les oiseaux prophétiques de l'Antiquité, ils pré-
féreront, eux qui pensent et annoncent la vérité du présent, *voler
seuls*.

427. *Le bonheur du mariage.*

Toute accoutumance nous enveloppe d'un réseau de plus en
plus solide de fils arachnéens; et nous nous apercevons sans tarder que ces fils sont devenus des lacs et que nous en occupons
nous-mêmes le centre, araignée qui s'y est prise et n'y a que son
sang à dévorer. C'est pourquoi l'esprit libre hait toutes règles
et habitudes, toutes choses durables et définitives, pourquoi il
se remet toujours, avec douleur, à déchirer la toile qui l'enserre :
encore qu'il lui faille en conséquence souffrir de nombreuses
blessures, grandes et petites, — car ces fils, c'est à lui-même,
à son corps, à son âme, qu'il doit les arracher. Il lui faut apprendre à aimer ce qu'il haïssait jusqu'alors, et inversement. Bien
plus, il ne doit pas lui être impossible de semer des dents de dragon sur le champ même où il épanchait naguère les cornes
d'abondance de sa bonté. — On pourra conclure de là s'il est
fait pour le bonheur du mariage.

428. *Trop près.*

A vivre trop près de quelqu'un, il en va comme d'une bonne
gravure que nous prendrions et reprendrions sans cesse avec les

doigts nus : un beau jour, nous n'avons plus entre les mains qu'un chiffon de papier maculé. L'âme humaine, à force de contacts perpétuels, finit aussi par être usée ; du moins finit-elle par le *paraître*, — nous n'en retrouvons jamais le dessin et la beauté originaux. — On perd toujours à un commerce trop familier avec les femmes et ses amis ; et c'est parfois la perle de sa vie que l'on y perd.

429. *Le berceau doré.*

Toujours l'esprit libre respirera qui se sera enfin décidé à secouer cette sollicitude et cette vigilance maternelles dont les femmes l'entourent si tyranniquement. Quel mal peut donc lui faire un courant d'air un peu vif, dont on le protégeait si anxieusement, quelle importance avoir un inconvénient réel, une perte, un accident, une maladie, une dette, un égarement de plus ou de moins dans sa vie, comparés à cette servitude du berceau doré, du chasse-mouches en plumes de paon et du sentiment accablant d'être tenu en plus à la reconnaissance pour être ainsi choyé et gâté comme un nourrisson ? C'est pourquoi ce lait que lui versent dans un esprit si maternel les femmes de son entourage peut si facilement se changer en fiel.

430. *Victime volontaire.*

Il n'est, pour les femmes de valeur, meilleur moyen de rendre la vie plus facile à leurs maris, si ce sont de grands hommes célèbres, que de se faire en quelque sorte le réceptacle de l'hostilité générale et, à l'occasion, de l'humeur manifestée par les autres. Les contemporains passent d'ordinaire beaucoup d'erreurs et de folies à leurs grands hommes, voire des actes d'injustice grossière, pourvu qu'ils trouvent quelqu'un, une victime à maltraiter et à immoler pour soulager leur bile. Il n'est pas rare qu'une femme se découvre l'ambition de s'offrir à un tel sacrifice, et le fait est que l'homme peut alors s'en montrer fort content, — à condition, s'entend, d'être assez égoïste pour accepter auprès de lui cette sorte de paratonnerre, parafoudre et parapluie volontaire.

431. *Aimables adversaires.*

Le penchant qu'ont naturellement les femmes pour le calme, la régularité, l'heureuse harmonie de l'existence comme du commerce social, cette sorte d'huile que leur influence étend pour l'apaiser sur la mer de la vie, voilà qui œuvre involontairement à l'encontre de la tendance intime de l'esprit libre à plus d'héroïsme. Sans s'en douter, les femmes font ce que l'on ferait en ôtant les pierres sous les pas du minéralogiste cheminant, pour que son pied ne s'y heurte point, — alors que lui s'est justement mis en route *à seule fin* de s'y heurter.

432. *Où deux consonances dissonent.*

Les femmes veulent servir et y trouvent leur bonheur : et l'esprit libre ne veut pas être servi et là est son bonheur.

433. *Xanthippe.*

Socrate trouva la femme qu'il lui fallait, — mais aussi il ne l'aurait pas recherchée s'il l'avait assez bien connue : même l'héroïsme de cet esprit libre ne serait pas allé jusque-là. Le fait est que Xanthippe le poussa toujours plus avant dans sa vocation originale en lui rendant son foyer inhabitable, sa maison inhospitalière : c'est elle qui lui apprit à vivre dans les rues et en tous lieux où l'on pouvait bavarder et muser, faisant ainsi de lui le plus grand dialecticien des rues d'Athènes ; lequel ne put finalement s'empêcher de se comparer lui-même à un taon qu'un dieu aurait posé sur le col de cette belle cavale d'Athènes pour l'empêcher de demeurer en repos[1].

434. *Aveugles aux lointains.*

De même que les mères ne sentent et ne voient vraiment que les souffrances de leurs enfants qui tombent sous les sens et la

vue, les femmes des hommes aux aspirations élevées ne peuvent
non plus prendre sur elles de voir leurs époux souffrir, pâtir et
être méprisés, — alors que, peut-être, tout cela est non seulement l'indice d'un choix pertinent dans la conduite de leur vie,
mais encore le sûr garant qu'ils atteindront *nécessairement* quelque jour leurs buts ambitieux. Les femmes intriguent toujours
en secret contre la grandeur d'âme de leurs maris ; elles cherchent à les frustrer de leur avenir, au profit d'un présent
confortable et douillet.

435. *Puissance et liberté.*

Si haut que les femmes puissent estimer leurs maris, elles res-
pectent plus encore les pouvoirs et les idées reconnus par la
société : depuis des millénaires, courbées devant tous les maîtres, les mains jointes sur la poitrine, elles sont accoutumées à
emboîter le pas et elles désapprouvent tout soulèvement contre
le pouvoir officiel. Aussi, sans même le vouloir délibérément,
et plutôt comme par instinct, s'accrochent-elles aux roues de
la libre pensée, sorte de sabot freinant son élan d'indépendance,
et en certaines circonstances elles poussent leurs époux au comble
de l'impatience, surtout quand ceux-ci se persuadent encore que
c'est l'amour qui, au fond, est ici le ressort de leurs femmes.
Désapprouver les moyens employés par les femmes et respecter
magnanimement les motifs qui les inspirent, — voilà bien manières d'hommes, et assez souvent désespoir d'hommes.

436. *Ceterum censeo*[1].

Il y a de quoi rire à voir une société de sans-le-sou décréter
l'abolition des droits de succession, et de quoi rire autant à voir
des gens sans enfants travailler à donner une législation pratique à un pays : — c'est qu'ils n'ont pas sur leur navire assez
de lest pour se lancer en toute sécurité sur l'océan de l'avenir.
Mais la même absurdité paraît en celui qui, s'étant fixé pour
tâche la connaissance la plus générale et l'appréciation de l'existence dans sa totalité, s'encombre de considérations personnel-

les pour avoir famille à nourrir, à protéger, femme et enfants
à ménager, et déploie devant son télescope ce voile opaque
qu'arrivent à peine à percer quelques rayons de l'univers lointain des astres. Ainsi, j'en arrive moi aussi à poser que, dans
l'ordre des plus hautes spéculations philosophiques, tous les gens
mariés sont suspects.

437. *Pour finir.*

Il y a bien des sortes de ciguë, et le destin trouve presque toujours une occasion de porter une coupe de ce poison aux lèvres
du libre penseur, — pour le « punir », comme dit ensuite tout
le monde. Que font alors les femmes autour de lui? Elles vont
crier, se lamenter et probablement troubler le repos du penseur
au coucher de son soleil : ce qu'elles firent dans la prison d'Athènes. « O Criton, commande donc à quelqu'un de faire sortir ces
femmes ! » finit par dire Socrate...[1]

VIII

Coup d'œil sur l'État

438. *Demander la parole.*

Le caractère démagogique et le dessein d'agir sur les masses sont actuellement communs à tous les partis politiques : ils sont tous obligés, en raison dudit dessein, de convertir leurs principes en grandes sottises aux dimensions de la fresque pour pouvoir en peindre ainsi les murailles. A cela, il n'y a plus rien à changer, il est même superflu de lever le petit doigt pour s'y opposer ; car en ce domaine, c'est le mot de Voltaire qui s'applique : *Quand la populace se mêle de raisonner, tout est perdu**. Depuis que l'on en est là, il faut se résigner à ces conditions nouvelles, comme on se résigne quand un tremblement de terre a déplacé les vieilles limites, bouleversé les contours et la configuration du sol, modifié la valeur de la propriété. En outre, s'il ne s'agit plus désormais, dans toute politique, que de rendre la vie supportable au plus grand nombre possible, libre à lui, ma foi, de décider aussi de ce que les plus nombreux entendent par vie supportable ; et s'ils se croient assez d'intelligence pour trouver également les bons moyens d'atteindre ce but, à quoi servirait-il d'en douter ? Ils *veulent*, c'est dit, être les artisans de leur bonheur, de leur malheur ; et si ce sentiment de disposer d'eux-mêmes, cet orgueil des cinq ou six idées qu'abrite leur tête et qu'elle met au jour, leur rendent en fait la vie si agréable qu'ils en supportent allégrement les conséquences fatales de leur étroitesse d'esprit, il n'y a plus grand-chose à objecter, pourvu que cette étroitesse n'aille pas jusqu'à exiger que *toutes choses* soient

---

* En français dans le texte.

en ce sens, tournées à la politique, que *tout le monde* ait à vivre
et à agir selon ce critère. D'abord, il faut en effet permettre plus
que jamais à quelques-uns de s'abstenir de la politique et de rester
un peu à l'écart : c'est à quoi les pousse eux aussi l'envie de disposer d'eux-mêmes, et un rien d'orgueil peut bien s'y mêler aussi,
celui de se taire quand il y en a beaucoup trop qui parlent, ou
tout simplement trop. Ensuite, il faut passer à ces quelques-uns
de ne pas prendre tellement au sérieux le bonheur du grand nombre, que l'on entende par là des peuples entiers ou des couches
de la population, et de se permettre à l'occasion une coupable
moue ironique ; car leur sérieux est ailleurs, leur bonheur se défi-
nit autrement, leur but ne se mesure pas à l'empan de ces lourdes mains qui n'ont pour saisir que juste leurs cinq doigts. Enfin
(c'est à coup sûr ce qui leur sera le plus difficilement accordé,
mais qui doit le leur être aussi), un moment vient de temps en
temps où ils sortent de leurs solitudes taciturnes et essaient encore
une fois la force de leurs poumons : c'est qu'alors, comme gens
égarés dans la forêt, ils s'appellent pour se faire reconnaître et
s'encourager mutuellement ; ce qui, naturellement, ne va pas sans
ébruiter plus d'une chose fort malsonnante pour les oreilles auxquelles elle n'est pas destinée. — Cela dit, le silence ne tarde pas
à revenir dans la forêt, un silence tel que l'on y perçoit, aussi
nets que jamais, les sifflements, bourdonnements et volettements
des insectes innombrables qui y vivent, dedans, dessus et dessous.

439. *Culture et caste*[1].

Il ne peut naître de culture supérieure que là où il existe deux
castes tranchées de la société : celle des travailleurs et celle des
oisifs, aptes aux vrais loisirs ; ou, en termes plus forts : la caste
du travail forcé et la caste du travail libre. Le partage du bonheur n'est pas un point de vue essentiel quand il s'agit de la création d'une culture supérieure ; mais le fait est que la caste des
oisifs a une plus grande capacité de souffrance, qu'elle souffre
davantage, que sa joie d'exister est moindre, plus lourde sa tâche.
Si maintenant il se produit un échange entre les deux castes, en
sorte que les familles et les individus les plus obtus, les plus inin-
telligents de la caste supérieure soient relégués dans la caste infé-

rieure, et qu'en retour les êtres les plus libres de celle-ci aient accès à l'autre : voilà atteint un état au-delà duquel on ne voit plus que la pleine mer des vagues aspirations[1]. — C'est ainsi que nous parle la voix expirante du passé ; mais où y a-t-il encore des oreilles pour l'entendre ?

440. *Sang noble.*

L'avantage qu'ont sur les autres les hommes et les femmes de sang noble, et qui leur donne le droit indubitable de jouir d'une plus haute estime, ce sont deux arts que l'hérédité a constamment affinés : l'art de commander, et l'art de la fière obéissance. — De nos jours, partout où le commandement fait partie du travail quotidien (comme dans le grand monde du commerce et de l'industrie), il se constitue quelque chose d'analogue à ces familles « de sang noble », mais où manque ce noble maintien dans l'obéissance, qui est chez les autres un héritage de la vie féodale et qui ne veut plus prendre dans le climat de notre civilisation.

441. *Subordination.*

La subordination, dont on a fait si grand cas dans l'État des militaires et des fonctionnaires, ne va pas tarder à perdre son crédit tout autant que l'a déjà fait la tactique serrée des jésuites ; et quand cette subordination ne sera plus possible, il y aura quantité de résultats des plus étonnants que l'on ne pourra plus obtenir, et le monde en sera appauvri. Or, elle doit nécessairement disparaître, car son fondement disparaît : c'est la foi en l'autorité absolue, en la vérité définitive ; même dans les États militaires, la contrainte physique ne suffit pas à la susciter, il y faut l'adoration héréditaire de la dignité princière comme de quelque chose de surhumain. — Dans un état social *plus libre*, on ne se soumet qu'à certaines conditions, en vertu d'un contrat réciproque, c'est-à-dire avec toutes les réserves de l'intérêt personnel.

442. *Armées nationales.*

Le plus grand inconvénient des armées nationales, si vantées
de nos jours, consiste dans le gaspillage des hommes de culture
supérieure ; eux qui n'existent que par une faveur de toutes les
circonstances, avec quel soin économe et jaloux ne devrait-on
pas les traiter, puisqu'il faut de si grands laps de temps pour
créer les conditions hasardeuses qui produisent ces cerveaux de
si délicate organisation ! Mais de même que les Grecs versaient
à flots le sang grec, ainsi font aujourd'hui les Européens du sang
européen ; et toujours, bien entendu, ce sont les hommes de la
culture la plus haute qui sont sacrifiés en plus grande proportion, ceux qui garantiraient une postérité abondante et de qualité ; car ce sont ceux qui, au combat, sont au premier rang, à
titre de chefs, et qui, en outre, s'exposent plus que les autres
aux dangers, leur ambition étant plus haute. — A une époque
où s'imposent des tâches tout autres, et plus élevées, que *patria*
et *honor*, ce patriotisme grossier à la romaine est, ou bien de
la mauvaise foi, ou bien un signe de régression.

443. *L'espérance, forme de prétention.*

Notre ordre social fondra lentement, comme l'ont fait tous
les ordres antérieurs dès que les soleils d'opinions nouvelles se
mettaient à rayonner un feu nouveau sur les hommes. On ne
peut *souhaiter* cette débâcle qu'en l'espérant : et il n'est raison-
nablement permis de l'espérer qu'à condition de se croire, à soi
et à ses pairs, plus de force dans le cœur et la tête qu'aux représentants de l'ordre établi. D'ordinaire, donc, cette espérance sera
une *prétention*, un *excès d'estime de soi*.

444. *Guerre.*

On peut dire au désavantage de la guerre : elle abêtit les vain-
queurs, rend méchant le vaincu. En faveur de la guerre : elle

introduit la barbarie par les deux effets mentionnés, et rapproche ainsi de la nature ; elle est sommeil ou hivernage de la civilisation, l'homme en sort plus fort pour le bien comme pour le mal.

445. *Au service du prince.*

Pour pouvoir agir sans se laisser arrêter par rien, le mieux que puisse faire un homme d'État sera d'accomplir son œuvre non pas pour lui-même, mais pour quelque prince. De l'éclat de ce désintéressement complet, l'œil de l'observateur sera si bien ébloui qu'il ne verra point ces perfidies et ces cruautés que comporte l'œuvre de tout homme d'État.

446. *Question de force, non de droit.*

Pour ceux qui, en toute chose, envisagent l'utilité supérieure, le socialisme, à supposer qu'il soit réellement le soulèvement des hommes opprimés, écrasés durant des millénaires, contre leurs oppresseurs, ne présente aucun problème *de droit* (avec cette ridicule et lâche question : « Jusqu'à quel point *doit*-on céder à ses revendications ? »), mais seulement un problème de *puissance* (« Jusqu'à quel point *peut*-on se servir de ces revendications ? ») ; c'est en somme comme pour une force naturelle, la vapeur par exemple, qui, ou bien est contrainte par l'homme à le servir, en dieu de la machine, ou bien, en cas de défauts de la machine, c'est-à-dire de fautes humaines de calcul dans sa construction, met à la fois en pièces la machine et l'homme. Pour résoudre cette question de puissance, il faut savoir quelle est la force du socialisme, sous quelle forme modifiée on peut encore l'utiliser comme puissant levier dans le jeu actuel des forces politiques ; le cas échéant, il faudrait même tout faire pour le renforcer. En présence de toute grande force (et quand ce serait la plus dangereuse), l'humanité doit penser à en faire un instrument de ses desseins. — De droits, le socialisme n'en obtiendra que si la guerre semble déclarée entre les deux puissances, entre les représentants de l'ordre ancien et du nouveau, mais qu'alors

la sage supputation des chances de conservation et de concilia-
tion fasse naître en chacun des deux partis le désir de traiter.
Sans traité, pas de droit. Mais jusqu'à présent il n'y a, sur ce
terrain que nous avons dit, ni guerre, ni traité, donc pas de droits
non plus, pas d'obligation.

447. *Exploitation de la moindre malhonnêteté.*

La puissance de la presse réside en ce que chaque individu
à son service ne se sent que fort peu de liens et d'obligations.
Il dit d'ordinaire *son* opinion, mais enfin, il lui arrive aussi de
ne pas la dire, pour servir son parti, ou la politique de son pays,
ou ses propres intérêts. L'individu n'a pas de mal à supporter
ces petits délits de mauvaise foi, ou tout simplement, peut-être,
de silence malhonnête, mais les conséquences en sont incalculables, parce que ces petits délits se trouvent commis en même
temps par beaucoup de gens. Chacun d'eux se dit : « Au prix
de ces services si minimes, je vis mieux, j'arrive à joindre les
deux bouts ; m'abstenir de ces petits égards, c'est me rendre
impossible. » Comme, moralement, il semble à peu près indifférent d'écrire ou de ne pas écrire une ligne de plus ou de moins,
probablement non signée par-dessus le marché, quiconque a de
l'argent et de l'influence peut, de toute opinion, faire une opinion publique. Dès lors, celui qui sait que la plupart des gens
sont faibles dans les petites choses et veut les faire servir à ses
propres fins est toujours un homme dangereux.

448. *Un ton trop haut dans le réquisitoire.*

Du fait même qu'une situation critique (par exemple les vices
d'une administration, la corruption et le favoritisme dans les
corps savants ou politiques) est décrite en termes fortement exagérés, la description perd sans doute toute chance d'impression-
ner les esprits clairvoyants, mais n'en produit qu'une impression
plus forte sur les autres (qu'un exposé précis et mesuré aurait
laissés indifférents). Mais comme ces esprits sans clairvoyance
sont de loin la majorité et qu'ils sont habités d'une volonté plus

forte, d'un besoin d'action plus impétueux, cette exagération finit par donner lieu à enquêtes, sanctions, promesses, réorganisations. — C'est en ce sens qu'il est utile de brosser un tableau exagéré des situations critiques.

449. *Ceux qui semblent faire la pluie et le beau temps en politique.*

De même que le peuple suppose tacitement faire la pluie et le beau temps quiconque se connaît en la matière et prédit le temps un jour à l'avance, des gens même cultivés et savants se mettent en frais de superstition pour attribuer aux grands hommes d'État, comme étant leur œuvre personnelle, tous les changements et toutes les conjonctures d'importance qui ont eu lieu pendant leur gouvernement, alors qu'il est bien évident qu'ils en ont eu vent plus tôt que les autres et ont fondé leurs calculs sur ce savoir : eux aussi passent donc pour faire la pluie et le beau temps — et cette croyance n'est pas le moindre instrument de leur puissance.

450. *L'ancienne et la nouvelle conception du gouvernement.*

Distinguer entre le gouvernement et le peuple comme s'il s'agissait de deux sphères de puissance séparées négociant avant de se mettre d'accord, l'une forte et haute, l'autre faible et basse, voilà qui relève d'un sentiment politique hérité d'autrefois et qui de nos jours, dans *la plupart* des États, correspond encore exactement à la réalité historique des rapports de puissance. Quand Bismarck, par exemple, qualifie la forme constitutionnelle de compromis entre le gouvernement et le peuple, il parle conformément à un principe qui a sa raison dans l'histoire (et en tire aussi, bien entendu, le grain de déraison sans lequel rien d'humain ne saurait exister). A l'opposé, on veut maintenant nous enseigner — conformément à un principe sorti tel quel du cerveau et censé *faire* l'histoire à lui seul — que le gouvernement n'est rien qu'un organe du peuple, et non pas un « haut » prévoyant et vénérable par rapport à un « bas » accoutumé à la modestie. Que l'on veuille bien, avant d'admettre cette défi-nition de l'idée de gouvernement, pour l'instant antihistorique et arbitraire, quoique plus logique, en supputer tout de même les conséquences : car la relation entre peuple et gouvernement est le type de relation le plus fort, la forme même sur laquelle se modèlent les rapports entre professeur et élève, maître et domesticité, père et famille, chef et soldat, patron et apprenti. Actuellement, sous l'influence de la forme constitutionnelle de gouvernement, qui l'emporte, toutes ces relations se transfor-ment quelque peu : elles *deviennent* des compromis. Mais comme il leur faudra s'altérer et se déformer, changer de nom et de nature, quand cette autre conception toute nouvelle se sera par-tout emparée des cerveaux ! — ce qui pourrait bien, il est vrai, demander encore un siècle. En la matière, rien n'est *plus* à sou-haiter que la prudence et une lente évolution[1].

451. *La justice servant d'appeau aux partis.*

Il se peut certes que des représentants nobles (mais pas préci-sément très clairvoyants) de la classe[2] dirigeante prennent l'engagement suivant : « Nous allons traiter les hommes en égaux, leur reconnaître des droits égaux » ; une orientation d'esprit socialiste, reposant sur la *justice*, est possible en ce sens, mais seulement, on l'a dit, au sein de la classe dirigeante, qui, dans ce cas, *pratique* la justice en même temps que sacrifices et abnégation. Au contraire, *revendiquer* l'égalité des droits, comme font les socialistes de la caste assujettie, n'est plus du tout l'émanation de la justice, mais bien de la convoitise. — Quand on montre de près des morceaux de viande saignante au fauve, puis qu'on les retire, tant qu'à la fin il se met à rugir : croyez-vous que ce rugissement veuille dire justice ?

452. *Possession et justice.*

Quand les socialistes démontrent que, dans l'humanité actuelle, le partage de la propriété est la conséquence d'injusti-ces et de violences sans nombre, et qu'ils déclinent en bloc toute obligation à l'égard de cette chose au fondement si injuste, ils ne voient qu'un détail. Tout le passé de l'ancienne civilisation est fondé sur la violence, l'esclavage, la tromperie, l'erreur ; mais nous, héritiers de toutes ces situations, concrétions de ce passé tout entier, nous ne pouvons nous en désolidariser par décret, ni même nous permettre d'en distraire une seule parcelle. L'esprit d'injustice est chevillé aussi dans l'âme des non-possédants, ils ne sont pas meilleurs que les possédants et n'ont aucun privilège moral, car leurs ancêtres ont été à quelque moment des possédants aussi. Ce ne sont pas des partages nouveaux et violents, mais des changements d'esprit progressifs qui nous font besoin, c'est chez tous la justice qui doit grandir, l'esprit de violence s'affaiblir.

453. *Le timonier des passions*[1].

L'homme d'État provoque des passions publiques pour tirer profit de la passion contraire qu'elles suscitent. Prenons un exemple : un homme d'État allemand sait fort bien que l'Église catholique n'aura jamais les mêmes projets que la Russie, qu'elle préférerait même s'allier aux Turcs plutôt qu'à elle ; il sait d'autre part que tout danger d'alliance entre la France et la Russie menace l'Allemagne. S'il peut alors arriver à faire de la France le foyer et le rempart de l'Église catholique, il aura écarté ce danger pour longtemps. Il a par conséquent intérêt à se montrer plein de haine pour les catholiques et à recourir à des actes d'hostilité de toute sorte pour transformer les papistes en une puissance politique passionnée, qui sera hostile à la politique allemande et devra tout naturellement confondre sa cause avec celle de la France, adversaire de l'Allemagne : cet homme aura tout aussi nécessairement pour but la catholicisation de la France que Mirabeau voyait dans la décatholicisation le salut de sa patrie. — Un État veut ainsi l'obscurcissement de millions de cerveaux d'un autre État pour en tirer avantage. C'est la même disposition d'esprit qui, dans l'État voisin, prête son appui à la forme républicaine de gouvernement — *le désordre organisé**, comme dit Mérimée[2] — pour cette seule raison qu'elle croit

---

* En français dans le texte.

cette forme capable d'accroître la faiblesse, la division et l'inaptitude guerrière du peuple[1].

454. *Les esprits dangereux parmi les révolutionnaires.*

On distinguera, parmi les esprits rêvant d'un bouleversement de la société[2], ceux qui veulent obtenir quelque chose pour eux-mêmes et ceux qui le veulent pour leurs enfants et petits-enfants. Ce sont ces derniers qui sont dangereux ; car ils ont la foi et la bonne conscience du désintéressement. Les autres, on peut leur donner un os à ronger : la société dominante est toujours assez riche et avisée pour ce faire. Le danger commence dès que les buts se font impersonnels ; les révolutionnaires mus par des intérêts impersonnels sont fondés à considérer tous les défenseurs de l'ordre existant comme personnellement intéressés, et par suite à se sentir supérieurs à eux.

455. *Valeur politique de la paternité*[3].

Qui n'a pas de fils n'a pas non plus tout à fait le droit de délibérer avec les autres sur les besoins d'un État constitué[4]. Il faut y avoir soi-même risqué avec les autres ce que l'on a de plus cher ; cela seul crée un lien solide avec l'État ; il faut se préoccuper du bonheur de ses descendants, donc avant tout avoir des descendants, pour prendre un intérêt juste et naturel à toutes les institutions et à leur transformation. Avoir des fils, le développement de la morale supérieure en dépend ; c'est cela qui renverse les dispositions égoïstes du père, ou plus exactement : qui élargit son égoïsme dans le sens de la durée et l'amène a poursuivre sérieusement des buts qui vont au-delà de son existence individuelle[5].

456. *Fier de ses ancêtres*[6].

On peut à bon droit être fier d'une lignée ininterrompue de *bons* ancêtres s'étendant jusqu'au père, — mais non pas de la

lignée elle-même; car chacun a la sienne. Descendre de bons ancêtres est ce qui fait l'authentique noblesse de naissance; une seule
interruption dans cette chaîne, c'est-à-dire un seul aïeul mauvais, suffit à supprimer cette noblesse de naissance. A quiconque
parle de sa noblesse, il faudra demander : N'as-tu point parmi
tes ancêtres quelque personne violente, cupide, débauchée,
méchante, cruelle? S'il peut répondre non en son âme et conscience, il faudra rechercher son amitié.

457. *Esclaves et ouvriers.*

Nous accordons plus de valeur à la satisfaction de notre vanité
qu'à tout le reste de notre bien-être (sécurité, places, plaisirs de
tous ordres)[1], on le voit bien jusqu'au ridicule dans le fait que
tout le monde (en dehors de toute raison politique) souhaite
l'abolition de l'esclavage[2] et a la pire horreur de réduire les
gens à cette condition; mais tout le monde doit pourtant bien
se dire que les esclaves[3] mènent à tous égards une existence
plus sûre et plus heureuse que l'ouvrier moderne, que le travail
servile est peu de chose comparé à celui du « travailleur ». On
proteste au nom de la « dignité humaine » : or, c'est là, sous
l'euphémisme, cette même vanité chérie qui vous fait trouver
que le sort le plus dur est de n'être pas traité en égal, d'être publiquement estimé inférieur. — Le cynique pense autrement à ce
sujet, parce qu'il méprise l'honneur : — et c'est ainsi que Diogène fut un temps esclave et précepteur domestique.

458. *Les meneurs d'hommes et leurs instruments*

Nous voyons les grands politiques et, généralement, tous les
hommes obligés de faire servir quantité de gens à l'exécution
de leurs plans, procéder tantôt d'une façon, tantôt de l'autre :
ou bien ils choisissent très subtilement et soigneusement les personnes qui conviennent à leurs desseins, et leur laissent alors
une liberté relativement grande, sachant que la nature de ces
élus les pousse justement où eux-mêmes veulent les avoir; ou
bien ils choisissent mal, prennent même ce qui leur tombe sous

la main, mais modèlent dans cette argile un objet approprié à leurs fins. Les esprits de cette dernière famille sont plus violents, ils réclament aussi des instruments plus soumis ; leur connaissance des hommes est d'ordinaire bien moindre, leur mépris des hommes plus grand que chez les premiers, mais la machine qu'ils construisent travaille en général mieux que la machine sortie des ateliers des autres.

459. *Nécessité d'un droit arbitraire.*

Les juristes disputent si c'est le droit le plus systématiquement organisé, ou bien le plus facile à comprendre, qui doit finir par l'emporter dans un peuple. Le premier, dont le modèle inégalé est le droit romain, semble incompréhensible au profane, qui, par suite, n'y voit pas l'expression de son sentiment du droit. Le droit populaire, germanique par exemple, était grossier, superstitieux, illogique, absurde pour une part, mais il répondait à des mœurs et à des sentiments bien déterminés, de caractère national et héréditaire. — Cependant, là où le droit n'est plus, comme chez nous, une tradition, il ne peut être qu'un *impératif*, une contrainte ; tous tant que nous sommes, nous n'avons plus aucun sentiment traditionnel du droit, aussi nous faut-il nous contenter de *droits arbitraires*, expression de la nécessité qui exige absolument l'existence d'un droit. Le plus logique est alors dans tous les cas le plus acceptable, étant le plus *impartial* : quitte à accorder que la plus petite unité de mesure appliquée au rapport du délit et de la peine est fixée arbitrairement dans chacun de ces cas.

460. *Le grand homme de la masse.*

La recette pour faire ce que la masse appelle un grand homme est facile à donner. En toutes circonstances, procurez-lui quelque chose qui lui soit très agréable, ou alors mettez-lui dans la tête que ceci ou cela lui serait très agréable, puis donnez-le lui. Mais à aucun prix tout de suite : sans épargner votre peine, luttez de toutes vos forces pour l'obtenir, ou faites semblant. La masse doit avoir l'impression qu'une volonté puissante, voire indomptable, est à l'œuvre ; il faut tout au moins qu'elle paraisse y être. La volonté forte, tout le monde l'admire, parce que personne ne l'a, et que chacun se dit que s'il l'avait, il n'y aurait plus de limite pour lui, pour son égoïsme. S'il apparaît alors qu'une telle force de volonté apporte quelque chose de très agréable à la masse, au lieu d'exaucer les vœux de sa propre convoitise, les gens l'admireront encore une fois et se féliciteront. Que cet homme volontaire ait au demeurant toutes les qualités de la masse : moins elle aura honte devant lui, plus il sera populaire. Qu'ainsi donc il soit brutal, envieux, exploiteur, intrigant, flatteur, rampant, bouffi d'orgueil, le tout selon les circonstances.

461. *Prince et Dieu.*

Les hommes entretiennent avec leurs princes, à bien des égards, les mêmes rapports qu'avec leur Dieu, tant il est vrai qu'à bien des égards aussi le prince était le représentant de Dieu, tout au moins son grand prêtre. Ce sentiment assez inquiétant de vénération en même temps que de crainte et de pudeur s'est considérablement affaibli par le passé et de nos jours, mais il se rallume parfois pour s'attacher, d'une manière générale, aux personnages puissants. Le culte du génie est une survivance de cette vénération des dieux et des princes. Partout où l'on s'efforce de hausser des hommes, simples individus, jusqu'au surhumain, le penchant se fait jour aussi de se représenter des couches entières du peuple plus grossières et plus viles qu'elles ne sont en réalité[1].

462. *Mon utopie*[2].

Dans un ordre meilleur de la société, on devra attribuer les lourdes peines et les travaux ardus de la vie à celui qui en souffrira le moins, c'est-à-dire au plus apathique, et en remontant ainsi graduellement jusqu'à l'homme le plus sensible aux espèces les plus nobles, les plus sublimées de la souffrance, celui

qu'une vie allégée à l'extrême n'empêchera donc pas de continuer à souffrir.

463. *Une chimère dans la théorie de la révolution.*

Il est des visionnaires de la politique et de la société qui poussent de toute leur éloquence enflammée à un renversement total
de l'ordre établi, dans la croyance qu'aussitôt après s'érigera
comme de lui-même le temple le plus fier d'une belle humanité.
Il persiste dans ces rêves dangereux un écho de la superstition
de Rousseau, qui croit à la bonté de la nature humaine, une bonté
miraculeuse, originelle, mais comme *ensevelie* désormais, et qui
impute toute la faute de cet ensevelissement aux institutions de
la civilisation, société, État, éducation. Malheureusement, on
sait, à la suite d'expériences historiques, que tout bouleversement de ce genre fait chaque fois revivre les énergies les plus
sauvages, ressuscitant les horreurs et les excès depuis longtemps
enterrés d'époques reculées; qu'un bouleversement peut donc
bien être une source d'énergie pour une humanité exténuée, mais
jamais, pour la nature humaine, un architecte qui l'ordonne,
un artiste qui la parachève. — Ce n'est pas *Voltaire*, avec sa
nature mesurée, portée à régulariser, purifier, reconstruire, mais
bien *Rousseau*, ses folies et ses demi-mensonges passionnés, qui
ont suscité cet esprit optimiste de la Révolution contre lequel
je lance l'appel : « *Écrasez l'infâme**! » C'est lui qui a chassé
pour longtemps *l'esprit des lumières et de l'évolution progressive* : à nous de voir — chacun pour son compte — s'il est possible de le rappeler!

464. *Mesure.*

La fermeté résolue de la pensée et de la recherche, c'est-à-
dire la libre pensée, changée en qualité du caractère, assure une
conduite mesurée : car elle affaiblit la convoitise, tire à soi une
grande part de l'énergie disponible, au bénéfice des ambitions

---

* En français dans le texte.

intellectuelles, et montre le peu d'utilité, voire l'inutilité et le danger de tous les changements brusques.

465. *Résurrection de l'esprit*[1].

C'est quand il est tombé politiquement malade qu'en général un peuple reprend vie spontanément et retrouve son esprit, qu'il perdait petit à petit dans la recherche et le maintien de la puissance. La civilisation doit ses valeurs les plus hautes à ses périodes de faiblesse politique.

466. *Les idées nouvelles dans la vieille maison.*

Au renversement des idées ne succède pas immédiatement le renversement des institutions, mais les idées nouvelles habitent encore longtemps la maison désormais dévastée et incommode de leurs devancières ; elles l'entretiennent même, n'ayant où se loger.

467. *L'enseignement.*

L'enseignement, dans les grands États, sera toujours tout au plus médiocre, pour la même raison que, dans les grandes cuisines, on ne mijote jamais, en mettant les choses au mieux, qu'une chère médiocre.

468. *Innocente corruption.*

Dans toutes les institutions où ne souffle pas l'air vif de la critique publique, il pousse une innocente corruption, comme un champignon (par exemple dans les corps savants, les sénats).

469. *Le savant devenu politique.*

Quand ils se font hommes politiques, on attribue d'ordinaire aux savants le rôle comique d'être, qu'ils le veuillent ou non, la bonne conscience d'une politique.

470. *Le loup caché derrière le mouton.*

Il arrive à presque tout politicien d'avoir tellement besoin, dans certaines circonstances, d'un homme honnête que, tel un loup affamé, il fait irruption dans quelque bergerie : non pas toutefois pour dévorer le bélier enlevé, mais pour se cacher derrière son dos laineux.

471. *Temps heureux*[1].

Une ère de bonheur est tout à fait impossible parce que les hommes se contentent de la souhaiter sans la vouloir vraiment, et que tout individu, quand lui échoient des jours heureux, apprend littéralement à appeler sur lui l'inquiétude et la misère. Le destin des hommes est réglé en vue *d'instants heureux* — toute vie en a —, mais non d'époques entières de bonheur. Époques qui n'en subsistent pas moins dans l'imagination des hommes sous la forme de « l'au-delà des monts », héritage des temps passés ; car on a sans doute immémorialement emprunté cette notion d'ères heureuses à cet état dans lequel, après les violents efforts de la chasse et de la guerre, l'homme s'abandonne au repos, étire ses membres et entend bruire autour de lui les ailes du sommeil. C'est par un sophisme que l'homme, conformément à cette vieille habitude, s'imagine pouvoir maintenant, après *des siècles entiers* de détresse et de vicissitudes, entrer en possession de cet état de bonheur, mais *intensifié et prolongé en proportion.*

472. *Religion et gouvernement*[1].

Aussi longtemps que l'État ou, plus exactement, le gouvernement se saura commis à la tutelle d'une masse mineure et pèsera la question de savoir s'il faut, à son usage, maintenir ou éliminer la religion, il est infiniment probable qu'il se décidera toujours pour le maintien de la religion. Car la religion assure la paix de l'âme aux individus en période de frustration, de privation, de terreur, de méfiance, c'est-à-dire là même où le gouvernement se sent hors d'état de faire directement quoi que ce soit pour adoucir les souffrances morales du particulier ; qui plus est, même en cas de calamités générales, inévitables et dès l'abord irrémédiables (famines, crises monétaires, guerres), la religion garantit une attitude plus tranquille, expectative, confiante, de la masse. Partout où les fautes du gouvernement, nécessaires ou fortuites, ou bien les dangereuses conséquences d'intérêts dynastiques sautent aux yeux de l'homme clairvoyant et le disposent à la rébellion, les autres, moins éclairés, croiront voir le doigt de Dieu et se soumettront avec patience aux ordres *d'en haut* (notion dans laquelle se confondent d'habitude les procédés divins et humains de gouvernement) : la paix civile sera ainsi sauvegardée à l'intérieur, de même que la continuité de l'évolution. La puissance qui réside dans l'unité de sentiments du peuple, dans des opinions identiques et des buts pareils pour tous, la religion la protège et la scelle, hormis les rares cas où le clergé n'arrive pas à se mettre d'accord sur le prix avec l'autorité publique et entre en lutte avec elle. D'ordinaire, l'État saura se concilier les prêtres parce qu'il a besoin de leur art très privé et secret d'éduquer les âmes, et qu'il sait apprécier des serviteurs qui agissent en apparence et extérieurement au nom de tout autres intérêts. Sans le concours des prêtres, aucune puissance, même de nos jours, ne peut devenir « légitime » : ce qu'a bien compris Napoléon. — Ainsi, gouvernement absolu tutélaire et maintien vigilant de la religion vont nécessairement de pair. Ceci étant, on peut admettre que les personnes et les classes dirigeantes sont au fait de l'utilité que leur assure la religion, et se sentent ainsi supérieures à elle jusqu'à un certain point, puisqu'elles s'en

servent comme d'un moyen : ce pourquoi la libre pensée a ici
son origine. — Mais que dire, maintenant que commence à
s'imposer cette conception toute différente de l'idée de gouvernement que l'on enseigne dans les États *démocratiques*? que l'on
ne voit plus rien d'autre en lui que l'instrument de la volonté
du peuple, non plus un haut rapporté à un bas, mais tout bonnement une fonction de l'unique souverain, le peuple ? Ici, le
gouvernement ne peut que prendre la même position que le peuple vis-à-vis de la religion ; toute diffusion des lumières devra
se répercuter jusque dans ses représentants, l'utilisation et
l'exploitation des impulsions et consolations religieuses à des
fins politiques ne seront plus guère possibles (à moins que de
puissants chefs de parti n'exercent temporairement une influence
qui paraît ressembler à celle du despotisme éclairé). Mais si l'État
n'a plus lui-même licence de tirer profit de la religion, ou si le
peuple nourrit des opinions trop diverses sur la religion pour
permettre au gouvernement, quand il prend des mesures en la
matière, d'appliquer un procédé homogène et uniforme, —
l'issue qui se présentera nécessairement sera de traiter la religion en affaire privée et d'en laisser la responsabilité à la
conscience et à la coutume de chacun en particulier. La conséquence en sera tout d'abord que le sentiment religieux paraîtra
fortifié, en ce qu'éclateront alors, poussées aux extrêmes du
délire, des tendances secrètes et réprimées que l'État, involontairement ou délibérément, étouffait ; on se rendra compte plus
tard que la religion aura disparu sous le foisonnement des sectes, et que ce sont des dents de dragon que l'on a semées à pro-
fusion dès l'instant que l'on faisait de la religion une affaire
privée. Le spectacle des conflits, la mise à nu, dans l'hostilité,
de toutes les faiblesses des confessions religieuses, ne laisseront
plus pour finir d'autre issue à chacun des meilleurs et des mieux
doués que de faire, de l'irréligion, son affaire privée : mentalité qui l'emportera alors même dans l'esprit des gens de gouvernement et, serait-ce contre leur gré, donnera un caractère
antireligieux aux mesures qu'ils prendront. Dès que l'on en sera
là, les dispositions des gens encore animés de sentiments religieux, qui, auparavant, adoraient dans l'État quelque chose de
partiellement ou de totalement sacré, se renverseront en dispositions carrément *hostiles à l'État* ; ces gens seront à l'affût des

mesures du gouvernement, chercheront à le paralyser, à le contrecarrer, à l'inquiéter autant qu'ils pourront, et jetteront ainsi le parti adverse, le parti irréligieux, poussé par le feu même de leur opposition, dans un enthousiasme quasi fanatique *pour* l'État ; à quoi se conjuguera l'effet d'un secret ferment, car, depuis la rupture de ces milieux avec la religion, les âmes y sentiront un vide et chercheront à se créer par leur dévouement à l'État un succédané provisoire, une sorte de bouche-trou. Après ces luttes de transition, peut-être de longue durée, la question sera enfin résolue de savoir s'il reste encore assez de force aux partis religieux pour ressusciter l'ancien état de choses et faire machine arrière : auquel cas le despotisme éclairé (peut-être moins éclairé et plus timide qu'avant) prendra inévitablement l'État en main, — ou bien si les partis sans religion l'emporteront, et, compromettant pendant quelques générations la perpétuation de leurs adversaires, par l'école et l'éducation peut-on penser, finiront par la rendre impossible. Mais alors, cet enthousiasme pour l'État se relâchera chez eux aussi : il apparaîtra de plus en plus clairement qu'avec cette adoration religieuse, pour laquelle il est un mystère, une institution surnaturelle, se trouve en même temps ébranlé tout ce que l'on avait de vénération et de piété à son égard. Dorénavant, les individus ne verront plus que le côté par où il peut leur être utile ou nuisible, et lui livreront assaut par tous les moyens pour prendre barre sur lui. Mais cette concurrence sera bientôt trop forte, les hommes et les partis changeront trop vite, se précipiteront mutuellement au bas de la montagne, à peine parvenus au sommet, dans un désordre sauvage. A toutes les mesures qu'imposera un gouvernement manquera toute garantie de durée ; on reculera devant des entreprises auxquelles il faudrait des dizaines, des centaines d'années de croissance tranquille pour mûrir leurs fruits à point. Personne ne se sentira plus d'autre obligation envers la loi que de s'incliner devant la force qui l'aura introduite : mais aussitôt on se mettra à œuvrer pour la saper par une force nouvelle, une nouvelle majorité à constituer. Enfin — on peut l'affirmer avec certitude — la méfiance à l'endroit de tout ce qui tient au gouvernement, la révélation de ce qu'ont d'inutile et d'exténuant ces luttes haletantes, ne pourront que pousser les hommes à une résolution radicalement neuve : supprimer la notion d'État, abolir l'opposition « privé et public ». Les sociétés privées absorberont progressivement les affaires d'État : même le reste le plus coriace qui subsistera de ce vieux travail du gouvernement (cette fonction, par exemple, destinée à garantir les particuliers contre les particuliers)[1], ce seront finalement des entrepreneurs privés qui s'en chargeront un jour. Le mépris, la décadence et *la mort de l'État*, l'affranchissement du particulier (je n'ai garde de dire : de l'individu), sont la conséquence de la conception démocratique de l'État ; là est sa mission. Une fois remplie sa tâche (qui, comme toutes choses humaines, comporte beaucoup de raison et beaucoup de déraison), une fois surmontées toutes les rechutes de la vieille maladie, c'est, dans le livre des Fables de l'humanité, un nouveau feuillet qui se déroulera, et on y lira toutes sortes d'histoires bizarres avec peut-être aussi quelques bons passages. — Résumons brièvement ce qui précède : l'intérêt du gouvernement dans son rôle de tutelle et l'intérêt de la religion vont si bien la main dans la main que, dès le moment où cette dernière amorce son déclin, les fondements de l'État sont ébranlés du même coup. La croyance à un ordre divin des choses politiques, à un mystère dans l'existence de l'État, est d'origine religieuse : que la religion vienne à disparaître, et l'État y perdra inévitablement son antique voile d'Isis, cessera d'inspirer la vénération. La souveraineté du peuple, vue de près, servira à dissiper aussi les derniers restes de magie et de superstition dans ce domaine de sentiments ; la démocratie moderne sera la forme historique de *la décadence de l'État*. — La perspective résultant de cette décadence certaine n'est pourtant pas catastrophique sous tous les rapports : le bon sens et l'égoïsme des hommes sont, de toutes leurs qualités, les mieux développées ; quand l'État ne répondra plus aux exigences de ces forces, ce n'est pas le chaos qui lui succédera le moins du monde, mais une invention plus efficace encore que ne l'était l'État arrivera à triompher de celui-ci. Nombreuses sont les forces d'organisation que l'humanité a déjà vues dépérir, — par exemple celle de la communauté de race, qui fut pendant des millénaires beaucoup plus puissante que celle de la famille, qui disposait même du pouvoir et de l'organisation bien avant que la famille ne fût constituée. Nous voyons nous-mêmes pâlir et s'affaiblir un peu plus chaque jour la grande idée du droit et du pouvoir familiaux, qui exerça jadis sa domination sur toute l'étendue du monde romain. C'est ainsi qu'une génération future verra l'État lui aussi perdre toute importance, — idée à laquelle beaucoup de contemporains ne sauraient guère penser sans crainte et sans horreur. Certes, *travailler* à la propagation et à la réalisation de cette idée est déjà autre chose : il faut nourrir une opinion fort prétentieuse de sa raison et ne guère comprendre l'histoire qu'à demi pour mettre d'ores et déjà la main à la charrue, — alors que personne ne saurait encore nous montrer les graines qu'il s'agira de semer ensuite sur le terrain labouré. Faisons donc confiance « au bon sens et à l'égoïsme des hommes » pour laisser subsister l'État *encore* un bon bout de temps et parer aux tentatives destructrices de certains, trop zélés et trop pressés avec leur demi-savoir !

473. *Le socialisme au point de vue de ses moyens d'action.*

Le socialisme est le frère cadet et fantasque du despotisme agonisant[1], dont il veut recueillir l'héritage ; ses aspirations sont donc réactionnaires au sens le plus profond. Car il désire la puissance étatique à ce degré de plénitude que seul le despotisme a jamais possédé, il surenchérit même sur le passé en visant à l'anéantissement pur et simple de l'individu : lequel lui apparaît comme un luxe injustifié de la nature qu'il se croit appelé à corriger pour en faire un *organe utile de la communauté*. A cause de cette affinité, il se montre toujours au voisinage de tous les déploiements excessifs de puissance, comme le vieux socialiste type, Platon, à la cour du tyran de Sicile ; il souhaite (et seconde le cas échéant) l'État au despotisme césarien de ce siècle, parce qu'il voudrait, comme je l'ai dit, en être l'héritier. Mais même cet héritage ne suffirait pas à ses fins ; ce qu'il lui faut, c'est la soumission la plus servile de tous les citoyens à l'État absolu, à un degré dont il n'a jamais existé l'équivalent ; et comme il ne peut même plus compter sur l'ancienne piété religieuse dont bénéficiait l'État, qu'il doit au contraire, bon gré mal gré, œuvrer continuellement à la supprimer — puisqu'il travaille en effet à la suppression de tous les *États* établis —, il ne peut nourrir l'espoir d'arriver ici ou là à l'existence que pour peu de temps, en recourant au terrorisme extrême. Aussi se prépare-t-il en secret à l'exercice souverain de la terreur, aussi enfonce-t-il le mot de « Justice » comme un clou dans la tête des masses semi-cultivées, pour les priver complètement de leur bon sens (ce bon sens ayant déjà beaucoup souffert de leur demi-culture) et leur donner bonne conscience en vue de la méchante partie qu'elles auront à jouer. — Le socialisme peut servir à enseigner de façon bien brutale et frappante le danger de toutes les accumulations de puissance étatique, et à inspirer une méfiance correspondante envers l'État lui-même. Que sa voix rauque se mêle au cri de guerre : « Le plus d'État possible », celui-ci en deviendra d'abord plus bruyant que jamais ; mais bientôt éclatera avec d'autant plus d'énergie le cri de ralliement opposé : « *Le moins d'État possible.* »

474. *Le développement de l'esprit, sujet de crainte pour l'État*[1].

La *polis* grecque, comme toute puissance politique organisatrice, était exclusive et pleine de méfiance envers l'accroissement de la culture ; son instinct foncier de violence n'avait guère sur celle-ci d'effets que paralysants et inhibiteurs. Elle ne voulait admettre dans la culture ni histoire ni devenir ; l'éducation arrêtée dans la constitution était faite pour tenir toutes les générations et les fixer à un seul et même niveau. Platon, plus tard, ne voulait encore rien d'autre pour son État idéal. C'est donc *en dépit* de la *polis* que la culture se développa ; encore qu'elle lui fournît malgré elle une aide indirecte, en ce que l'ambition de l'individu s'y trouvait stimulée au plus haut point, si bien qu'une fois engagé dans la voie du perfectionnement de la culture intellectuelle, il poursuivait là aussi jusqu'à la dernière extrémité. Il ne faut pas alléguer là contre le panégyrique de Périclès[2] : ce n'est qu'un grand rêve optimiste, la fiction d'un lien prétendu nécessaire entre la *polis* et la culture athénienne ; Thucydide, juste avant que la nuit tombe sur Athènes (la peste et la rupture de la tradition), en suscite encore une fois tout l'éclat, comme un crépuscule transfigurateur, destiné à nous faire oublier le mauvais jour qui l'a précédé.

475. *L'homme européen et la destruction des nations*[3].

Le commerce et l'industrie, l'échange de lettres et de livres, la mise en commun de toute la culture supérieure, le changement rapide de lieu et de site, la vie nomade propre actuellement à tous ceux qui ne possèdent pas de terres, — ces circonstances entraînent un affaiblissement fatal des nations, s'achevant en destruction, tout au moins des nations européennes : tant et si bien qu'elles donneront nécessairement naissance, par suite de croisements continuels, à une race mêlée, celle de l'homme européen. La fermeture des nations sur elles-mêmes, résultant de la formation de haines *nationales*, œuvre sciemment ou non à l'encontre de ce but, mais ce métissage n'en poursuit pas moins sa lente progression, en dépit de ces courants contraires du moment ; ce nationalisme artificiel est du reste aussi dangereux que l'a été le catholicisme artificiel, car il est par essence un état violent de siège et d'urgence, décrété par une minorité, subi par la majorité, et il a besoin de ruse, de mensonge et de violence pour se maintenir en crédit. Ce n'est pas l'intérêt du grand nombre (des peuples), comme on aime à le dire, mais avant tout l'intérêt de certaines dynasties princières, puis celui de certaines classes du commerce et de la société, qui poussent à ce nationalisme ; une fois cela reconnu, il ne reste plus qu'à se proclamer sans crainte *bon Européen* et à travailler par ses actes à la fusion des nations : œuvre à laquelle les Allemands peuvent collaborer par leur vieille qualité éprouvée d'*interprètes et d'intermédiaires des peuples*. — Soit dit en passant : le problème des *Juifs* n'existe à tout prendre que dans les limites des États nationaux, car c'est là que leur énergie et leur intelligence supérieures, ce capital d'esprit et de volonté longuement accumulé de génération en génération à l'école du malheur, doivent en arriver à un degré de prédominance qui suscite l'envie et la haine, si bien que dans presque toutes les nations actuelles — et cela d'autant plus qu'elles adoptent à leur tour une attitude plus nationaliste — se propage cette odieuse littérature qui entend mener les Juifs à l'abattoir, en boucs émissaires de tout ce qui peut aller mal dans les affaires publiques et intérieures. Dès lors qu'il ne s'agit plus du maintien des nations, mais de la production d'une race européenne mêlée et aussi forte que possible, le Juif en est un élément aussi utilisable et souhaitable que n'importe quel autre vestige national. Toute nation, tout homme a des traits déplaisants, voire dangereux ; il est barbare d'exiger que le Juif fasse exception. Il se peut même que ces traits soient chez lui tout particulièrement dangereux et repoussants, et le jeune boursicotier juif est peut-être en somme la plus répugnante trouvaille du genre humain. Néanmoins, j'aimerais bien savoir jusqu'où, lors d'une explication générale, il ne faudra pas pousser l'indulgence envers un peuple qui, de tous, a eu l'histoire la plus chargée de misères, non sans notre faute à tous, et auquel nous devons l'homme le plus noble (le Christ), le sage le plus pur (Spinoza), le Livre le plus imposant et la Loi morale la plus influente du monde. En outre, aux temps les plus sombres du moyen âge, alors que les nuées asiatiques avaient étendu leur épaisseur de plomb sur l'Europe, ce furent les Juifs, libres penseurs, savants, médecins, qui, malgré la pire violence faite à leur personne, continuèrent à tenir l'étendard des lumières et de l'indépendance d'esprit, défendirent l'Europe contre l'Asie ; c'est en grande partie à leurs efforts que l'on doit la victoire finalement revenue à une explication du monde plus naturelle, plus conforme à la raison et en tout cas affranchie des mythes : grâce à eux, il n'y a pas eu de rupture dans l'anneau de la culture qui nous relie maintenant aux lumières de l'Antiquité gréco-romaine. Si le christianisme a tout fait pour orientaliser l'Occident, c'est le judaïsme qui a essentiellement contribué à l'occidentaliser derechef et sans trêve : ce qui équivaut en un certain sens à faire de la mission et de l'histoire de l'Europe *la continuation de celles de la Grèce.*

476. *Supériorité apparente du moyen âge.*

Le moyen âge nous montre dans l'Église une institution poursuivant un but universel qui englobe l'ensemble de l'humanité, et un but, qui plus est, concernant les intérêts prétendus les plus élevés de celle-ci ; en regard, les buts dont l'histoire moderne montre les États et les nations préoccupés font une impression d'étroitesse accablante ; ils ont une apparence mesquine, basse, matérielle, d'étendue bornée. Seulement, cette impression différente sur notre imagination ne doit pas déterminer notre jugement ; car cette institution universelle répondait à des besoins artificiels, reposant sur des fictions, qu'elle était obligée de produire là où ils n'existaient pas encore (besoin de rédemption) ; les institutions nouvelles remédient à des situations de détresse réelle ; et le temps vient où prendront naissance des institutions propres à servir les besoins véritables et communs de tous les hommes et à rejeter dans l'ombre et l'oubli leur chimérique modèle, l'Église catholique.

477. *La guerre indispensable*[1].

C'est un songe creux de belles âmes utopiques que d'attendre encore beaucoup de l'humanité dès lors qu'elle aura désappris à faire la guerre (voire même de mettre tout son espoir en ce moment-là). Pour l'instant, nous ne connaissons pas d'autre moyen qui puisse communiquer aux peuples progressivement épuisés cette rude énergie du camp, cette haine profonde et impersonnelle, ce sang-froid de meurtrier à la bonne conscience, cette ardeur[2] cristallisant une communauté dans la destruction de l'ennemi, cette superbe indifférence aux grandes pertes, à sa propre vie comme à celle de ses amis, cet ébranlement sourd, ce séisme de l'âme, les leur communiquer aussi fortement et sûrement que le fait n'importe quelle grande guerre : ce sont les torrents et les fleuves alors déchaînés qui, malgré les pierres et les immondices de toutes sortes roulés dans leurs flots, malgré les prairies et les délicates cultures ruinées par leur passage, feront ensuite tourner avec une force nouvelle, à la faveur des circonstances, les rouages des ateliers de l'esprit. La civilisation ne saurait du tout se passer des passions, des vices et des cruautés. — Le jour où les Romains parvenus à l'Empire commencèrent à se fatiguer quelque peu de leurs guerres, ils tentèrent de puiser de nouvelles forces dans les chasses aux fauves, les combats de gladiateurs et les persécutions contre les chrétiens. Les Anglais d'aujourd'hui, qui semblent en somme avoir aussi renoncé à la guerre, recourent à un autre moyen de ranimer ces

énergies mourantes : ce sont ces dangereux voyages de découverte, ces navigations, ces ascensions, que l'on dit entrepris à
des fins scientifiques, mais qui le sont en réalité pour rentrer
chez soi avec un surcroît de forces puisé dans des aventures et
des dangers de toute sorte. On arrivera encore à découvrir quantité de ces succédanés de la guerre, mais peut-être, grâce à eux;
se rendra-t-on de mieux en mieux compte qu'une humanité aussi
supérieurement civilisée, et par suite aussi fatalement exténuée
que celle des Européens d'aujourd'hui, a besoin, non seulement
de guerres, mais des plus grandes et des plus terribles[1] qui
soient (a besoin, donc, de rechutes momentanées dans la barbarie) pour éviter de se voir frustrée par les moyens de la civilisation de sa civilisation et de son existence mêmes.

478. *L'activité du Midi et celle du Nord.*

L'activité provient de deux sources très différentes. Les artisans du Sud en arrivent à être actifs, non point par envie de lucre,
mais à cause des besoins perpétuels des autres. Comme il vient
toujours quelqu'un qui veut faire ferrer un cheval, réparer une
voiture, le forgeron presse le travail. S'il ne venait personne,
il s'en irait flâner sur la place. Se nourrir n'a guère d'urgence
dans un pays fertile, il ne lui faudrait pour cela qu'une minime
quantité de travail, en tout cas nulle presse ; il finirait bien par
s'en aller mendier, content néanmoins. — L'activité de l'ouvrier
anglais découle au contraire de son goût du lucre : il se fait une
haute idée de lui-même et de ses ambitions, et dans la possession c'est la puissance qu'il cherche, dans la puissance le plus
de liberté et de distinction individuelle possible.

479. *La richesse à l'origine d'une noblesse de race.*

La richesse engendre nécessairement une aristocratie de race,
car elle permet de choisir les femmes les plus belles, de payer
les meilleurs précepteurs, elle confère la propreté, le temps d'exercer son corps et surtout la possibilité d'échapper à l'abrutisse-
ment du travail physique. Elle fournit par là même toutes les

conditions assurant, au bout de quelques générations, la distinction et la beauté du maintien, mieux même, de la conduite : liberté accrue de l'âme, absence de pitoyable mesquinerie, d'abaissement devant les patrons, d'épargne sou à sou. — Ces qualités négatives sont justement le plus riche présent de la fortune pour un jeune homme ; qui est vraiment pauvre, la noblesse des sentiments l'entraîne d'habitude à sa perte, il n'avance pas et ne gagne rien, sa race n'est pas viable. — Mais il faut là-dessus considérer que la richesse produit à peu près les mêmes effets, que l'on ait trois cents ou trente mille thalers à dépenser par an : à partir de là, il n'y a plus aucune progression réelle des circonstances favorables. C'est toutefois chose terrible que posséder moins, mendier dans son enfance et s'humilier : encore que ce puisse être le bon départ pour ces gens qui cherchent le bonheur dans la magnificence des cours, dans leur subordination aux hommes puissants et influents, et qui veulent devenir princes de l'Église. (C'est là que l'on apprend à se courber pour s'insinuer dans les couloirs souterrains de la faveur.)

480. *Envie et paresse différemment orientées.*

Les deux partis adverses, le parti socialiste et le parti national[1] (quelque nom qu'ils puissent d'ailleurs avoir dans les divers pays d'Europe), sont dignes l'un de l'autre : l'envie et la paresse sont les puissances motrices de l'un comme de l'autre. Dans l'un des camps, on veut travailler aussi peu que possible de ses mains, dans l'autre aussi peu que possible de la tête ; dans ce dernier, on hait et on envie les individus éminents qui ne doivent leur grandeur qu'à eux-mêmes, et ne se laissent pas enrôler de bon gré en vue d'une action de masse ; dans le premier, on déteste et on jalouse la meilleure caste de la société, jouissant extérieurement d'une situation privilégiée, mais dont la tâche propre, la production des biens supérieurs de la civilisation, rend la vie d'autant plus pénible et douloureuse intérieurement. Certes, si l'on réussit à faire de cet esprit d'action de masse l'esprit même des classes supérieures de la société, les troupes socialistes seront parfaitement en droit de chercher aussi le nivellement extérieur entre elles-mêmes et les autres, puisqu'elles sont déjà nivelées par l'intérieur, tête et cœur. — Vivez en hommes supérieurs et ne vous lassez pas d'œuvrer aux œuvres de la culture supérieure, — tout ce qui vit reconnaîtra alors vos droits, et l'ordre de la société dont vous êtes le sommet sera invulnérable au mauvais œil comme à tout maléfice !

481. *La grande politique et ses inconvénients*[1].

De même qu'un peuple ne subit pas les plus grandes pertes, inséparables de la guerre et de sa préparation, du fait des énormes frais de guerre, de la paralysie du commerce et des communications, non plus que de l'entretien des armées permanentes — si grandes que puissent être ces dépenses de nos jours, où huit États européens y perdent annuellement la somme de deux ou trois milliards[2] —, mais bien du fait que, bon an mal an, les hommes les plus capables, les plus robustes, les plus travailleurs, sont arrachés par contingents extraordinaires à leurs occupations et professions propres pour être soldats : de même, un peuple qui se dispose à mener une grande politique et à s'assurer une voix prépondérante parmi les États les plus puissants ne subit pas les plus graves préjudices là où on les voit d'habitude. Il est vrai qu'à partir de ce moment il ne cesse de sacrifier une foule de talents supérieurs sur l'« autel de la patrie » ou de l'ambition nationale, alors que d'autres champs d'activité s'ouvraient autrefois à ces talents désormais dévorés par la politique. Mais à côté de ces hécatombes publiques se déroule, au fond beaucoup plus atroce encore, un spectacle aux cent mille actes simultanés qui se jouent sans interruption : chaque individu capable, travailleur, intelligent, actif, qui appartient à un de ces peuples avides de lauriers politiques, est pris de cette même avidité et cesse d'être à son affaire aussi entièrement qu'autrefois ; les questions et les préoccupations d'intérêt public, chaque jour renouvelées, engloutissent un impôt quotidien prélevé sur le capital d'esprit et de cœur de chaque citoyen ; la somme de tous ces sacrifices, de toutes ces pertes d'énergie et de travail individuels est si énorme que l'épanouissement politique d'un peuple entraîne presque nécessairement un appauvrissement, un épuisement de l'intelligence, une diminution de puissance créatrice pour des œuvres qui exigent beaucoup de concentration et d'attention exclusive. On peut finalement se poser la question : *en vaut-elle la peine*, cette superbe floraison d'ensemble (qui, à vrai dire, ne se manifeste que dans la peur inspirée aux autres États par le nouveau colosse et dans une clause arrachée aux pays étrangers pour favoriser la prospérité du commerce et des échanges nationaux), s'il faut, à cette fleur grossière et bariolée de la nation, sacrifier toutes les plantes et toutes les pousses plus nobles, plus délicates, plus spirituelles, dont le terroir était jusqu'alors si riche ?

482. *Et redisons-le.*

Opinions publiques — veuleries privées[1].

IX

L'homme seul avec lui-même

483. *Ennemis de la vérité.*

Les convictions sont des ennemis de la vérité plus dangereux que les mensonges.

484. *Le monde renversé.*

On critique âprement un penseur quand il énonce une proposition qui nous est désagréable; il serait pourtant plus raisonnable de le faire quand sa proposition nous est agréable.

485. *Avoir du caractère.*

Un homme paraît avoir du caractère beaucoup plus souvent parce qu'il suit toujours son tempérament que parce qu'il suit toujours ses principes.

486. *La seule chose nécessaire.*

Une seule chose est nécessaire à avoir : ou bien un esprit léger de nature, ou bien un esprit allégé par l'art et le savoir.

487. *La passion des causes.*

Qui fait porter sa passion sur des causes (sciences, service de l'État, intérêts culturels, arts) retire beaucoup de flamme à sa passion pour les personnes (même si ce sont des représentants de ces causes, comme les hommes d'État, les philosophes, les artistes sont des représentants de leurs créations).

488. *Le calme dans l'action.*

Comme une cascade se fait plus lente et légère dans sa chute, le grand homme d'action agit presque toujours avec *plus* de calme que n'en laissait attendre l'impétuosité de son désir avant l'action[1].

489. *N'allez pas trop profond.*

Les personnes qui conçoivent toute la profondeur d'une cause lui restent rarement fidèles à jamais. C'est qu'elles ont justement mis la profondeur au jour : et il y a toujours là beaucoup de laideur à voir.

490. *Illusion des idéalistes.*

Tous les idéalistes s'imaginent que les causes qu'ils servent sont essentiellement meilleures que toutes les autres causes du monde, et ne veulent pas croire que la leur a besoin, pour prendre tant soit peu, de ce même fumier malodorant nécessaire à toutes les autres entreprises humaines.

491. *Introspection.*

L'homme est très bien défendu contre soi, contre ses propres opérations de reconnaissance et d'investissement de soi, il ne

lui est guère possible en général de percevoir autre chose de soi
que ses ouvrages extérieurs. La forteresse elle-même lui est inac-
cessible, et même invisible, à moins qu'amis et ennemis ne fassent les traîtres, l'introduisant par des chemins secrets.

492. *La bonne profession.*

Les hommes supportent rarement une profession dont ils ne
croient ou ne se persuadent qu'elle est plus importante au fond
que toutes les autres. C'est vrai aussi des femmes pour leurs amants.

493. *Noblesse de sentiments.*

La noblesse des sentiments consiste pour une bonne part en
générosité et absence de méfiance, elle comporte donc précisément ce que les gens *intéressés* et amis du succès regardent si
volontiers de haut en se moquant beaucoup.

494. *La fin et les moyens.*

Beaucoup sont des obstinés pour ce qui est de la voie qu'ils
ont prise, bien peu le sont quant au but.

495. *Ce qu'il y a de révoltant dans un style de vie personnel.*

Toutes les règles de vie très personnelles soulèvent les gens
contre celui qui les adopte ; ce régime d'exception qu'il s'accorde
les force à se sentir humiliés, en êtres communs qu'ils sont[1].

496. *Privilège de la grandeur*[2].

C'est le privilège de la grandeur que de rendre heureux en donnant peu.

497. *Noble sans le vouloir.*

L'homme se conduit noblement sans le vouloir quand il s'est habitué à ne rien exiger des autres et à leur donner toujours.

498. *Condition de l'héroïsme*[1].

Quand on veut devenir un héros, il faut d'abord que le serpent se soit changé en dragon, sinon il vous manquera l'ennemi voulu.

499. *L'ami*[2].

C'est conjouir, et non point compatir, qui fait l'ami.

500. *Usage du flux et du reflux*[3].

Il faut, si l'on vise à la connaissance, savoir utiliser tour à tour ce courant intérieur qui nous porte vers une chose et puis cet autre qui nous en éloigne au bout d'un certain temps.

501. *Jouir de soi.*

« Jouir de quelque chose », dit-on, mais c'est en vérité de soi que l'on jouit au moyen de la chose.

502. *Le modeste.*

Qui est modeste avec les gens n'en montre que mieux sa prétention quand il s'agit de causes (cité, État, société, époque, humanité). C'est sa vengeance.

503. *Envie et jalousie.*

Envie et jalousie sont les parties honteuses de l'âme humaine. La comparaison peut sans doute ne pas s'arrêter là[1].

504. *Le plus distingué des hypocrites.*

Ne pas du tout parler de soi est une hypocrisie très distinguée.

505. *Humeur.*

L'humeur est une maladie du corps qui ne disparaît nullement du seul fait que la cause de l'humeur se trouve après coup écartée.

506. *Hérauts de la vérité.*

Ce n'est pas quand il est dangereux de la dire que la vérité trouve le moins de hérauts, mais quand c'est ennuyeux.

507. *Plus gênant qu'ennemis.*

Les personnes dont nous ne sommes pas sûrs que l'attitude nous sera sympathique en toutes circonstances, alors qu'une raison quelconque (par exemple la reconnaissance) nous oblige à maintenir de notre côté une apparence de sympathie inconditionnée, nous mettent l'imagination à la torture bien plus que nos ennemis.

508. *En pleine nature.*

Si nous aimons tant être en pleine nature, c'est parce que la nature n'a pas d'opinion sur nous[2].

509. *Chacun est supérieur en quelque chose.*

Dans notre monde policé, chacun se sent supérieur à tout autre en une chose au moins : c'est là-dessus que repose la bienveillance générale, étant donné que tout individu est une personne qui peut rendre service à l'occasion, et par suite n'avoir pas honte d'accepter un service.

510. *Consolations.*

Lors d'un décès, on a le plus souvent besoin de consolations, non pas tellement pour diminuer la force de son chagrin que pour avoir une excuse de se sentir si facilement consolé.

511. *Fidèles à leurs convictions*[1].

Qui a beaucoup à faire conserve à peu près sans changement ses idées et opinions générales. De même qui œuvre au service d'un idéal : il ne soumettra plus jamais l'idéal lui-même à examen, il n'en a plus le temps ; il est même contraire à son intérêt de le croire encore discutable.

512. *Moralité et quantité.*

La moralité supérieure d'un individu par rapport à celle d'un autre ne consiste souvent que dans les buts quantitativement plus grands qu'il poursuit. L'autre, s'occuper de petitesses dans un cercle étroit le tire vers le bas.

513. *La vie, fruit de la vie*[2].

L'homme a beau s'étirer de toute la longueur de sa connaissance, s'apparaître aussi objectivement qu'il voudra : le seul

fruit qu'il en retire n'est jamais pour finir que sa propre biographie.

514. *La nécessité d'airain.*

La nécessité d'airain est quelque chose dont les hommes s'aper-
çoivent au cours de l'histoire qu'elle n'est ni d'airain ni
nécessaire.

515. *D'expérience.*

L'absurdité d'une chose n'est pas une raison contre son existence, c'en est plutôt une condition.

516. *Vérité.*

Plus personne ne meurt aujourd'hui des vérités mortelles : il
y a trop de contrepoisons.

517. *Vue fondamentale.*

Il n'y a pas d'harmonie préétablie entre l'avancement de la
vérité et le bien de l'humanité[1].

518. *Destinée humaine.*

Qui pense assez profond comprend qu'il aura toujours tort,
qu'il agisse et juge comme il voudra.

519. *La vérité en Circé.*

De bêtes, l'erreur a fait des hommes ; la vérité serait-elle en
état de refaire une bête de l'homme ?

520. *Danger de notre civilisation*[1].

Nous sommes d'un temps dont la civilisation est en danger d'être ruinée par ses moyens de civilisation.

521. *La grandeur : imposer une direction.*

Aucun fleuve n'est abondant et grand par lui-même : c'est de recevoir et entraîner cette quantité d'affluents qui le rend tel. Il en va de même pour toutes les grandeurs de l'esprit. Ce qui compte exclusivement, c'est qu'un individu donne la direction que tant d'affluents seront alors obligés de suivre ; mais non pas qu'il soit au départ pauvrement ou richement doué.

522. *Conscience peu exigeante.*

Certains, qui parlent de leur importance pour l'humanité[2], ont une conscience peu exigeante en matière de simple honnêteté privée, de respect des contrats, de la parole donnée.

523. *Vouloir être aimé.*

Exiger d'être aimé, il n'est plus grande présomption.

524. *Mépris des hommes.*

Le signe le moins équivoque de mépris des hommes est de n'admettre l'existence d'autrui, ou que comme moyen en vue de ses fins à soi, ou pas du tout.

525. *Partisans par contradiction.*

Quelqu'un a-t-il mis les gens en fureur contre lui qu'il y aura toujours gagné aussi un parti en sa faveur.

526. *Oublier ses expériences.*

Qui pense beaucoup, et pense objectivement, oublie facilement les expériences de sa vie, mais moins aisément les pensées qui lui en sont venues.

527. *Tenir à son opinion.*

L'un tient à son opinion parce qu'il se fait gloire d'y être arrivé tout seul, l'autre parce qu'il a eu du mal à l'assimiler et est fier de l'avoir comprise : l'un et l'autre, donc, par vanité.

528. *La lumière qui effarouche*[1].

La bonne action craint aussi anxieusement la lumière que la mauvaise : celle-ci a peur que de la révélation ne vienne douleur (c'est-à-dire châtiment), celle-là a peur que la révélation n'abolisse le plaisir (cette pure jouissance de soi qui disparaît dès que vient s'y ajouter une satisfaction de vanité).

529. *La longueur des jours*[2].

Quand on a beaucoup de choses à y mettre, voici que la journée a cent poches.

530. *Tyrannique génie.*

Quand s'éveille dans l'âme une indomptable envie de s'imposer en tyran, et qu'elle ne cesse d'entretenir le feu, même un talent médiocre (chez les politiques, les artistes) se change peu à peu en une force naturelle quasiment irrésistible.

531. *La vie de l'ennemi.*

Qui vit de combattre un ennemi a tout intérêt à ce qu'il reste en vie.

532. *Degré d'importance* [1].

Chose obscure et inexpliquée prend plus d'importance que chose claire, expliquée.

533. *Évaluation des services rendus.*

Les services qu'un autre nous rend, nous les estimons selon la valeur qu'il y attache, non pas selon celle qu'ils ont pour nous.

534. *Malheur.*

La distinction qui s'attache au malheur (comme si c'était signe de platitude, d'humilité, de banalité, que se sentir heureux) est si grande que si l'on vient vous dire : « Mais que vous êtes heureux ! » vous ne manquerez guère de protester.

535. *Imagination de l'angoisse.*

L'imagination de l'angoisse est ce gnome méchant, ce singe, qui choisit pour bondir sur le dos de l'homme le moment où son faix est juste le plus lourd à porter.

536. *Vertu des adversaires ineptes.*

Il arrive que l'on ne demeure fidèle à une cause que parce que ses adversaires persistent à rester ineptes.

537. *Valeur du métier.*

Un métier laisse la tête vide; c'est là sa grande bénédiction. Car c'est un rempart derrière lequel on peut légitimement se retrancher quand vous assaillent doutes et soucis de l'espèce commune.

538. *Talent.*

Le talent de plus d'un paraît moindre qu'il n'est parce qu'il s'est toujours proposé de trop grandes tâches.

539. *Jeunesse*[1].

La jeunesse est désagréable; car il n'est pas possible, jeune, ou pas raisonnable, d'être productif en quelque sens que ce soit.

540. *Tâches excessives*[2].

Qui se propose ouvertement de grandes tâches et se rend ensuite compte à part soi qu'il est trop faible pour elles, il n'a pas non plus d'habitude assez de force pour les désavouer ouvertement, et devient alors inévitablement hypocrite.

541. *Dans le courant.*

Les fleuves puissants entraînent beaucoup de pierrailles et de broussailles, les esprits puissants beaucoup de têtes sottes et confuses.

542. *Dangers de la libération intellectuelle.*

Qu'un homme s'occupe sérieusement de sa libération intellectuelle, ses passions et ses appétits espèrent en secret y trouver aussi leur profit.

543. *Incarnation de l'esprit*[1].

Quand on pense beaucoup et avec intelligence, ce n'est pas seulement le visage, mais tout le corps qui prend un air d'intelligence[2].

544. *Voir mal et mal entendre.*

Qui y voit peu, voit toujours trop peu ; qui entend mal entend toujours quelque chose de trop.

545. *Délectation de soi-même dans la vanité*[3].

Le vaniteux ne cherche pas tant à se distinguer qu'à se sentir distingué, raison pour laquelle il ne dédaigne aucun moyen de se tromper et se duper soi-même. Ce n'est pas l'opinion des autres qui lui tient à cœur, mais l'opinion que de leur opinion il se fait.

546. *Vaniteux par exception*[1].

L'homme qui se suffit d'habitude à lui-même est par exception vaniteux et sensible à la réputation et aux louanges quand il est malade physiquement[2]. C'est qu'il lui faut, dans la mesure où il se perd, chercher à se récupérer du dehors, dans une opinion étrangère.

547. *Les « gens d'esprit »*.

Il n'a pas d'esprit, celui qui cherche l'esprit[3].

548. *Avis aux chefs de parti*.

Quand on peut amener les gens à se déclarer publiquement pour une cause, on les aura la plupart du temps conduits aussi à se déclarer pour elle au fond d'eux-mêmes ; ils veulent dès lors qu'on les trouve conséquents.

549. *Mépris*[4].

Le mépris qui vient des autres est plus sensible à l'homme que celui qui vient de soi.

550. *Le cordon de la gratitude*[5].

Il est des âmes serviles qui poussent si loin la reconnaissance de bienfaits reçus qu'elles s'étranglent elles-mêmes avec le cordon de la gratitude.

551. *Truc de prophète.*

Pour deviner à l'avance la façon d'agir des gens ordinaires, il faut supposer qu'ils feront toujours la moindre dépense d'esprit pour se libérer d'une situation désagréable.

552. *Le seul droit de l'homme[1].*

Qui s'écarte de la tradition est victime de l'exception ; qui reste dans la tradition en est l'esclave. Dans les deux cas, c'est à sa perte que l'on va.

553. *Au-dessous de l'animal.*

Quand l'homme rit à gorge déployée, il surpasse tous les animaux en vulgarité.

554. *Demi-savoir.*

Celui qui parle une langue étrangère à peu près en jouit davantage que celui qui la parle bien[2]. Le plaisir est pour le demi-savant.

555. *Serviabilité dangereuse[3].*

Il y a des gens qui veulent rendre la vie pénible aux hommes sans autre raison que de leur offrir par après leurs recettes pour soulager la vie, par exemple leur christianisme.

556. *Zèle et conscience.*

Zèle et conscience sont plus d'une fois antagonistes en ce que le zèle veut cueillir verts les fruits de l'arbre tandis que la conscience les y laisse pendre trop longtemps, jusqu'à ce qu'ils tombent et s'écrasent.

557. *La suspicion.*

Les gens que l'on ne peut souffrir, on cherche à se les rendre suspects.

558. *Faute d'occasions*[1].

Beaucoup de gens attendent toute leur vie une occasion d'être bons *à leur manière*.

559. *Manque d'amis.*

Le manque d'amis fait conclure à l'envie ou à la prétention. Plus d'un ne doit ses amis qu'à l'heureuse circonstance[2] de n'avoir aucun motif d'envie.

560. *Danger de la pluralité*[3].

Avec un talent de plus, on est souvent moins bien assis qu'avec un de moins : comme la table tient mieux sur trois pieds que sur quatre.

561. *Donner l'exemple.*

Qui veut donner le bon exemple doit ajouter un grain de folie à sa vertu : c'est là que l'on imite et à la fois se hausse au-dessus du modèle, — chose qui plaît aux gens.

562. *Plastron.*

Souvent, les médisances d'autrui sur notre compte ne nous visent pas vraiment, mais sont l'expression d'un dépit, d'une mauvaise humeur qui ont de tout autres causes.

563. *Facile résignation.*

On souffre peu de souhaits inexaucés quand on a exercé son imagination à enlaidir le passé.

564. *En danger.*

Le plus grand danger d'être écrasé, on le court juste au moment où l'on vient d'esquiver une voiture.

565. *Selon la voix le rôle.*

Qui est forcé de parler plus haut qu'il n'en a l'habitude (par exemple à quelqu'un dur d'oreille ou devant un grand auditoire) exagère couramment les choses qu'il a à dire. — Plus d'un tourne au conspirateur, à la mauvaise langue, à l'intrigant, pour la seule raison que sa voix se prête surtout au chuchotement.

566. *Amour et haine*[1].

L'amour et la haine ne sont pas aveugles, mais aveuglés par le feu qu'ils portent partout avec eux.

567. *L'avantage d'être attaqué*[1].

Les personnes incapables de mettre pleinement en lumière leurs mérites aux yeux du monde cherchent à susciter quelque robuste inimitié à leur égard. Elles ont alors la consolation de penser que celle-ci s'interpose entre leurs mérites et leur juste appréciation... et que beaucoup d'autres pensent la même chose : ce qui est très avantageux pour leur prestige.

568. *Confession*[2].

On oublie sa faute quand on l'a confessée à quelqu'un, mais d'habitude l'autre ne l'oublie pas.

569. *Suffisance.*

La toison d'or de la suffisance protège des horions, mais non des coups d'épingle.

570. *L'ombre dans la flamme*[3].

La flamme n'est pas si claire à soi-même qu'aux autres, qu'elle éclaire : ainsi le sage.

571. *Opinions personnelles.*

La première opinion qui nous vient quand on nous questionne à l'improviste sur quelque chose n'est pas d'ordinaire vraiment la nôtre, mais seulement celle, très répandue, qui tient à notre caste, notre situation, notre naissance ; les opinions personnelles flottent rarement à la surface.

572. *Origine du courage.*

L'homme ordinaire est courageux et invulnérable comme un héros quand il ne voit pas le danger, n'a pas d'yeux pour lui. Et inversement : le héros n'offre de point vulnérable que dans le dos, là donc où il n'a pas d'yeux.

573. *Danger du médecin.*

Il faut être né pour son médecin, sinon par son médecin on périt.

574. *Miracle de vanité.*

Qui a été assez téméraire pour prédire trois fois le temps et tomber juste, celui-là croit tout de même un peu, tout au fond de son âme, à ses dons de prophétie. Nous admettons très bien le miracle, l'irrationnel, quand ils flattent notre amour-propre.

575. *Profession.*

Une profession est l'épine dorsale de la vie.

576. *Danger de l'influence personnelle.*

Celui qui sent qu'il exerce une grande influence morale sur un autre doit lui laisser la bride sur le cou, doit même à l'occasion le voir volontiers renâcler et l'y amener lui-même : sinon, il s'en fera inévitablement un ennemi.

577. *Accepter son héritier.*

Qui a fondé quelque grande œuvre dans un esprit désintéressé veille à former des héritiers. C'est la marque d'une nature tyrannique et basse que de voir des adversaires dans tous les héritiers possibles de son œuvre et de vivre en position de défense contre eux[1].

578. *Demi-savoir.*

Le demi-savoir triomphe plus facilement que le savoir complet : il conçoit les choses plus simples qu'elles ne sont, et en forme par suite une idée plus saisissable et plus convaincante.

579. *Inapte à militer.*

Qui pense beaucoup n'a pas les aptitudes requises du partisan : sa pensée a trop vite fait, à travers le parti, de le porter au-delà.

580. *Mauvaise mémoire.*

L'avantage de la mauvaise mémoire est que, des mêmes choses, on jouit plusieurs fois pour la première fois.

581. *Se faire mal[2].*

L'intransigeance de la pensée est souvent le masque d'une profonde inquiétude d'esprit qui cherche à s'étourdir.

582. *Martyr*[1].

Le disciple d'un martyr souffre plus que le martyr.

583. *Vanité attardée*[2].

La vanité de maintes personnes qui n'auraient pas besoin d'être vaniteuses est l'habitude maintenant adulte qui leur est restée d'un temps où elles n'avaient pas encore le droit de croire en elles et ne faisaient que mendier la petite monnaie de cette créance auprès des autres.

584. Punctum saliens *de la passion*.

L'homme sur le point de succomber à la colère ou à une violente passion amoureuse atteint un seuil où l'âme est pleine comme un tonneau : mais il doit pourtant s'y ajouter encore une goutte d'eau, la bonne volonté pour la passion (ou la mauvaise, comme on l'appelle aussi d'ordinaire). Il ne faut que ce rien, et le tonneau déborde.

585. *Idée noire.*

Il en est des hommes comme de ces meules à charbon des forêts. Ce n'est qu'une fois qu'ils ont fini de brûler et sont carbonisés, comme celles-ci, que les jeunes gens deviennent *utiles*. Aussi longtemps qu'ils fument et charbonnent, ils sont peut-être plus intéressants, mais inutiles et trop souvent incommodes. — L'humanité emploie chaque individu, sans ménagement, comme combustible pour chauffer ses grandes machines : mais à quoi bon ces machines si tous les individus (c'est-à-dire l'humanité) ne servent qu'à les entretenir ? Des machines qui n'ont d'autre fin qu'elles-mêmes, est-ce là l'*umana commedia* ?

586. *La petite aiguille de la vie.*

La vie se compose de rares instants isolés, suprêmement chargés de sens, et d'intervalles infiniment nombreux dans lesquels nous frôlons tout juste les ombres de ces instants. L'amour, le printemps, une belle mélodie, la montagne, la lune, la mer — toutes choses ne parlent pleinement au cœur qu'une fois, à supposer qu'elles trouvent jamais à s'exprimer pleinement. Car beaucoup de gens ne connaissent absolument aucun de ces moments et sont eux-mêmes des intervalles, des silences dans la symphonie de la vie réelle.

587. *Attaque ou pénétration.*

Nous commettons souvent la faute d'attaquer vivement une tendance, un parti, une époque, parce que le hasard ne nous aura donné à voir que leur côté extériorisé, leur étiolement ou les « vices de leurs vertus »[1], dont ils sont nécessairement affectés, et auxquels, peut-être, nous aurons pris nous-mêmes une part éminente. Alors nous leur tournons le dos et cherchons une tendance contraire ; mais mieux vaudrait se mettre en quête des bons côtés positifs, ou développer soi-même ceux que l'on a. Il est vrai qu'il faut un regard plus puissant et une volonté meilleure pour aider à la genèse de quelque chose encore imparfaite que pour en pénétrer et renier l'imperfection[2].

588. *Modestie.*

Il existe une modestie vraie (c'est reconnaître que nous ne sommes pas l'œuvre de nous-mêmes) ; et c'est celle qui convient fort bien au grand esprit parce qu'il est, lui, justement capable de concevoir l'idée de l'irresponsabilité totale (même pour ce qu'il crée de bien)[3]. L'immodestie du grand homme suscite la haine, non point pour le sentiment de sa force qu'il y exprime, mais parce qu'il veut n'éprouver cette force qu'en blessant les autres, les traitant en despote pour voir jusqu'où peut aller leur patience. D'ordinaire, il trahit plutôt par là un manque d'assurance dans le sentiment de sa force, ce qui fait douter les hommes de sa grandeur. C'est en ce sens que, vue sous l'angle de l'habileté, l'immodestie est fortement à déconseiller.

589. *La première pensée de la journée.*

Voici le meilleur moyen de bien commencer chaque journée : c'est de se demander au réveil si l'on ne pourrait pas ce jour-là faire plaisir au moins à quelqu'un. Si cette idée avait des chances d'être reçue en remplacement de l'habitude religieuse de la prière, nos semblables trouveraient avantage à ce changement[1].

590. *La prétention, ultime consolation.*

Quand on s'arrange pour voir dans un insuccès, dans son insuffisance intellectuelle, dans sa maladie, un destin auquel on était prédestiné, une épreuve personnelle ou encore le châtiment mystérieux de fautes anciennes, on se rend du même coup son propre être intéressant, on s'élève en imagination au-dessus de ses semblables. Le pécheur orgueilleux est une figure connue de toutes les sectes religieuses.

591. *La végétation du bonheur.*

Tout à côté du malheur du monde, et souvent sur son sol volcanique, l'homme a planté son petit jardin de bonheur[2] ; qu'il considère la vie avec le regard de qui ne demande à l'existence que la connaissance, ou de qui s'abandonne et se résigne, ou de qui tire sa jouissance de la difficulté vaincue, partout il trouvera quelque bonheur éclos à côté du mal — d'autant plus de bonheur, même, que le sol était plus volcanique ; seulement, il serait ridicule de prétendre que la souffrance elle-même est justifiée par ce bonheur.

592. *La route des ancêtres.*

C'est pour quelqu'un chose raisonnable que développer pour
son compte le talent auquel son père ou son grand-père ont
consacré leur peine, au lieu de se mettre à quelque chose de radicalement nouveau ; sinon, il s'ôte la possibilité d'arriver à la perfection en quelque métier que ce soit. C'est pourquoi le proverbe
dit : « Quelle route dois-tu prendre ? — celle de tes ancêtres. »[1]

593. *Vanité et ambition éducatrices.*

Tant qu'un individu n'est pas devenu l'instrument de l'intérêt général de l'humanité, l'ambition le tourmentera sans doute ;
mais ce but une fois atteint, s'il travaille avec la nécessité d'une
machine au bien de tous, c'est la vanité qui viendra ; elle l'huma-
nisera jusque dans le détail, le rendra plus sociable, plus supportable, plus indulgent, cela une fois que l'ambition aura achevé
de le dégrossir (de le rendre utile).

594. *Philosophes novices*[2].

A l'instant même où l'on vient d'absorber la sagesse d'un philosophe, on s'en va par les rues avec le sentiment d'avoir été
métamorphosé, grand homme désormais ; car on ne trouve partout que des gens qui ignorent cette sagesse, si bien que l'on a
un jugement neuf et inouï à porter sur toutes choses : ayant
approuvé un code, on se croit dès lors obligé de se poser aussi
en juge.

595. *Plaire en déplaisant*[3].

Les hommes qui veulent surtout choquer, quitte à déplaire,
désirent la même chose que ceux qui veulent plaire sans choquer, mais à un degré beaucoup plus haut et indirectement, en

passant par un stade qui les éloigne en apparence de leur but.
Ils veulent l'influence et la puissance, et affichent donc leur supériorité, même si elle doit causer un sentiment désagréable; car,
ils le savent, celui qui est enfin arrivé à la puissance plaît à peu
près en tout ce qu'il fait et dit, et même quand il déplaît, il a
encore l'air de plaire malgré tout. — Le libre penseur, et tout
autant le croyant, veulent eux aussi la puissance, pour y trouver quelque jour de quoi plaire; si, à cause de leur doctrine,
un mauvais sort vient à les menacer, persécution, cachot, supplice, ils se réjouissent à la pensée que le fer et le feu seront une
manière pour leur doctrine de pénétrer dans l'humanité; ils
l'acceptent comme un moyen douloureux, mais énergique, malgré son efficacité à retardement, d'arriver quand même encore
à la puissance.

596. Casus belli *et cas similaires*[1].

Le prince qui, une fois prise la décision de faire la guerre à
son voisin, la complète en inventant quelque *casus belli*, ressemble au père qui impose à son enfant une autre mère que la sienne,
mais désormais censée être la vraie. Et presque tous les motifs
déclarés de nos actions ne sont-ils pas de ces mères supposées?

597. *Passion et droit.*

Personne ne parle de son droit avec plus de passion que celui
qui, au fond de son âme, conserve un doute sur ce droit. En
tirant la passion de son côté, il veut étourdir sa raison et ses
doutes: c'est sa manière de s'assurer une bonne conscience, et
avec elle le succès auprès des autres.

598. *Artifice dans le renoncement*[2].

Qui proteste contre le mariage à la manière des prêtres catholiques cherchera à s'en faire une idée correspondant à sa
conception la plus basse, la plus vulgaire. De même, qui se refuse

à être honoré de ses contemporains prendra la notion d'honneur au sens vil ; il s'en rendra ainsi plus faciles la privation et le combat qu'il lui oppose. Au reste, qui se refuse beaucoup de choses capitales s'accordera facilement quelque indulgence dans les petites. Il serait possible que celui qui s'est élevé au-dessus de l'approbation de ses contemporains ne voulût pas se refuser néanmoins la satisfaction de petites vanités.

599. *L'âge de la prétention*[1].

C'est entre leur vingt-sixième et leur trentième année que se place proprement, chez les hommes doués, leur période de prétention ; c'est le temps de la première maturité, avec un fort reste d'acidité. Se fondant sur son sentiment intime, on exige de gens qui n'en voient rien ou presque rien le respect, l'humiliation, et, comme ils n'en témoignent aucune marque, on se venge par ce regard, cette attitude prétentieuse, ce ton de voix qu'une oreille et un œil subtils reconnaissent dans toutes les productions de cet âge, qu'il s'agisse de poèmes, de philosophies, de peintures ou de musique. Les hommes d'expérience plus mûre en sourient, et c'est avec émotion qu'ils évoquent ce bel âge de la vie où l'on en veut au sort d'*être* tant et de *paraître* si peu. Plus tard, on *paraît* réellement davantage, — mais on a perdu sa belle croyance d'*être* beaucoup : à moins de rester toute sa vie un incorrigible bouffon de vanité.

600. *Illusoire et pourtant ferme appui.*

De même que, pour côtoyer un précipice ou franchir un courant profond sur une poutre, on a besoin d'un garde-fou, non pour s'y retenir, car il s'écroulerait aussitôt avec vous, mais pour que l'œil en retire l'image de la sécurité, — ainsi, jeune homme, on a besoin de personnes qui nous rendent inconsciemment le service de ce garde-fou ; il est bien vrai qu'elles ne nous seraient d'aucun secours si, dans un grand danger, nous voulions réellement nous appuyer sur elles, mais elles donnent le sentiment rassurant d'une protection toute proche (par exemple pères, professeurs, amis, tels qu'ils sont d'ordinaire tous les trois)[2].

601. *Apprendre à aimer.*

Il faut apprendre à aimer, apprendre à être bon, et ce dès la jeunesse[1] ; si l'éducation et le hasard ne nous donnent pas l'occasion de pratiquer ces sentiments, notre âme en sera desséchée et impropre à comprendre elle-même ces tendres inventions qu'ont les personnes aimantes. Il faut de même apprendre la haine et la nourrir, si l'on veut arriver à haïr comme il faut : sinon, le germe en périra aussi peu à peu.

602. *Une parure de ruines.*

Tels qui passent par quantité de transformations intellectuelles conservent quelques vues et habitudes de leurs états antérieurs, qui se dressent alors comme un pan de murailles grises, vestige d'inexplicable antiquité dans leur pensée et leur comportement nouveaux : ce qui souvent fait l'ornement de tout le paysage.

603. *Amour et respect.*

L'amour désire, la crainte évite. A cela tient que l'on ne peut pas être à la fois aimé et respecté par la même personne, pas du moins au même moment. Car celui qui témoigne du respect reconnaît la puissance, c'est-à-dire qu'il la craint : ce qu'il éprouve est crainte respectueuse. L'amour, lui, ne reconnaît aucune puissance, rien qui sépare, oppose, hiérarchise en supérieur et inférieur. Il ignore le respect, si bien que, secrètement ou manifestement, les personnes qui en sont avides répugnent à être aimées.

604. *Préjugé en faveur des hommes froids.*

Les personnes qui prennent vite feu se refroidissent rapidement, si bien que l'on ne peut guère, à tout prendre, se fier à elles. Aussi toutes celles qui sont ou se donnent pour être d'une froideur constante bénéficient-elles d'un préjugé favorable, qui les croit particulièrement sûres et dignes de confiance : c'est les confondre avec celles qui prennent feu lentement et brûlent longtemps.

605. *Le danger des opinions libres.*

Un contact superficiel avec des opinions libres communique une certaine excitation, comme une sorte de démangeaison ; si on s'y laisse aller encore un peu, on se met à gratter ces points sensibles, tant et si bien qu'il finit par s'y former une plaie ouverte et douloureuse, c'est-à-dire que le moment vient où l'opinion libre commence à nous troubler, nous tourmenter dans notre attitude face à la vie, dans nos rapports humains.

606. *Désir de souffrance profonde.*

La passion, quand elle est passée, laisse subsister une obscure nostalgie d'elle-même et jette en disparaissant un dernier regard enjôleur. Il faut bien que l'on ait trouvé une sorte de plaisir à être battu de ses verges. Les sentiments modérés paraissent fades en regard ; toujours, à ce qu'il semble, on préférera encore un déplaisir intense à un terne plaisir.

607. *Mauvaise humeur contre les autres et le monde[1].*

Chaque fois que, chose fréquente, nous déchargeons notre mauvaise humeur sur les autres alors que nous l'éprouvons à vrai dire contre nous-mêmes, ce que nous essayons au fond, c'est d'obnubiler et abuser notre jugement : nous cherchons à motiver notre mauvaise humeur *a posteriori* par les erreurs, les défauts d'autrui, et de la sorte à nous perdre nous-mêmes de vue. Ce sont les hommes sévères dans leur religion, juges impitoyables d'eux-mêmes, qui ont en même temps dit le plus de mal de l'humanité en général ; il n'a jamais existé de saint qui eût réservé les péchés pour lui-même et les vertus pour autrui ; pas plus que d'homme qui, suivant le précepte de Bouddha, aurait caché ses bons côtés aux gens pour ne leur laisser voir que les mauvais[1].

608. *La cause et l'effet confondus.*

Nous cherchons inconsciemment les principes et les doctrines accordés à notre tempérament, si bien que ces principes et doctrines semblent à la fin avoir formé notre caractère, lui avoir conféré assurance et fermeté : alors que ce qui s'est passé est tout juste l'inverse. Notre pensée, notre jugement, sont censés après coup, à ce qu'il paraît, devenir la cause de notre être : mais c'est en fait notre être qui est cause que nous pensons et jugeons de telle ou telle façon. — Et qu'est-ce qui nous engage dans cette comédie presque inconsciente ? L'inertie, le goût du confort, et, en bonne place, ce souhait de notre vanité, être trouvé conséquent de bout en bout, unique dans son être et sa pensée : car c'est là ce qui nous vaut l'estime, donc la confiance et la puissance.

609. *L'âge et la vérité.*

Les jeunes gens aiment l'intéressant, le bizarre, peu importe s'il est plus ou moins vrai ou faux. Les esprits plus mûrs aiment dans la vérité ses côtés intéressants et bizarres. Enfin, les cerveaux à la maturité accomplie aiment la vérité même là où elle revêt une apparence toute simple et nue, qui inspire l'ennui au commun, parce qu'ils ont bien observé que la vérité ne dit guère ce qu'elle possède d'esprit sublime que sous un air de simplicité[2].

610. *Les hommes, mauvais poètes.*

De même que, dans la deuxième partie d'un vers, les mauvais poètes cherchent l'idée pour la rime, les hommes, pris d'une inquiétude croissante dans la deuxième moitié de leur vie, y cher-

chent couramment les actions, les attitudes, les situations qui
cadrent avec celles de leur vie passée, de sorte qu'extérieurement
tout rende un accord harmonieux ; mais leur vie n'est plus alors
dominée et chaque fois derechef déterminée par une pensée puissante, qu'ils remplacent au contraire par l'intention de trouver
la rime.

611. *L'ennui et le jeu*[1].

Le besoin nous contraint à un travail dont le produit sert à
satisfaire le besoin ; la renaissance perpétuelle des besoins nous
accoutume au travail. Mais dans les intervalles où les besoins
sont satisfaits et pour ainsi dire endormis, c'est l'ennui qui nous
prend. Qu'est-ce que l'ennui ? L'habitude du travail elle-même,
qui se fait maintenant sentir sous forme de besoin nouveau et
surajouté ; il sera d'autant plus fort que sera plus forte l'habitude de travailler, qu'aura peut-être été plus forte aussi la souffrance causée par les besoins. Pour échapper à l'ennui, l'homme,
ou bien travaille au-delà de ce qu'exigent ses besoins normaux,
ou bien il invente le jeu, c'est-à-dire le travail qui n'est plus destiné à satisfaire aucun autre besoin que celui du travail pour lui-
même. Celui que le jeu finit par blaser et qui n'a aucune raison
de travailler du fait de besoins nouveaux, il arrive que le désir
le saisisse d'un troisième état qui serait au jeu ce que planer est
à danser, ce que danser est à marcher, un état de félicité tranquille dans le mouvement : c'est la vision que se font artistes
et philosophes du bonheur.

612. *Leçon tirée des portraits*.

Si l'on considère une série de ses portraits[2], de la fin de
l'enfance jusqu'à l'âge d'homme, on découvre, agréablement
étonné, que l'homme ressemble à l'enfant plus qu'il ne ressemble à l'adolescent : qu'il s'est donc produit dans l'intervalle,
parallèlement sans doute à ce phénomène, une aliénation momentanée du caractère foncier, sur laquelle la force accumulée,
ramassée, de l'homme fait a recouvré sa domination. A cette

constatation en correspond une autre : les puissantes influences de passions, de maîtres, d'événements politiques, qui nous
tiraillent en tous sens dans la jeunesse, paraissent toutes plus
tard ramenées à une mesure fixe ; c'est certain, elles continuent
à vivre et à agir en nous, mais notre sensibilité et notre pensée
foncières l'emportent néanmoins, et si elles les utilisent comme
sources d'énergie, elles ne leur servent pourtant plus de régula-
teurs, comme c'est bien le cas entre vingt et trente ans. Ainsi,
la pensée et la sensibilité de l'homme fait paraissent, elles aussi,
plus conformes à celles de sa période d'enfance, — et c'est cette
réalité intérieure qui s'exprime dans le fait extérieur que je disais.

613. *Les âges de la vie et leur son de voix*[1].

Le ton sur lequel les jeunes hommes discourent, louent, blâ-
ment, écrivent des poèmes, déplaît aux personnes plus âgées,
parce qu'il est trop haut et tout à la fois sourd et confus comme
le son qui, sous une voûte, tire du vide une telle intensité sonore ;
car la majeure partie de ce que les jeunes hommes pensent ne
jaillit point de l'opulence de leur propre nature, mais n'est que
résonance, écho de ce qui se pense, se dit, se loue, se blâme dans
leur proche entourage. Mais comme les sentiments (de sympathie et d'antipathie) résonnent en eux avec beaucoup plus de force
que leurs motifs, il en résulte, quand ils donnent à leur tour la
parole à leurs sentiments, ce ton aux résonances sourdes qui
caractérise justement l'absence ou la pénurie de motifs. Le ton
de l'âge mûr est précis, bref et concis, modérément élevé, mais,
comme tout ce qui est nettement articulé, il porte très loin. La
vieillesse enfin met souvent une certaine douceur, une certaine
indulgence dans la voix, la sucre en quelque sorte ; il est vrai
que, dans bien des cas, elle l'aigrit aussi.

614. *Arriérés et anticipateurs*.

Le caractère désagréable, qui est plein de méfiance, ressent
avec envie tous les heureux succès de ses compétiteurs et de ses
proches, réagit par l'emportement et les violences aux opinions

dissidentes ; ce caractère montre qu'il appartient à un stade antérieur de la civilisation, qu'il est donc une survivance : car sa
manière de se comporter avec les gens est celle qui convenait
parfaitement aux situations d'une époque où le plus fort faisait
la loi ; c'est un homme *arriéré*. Un autre caractère, qui est riche
de sympathie, se fait partout des amis, éprouve un sentiment
d'amour pour tout ce qui croît et se transforme, se plaît à par-
tager tous les honneurs et les succès des autres, et ne prétend
pas au privilège d'être le seul à connaître le vrai, mais est plein
d'une modeste méfiance[1], — c'est, lui, un homme qui anticipe,
qui tend de toutes ses forces à une civilisation supérieure de
l'humanité. Le caractère désagréable est fils de ces temps où il
restait encore à poser les fondements rudimentaires des rapports
humains ; l'autre vit aux étages supérieurs, aussi loin qu'il se
puisse de la bête sauvage qui, enfermée dans les caves, sous les
assises de la civilisation, se démène et hurle sa rage.

615. *Consolation pour les hypocondres.*

Qu'un grand penseur soit temporairement sujet à se tourmenter lui-même par hypocondrie, il n'aura qu'à se dire en guise
de consolation : « C'est de ta grande force personnelle que ce
parasite se nourrit et s'accroît ; si elle était moindre, tu aurais
moins à souffrir. » L'homme d'État peut parler de même si la
jalousie et le ressentiment, plus généralement la tendance au *bellum omnium contra omnes*, pour laquelle, en sa qualité de représentant d'une nation, il aura nécessairement des dons éminents,
viennent à s'insinuer dans ses relations personnelles et à lui rendre
la vie difficile.

616. *Étranger au présent.*

Il y a de grands avantages à se faire une bonne fois et dans
une large mesure étranger à son temps, à se laisser pour ainsi
dire enlever à son rivage et flotter sur l'océan des conceptions
passées du monde. De là, reportant ses regards vers la côte, on
en embrassera, pour la première fois sans doute, la configura-

tion d'ensemble, et on aura, au moment de s'en rapprocher, l'avantage de la comprendre mieux en totalité que ceux qui ne l'ont jamais quittée.

617. *Semer et récolter sur des défauts personnels*[1].

Des hommes comme Rousseau s'entendent à faire servir leurs faiblesses, leurs lacunes, leurs vices, de fumier à leur talent. Quand il déplore la corruption et la dégénération de la société comme conséquence funeste de la civilisation, il se fonde en fait sur une expérience personnelle ; c'est l'amertume de celle-ci qui donne cette causticité à sa condamnation générale et empoisonne les flèches qu'il décoche ; il commence par décharger sa bile d'individu et pense chercher un remède qui profiterait directement à la société, mais, indirectement et par le canal de celle-ci, aussi bien à lui-même.

618. *Avoir l'esprit philosophique.*

D'ordinaire, on s'efforce d'acquérir, pour toutes les situations et tous les événements de la vie, une disposition unique de l'âme, des manières de voir d'un seul genre, c'est cela surtout que l'on appelle avoir l'esprit philosophique. Il peut cependant être plus profitable à l'enrichissement de la connaissance de ne pas s'uniformiser de la sorte, mais de prêter plutôt l'oreille à la voix discrète des diverses situations de la vie ; celles-ci comportent leurs propres manières de voir. On participe alors par la connaissance à la vie et à la nature de beaucoup d'êtres, du moment que l'on ne se traite pas soi-même en individu figé, constant et un.

619. *Au feu du mépris*[2].

C'est un nouveau pas vers son indépendance que d'oser enfin exprimer des vues qui passent pour faire honte à qui les nourrit ; amis et connaissances commencent alors eux-mêmes à éprou-

ver des craintes. Ce feu, une nature douée doit aussi le traverser, après quoi elle ne s'en appartient que mieux.

620. *Sacrifice.*

On préfère, quand le choix est donné, le grand sacrifice au
petit : c'est que, du grand sacrifice, on se dédommage par l'admiration de soi-même, ce qui n'est pas possible avec le petit.

621. *L'artifice de l'amour.*

Qui veut réellement *connaître* quelque chose de nouveau (que
ce soit un homme, un événement, un livre) fera bien d'accueil-
lir cette nouveauté avec tout l'amour possible, de détourner
promptement le regard de ce qui lui en paraît hostile, choquant,
faux, voire même de l'oublier : on donnera par exemple la plus
grande avance à l'auteur d'un livre et alors, comme dans une
course, on désirera vraiment, le cœur battant, le voir toucher
au but. C'est en effet par ce procédé que l'on pénétrera jusqu'au
cœur de la nouveauté, jusqu'à son point moteur : et c'est précisément ce qui s'appelle connaître. Une fois arrivé là, le raisonnement fera ses restrictions après coup ; cet excès d'estime, cette
suspension du pendule critique, ce n'était justement qu'un artifice pour amener l'âme de la chose à se montrer.

622. *Penser trop de bien ou trop de mal du monde.*

Que l'on pense des choses trop de bien ou trop de mal, on
en retire toujours cet avantage de jouir d'un plaisir accru : car
une trop bonne opinion préconçue nous permet d'habitude de
mettre dans les choses (dans le vécu) plus de douceur qu'elles
n'en comportent vraiment. Une trop mauvaise opinion préconçue
cause une déception agréable : l'agrément qui tenait aux choses
elles-mêmes s'accroît de l'agrément de la surprise. — Un tempérament porté au noir fera d'ailleurs dans les deux cas l'expérience inverse.

623. *Hommes profonds.*

Ceux dont la force est dans l'approfondissement de leurs impressions — on les appelle d'habitude profonds — sont relativement calmes et résolus dans tous les cas de surprise ; car au premier moment leur impression était encore superficielle, elle ne *s'approfondit* qu'ensuite. Quant aux choses ou aux personnes depuis longtemps prévues et attendues, ce sont elles qui agitent de pareilles natures au plus haut degré et les rendent quasiment incapables de garder leur présence d'esprit lorsqu'elles finissent par arriver.

624. *Relations avec le Moi supérieur*[1].

Tout homme a ses beaux jours, où il trouve son Moi supérieur ; et la véritable humanité exige de n'apprécier chacun que d'après cet état et non d'après ses jours ouvrables de dépendance et de servilité. On doit par exemple estimer et honorer un peintre selon la vision la plus haute qu'il aura été capable d'avoir et de rendre. Mais les hommes eux-mêmes ont des relations très diverses avec ce Moi supérieur, et sont souvent leurs propres comédiens pour autant qu'ils ne cessent plus, par la suite, d'imiter ce qu'ils sont en ces instants. Certains, pleins d'humilité, vivent dans l'effroi de leur idéal et aimeraient bien le renier : ils ont peur de leur Moi supérieur parce que sa voix est exigeante quand il lui arrive de parler. En outre, il dispose d'une liberté fantômale de venir ou de ne pas paraître à sa guise ; aussi le dit-on souvent un don des dieux, alors que c'est tout le reste qui est proprement le don des dieux (du hasard) : quant à lui, il est l'homme même.

625. *Solitaires*[2].

Certains êtres sont si accoutumés à être seuls avec eux-mêmes que, ne se comparant du tout aux autres, ils filent continûment

le monologue de leur vie, l'âme tranquille et joyeuse, s'entrete-
nant au mieux avec eux-mêmes, sans oublier les ris. Mais si on
les amène à se comparer aux autres, ils inclinent, alambiquant
toujours, à se sous-estimer ; si bien qu'il faut les forcer à retourner *apprendre* chez les autres une idée favorable et juste de leur
personne ; et même de cette idée apprise, ils n'auront de cesse
qu'ils n'aient retiré et rabaissé quelque chose. — On doit donc,
à certains hommes, concéder leur solitude, et se garder d'être
assez sot pour les plaindre, comme il arrive souvent.

626. *Sans mélodie*[1].

Il est des hommes dont la qualité est de reposer si constamment
en eux-mêmes, dans une disposition harmonique de toutes leurs
facultés, qu'ils répugnent à toute activité se proposant quelque but.
Ils ressemblent à une musique uniquement composée d'accords har-
moniques longuement tenus, sans que s'y montre jamais ne serait-
ce que l'amorce d'une mélodie lestement articulée. Tout mouvement venu du dehors ne sert qu'à redonner aussitôt à la barque
un nouvel équilibre sur le lac de la consonance harmonique. Les
hommes modernes sont d'habitude pris d'une impatience extrême
quand ils rencontrent de ces natures qui ignorent tout *devenir*, sans
que l'on puisse dire qu'elles ne *sont* rien. Mais, dans certains états
d'âme, on sent monter à leur vue cette insolite question : A quoi
bon une mélodie après tout ? Pourquoi ne nous suffit-il pas que
la vie se reflète calmement dans un lac profond ? — Le moyen âge
était plus riche que notre époque en pareilles natures. Il est si rare
de trouver encore quelqu'un qui, même dans la presse, sache vivre
aussi continûment heureux et en paix avec soi-même, se disant
comme Gœthe : « Le mieux est ce calme profond dans lequel je
vis et grandis au regard du monde, y gagnant ce que personne ne
saurait me ravir ni par le fer ni par le feu. »

627. *La vie et le vécu*.

A bien voir comment certaines gens savent s'y prendre avec
ce qui leur arrive, avec leurs quotidiennes et insignifiantes expé-

riences, jusqu'à en former une terre fertile qui porte fruit trois fois l'an ; tandis que d'autres — et combien ! — lancés à travers les vagues entrechoquées des aventures les plus passionnantes, des courants les plus variés qui agitent les peuples et les temps, n'en restent pas moins toujours à la surface, toujours aussi légers que liège : on est finalement tenté de diviser l'humanité en une minorité (minimalité) d'êtres qui s'entendent à faire de peu beaucoup, et une majorité de ceux qui s'entendent à faire de beaucoup fort peu ; on rencontre même de ces sorciers à rebours qui, au lieu de tirer le monde du néant, tirent du monde un néant.

628. *Le sérieux dans le jeu*[1].

A Gênes, un soir à l'heure du crépuscule, j'entendis les cloches carillonner longuement à une tour ; elles n'en finissaient plus et, par-dessus les bruits de la rue, vibraient d'un son comme insatiable de lui-même qui s'en allait dans le ciel vespéral et la brise marine, si lugubre, si enfantin à la fois, d'une infinie mélancolie. Alors, il me ressouvint des paroles de Platon et je les sentis tout à coup dans mon cœur : *Rien de ce qui est humain, rien, n'est digne du grand sérieux ; et pourtant...*[2].

629. *De la conviction et de la justice*[3].

Ce que l'homme dit, promet, décide dans la passion, l'assumer après coup de sang-froid et la tête claire — cette obligation est un des plus lourds fardeaux qui accablent l'humanité. Être forcé d'admettre à tout jamais les conséquences de la colère, de la vengeance qui s'allume, du dévouement enthousiaste, voilà qui peut susciter une exaspération d'autant plus grande contre ces sentiments qu'ils sont justement partout l'objet d'un culte idolâtre, et surtout de la part des artistes. Ce sont eux qui forcent la *surenchère de la passion* et qui l'ont toujours fait ; il est vrai qu'ils exaltent aussi les terribles satisfactions de la passion que l'on s'accorde à soi-même, ces explosions de vengeance suivies de mort, de mutilation, d'exil volontaire, et cette résigna-

tion du cœur brisé. Toujours est-il qu'à maintenir éveillée la curiosité pour les passions, c'est comme s'ils disaient : sans les passions, votre vie n'a rien connu. — Pour avoir juré fidélité,
peut-être même à une pure fiction, telle qu'un dieu, pour avoir
fait abandon de son cœur à un prince, un parti, une femme, un
ordre sacerdotal, un artiste, un penseur, dans un état d'illusion
éblouie qui nous jetait dans l'extase et nous faisait paraître ces
êtres dignes de toute notre vénération, de tous les sacrifices —
sera-t-on désormais lié sans espoir d'évasion ? Voyons, ne nous
sommes-nous pas alors trompés sur nous-mêmes ? N'était-ce pas
une promesse hypothétique, faite à la condition supposée, et bien
entendu restée tacite, que ces êtres auxquels nous nous vouions
fussent réellement les êtres dont ils prenaient l'apparence dans
notre imagination ? Sommes-nous tenus d'être fidèles à nos
erreurs, même après avoir reconnu que, par cette fidélité, nous
lésons notre Moi supérieur ? — Non, il n'y a pas de loi, pas d'obligation de ce genre-là ; nous ne pouvons que devenir traîtres, user
d'infidélité, abandonner nos idéaux[1] les uns après les autres.
Nous ne passons point d'une période à l'autre de notre vie sans
infliger les douleurs de la trahison et en souffrir aussi à notre
tour. Faudrait-il, pour échapper à ces douleurs, nous garder absolument de l'effervescence de nos sentiments ? Le monde ne
deviendrait-il pas alors pour nous trop désolé, trop spectral ?
Demandons-nous plutôt si ces souffrances, à supposer un changement de conviction, sont *nécessaires* et si elles ne dépendent
pas d'une opinion et d'une évaluation *erronées*. Pourquoi admire-
t-on celui qui reste fidèle à sa conviction et méprise-t-on celui
qui en change ? J'ai peur que la réponse ne doive être : parce que
tout le monde suppose que seuls des motifs de bas intérêt ou de
crainte personnelle sont cause d'un tel changement. C'est-à-dire :
on croit au fond que personne ne modifie ses opinions tant qu'elles
lui sont profitables, ou du moins qu'elles ne lui font pas tort.
Mais s'il en est ainsi, c'est mauvais signe pour la valeur *intellectuelle* de toutes les convictions. Examinons un peu comment se
forment les convictions, et voyons si on ne les surestime pas beaucoup, beaucoup trop : il en ressortira que le *changement* de convictions se mesure lui aussi à une échelle fausse dans tous les cas
et que, par habitude, nous avons beaucoup trop souffert jusqu'ici
de ce changement[2].

630[1].

Une conviction est la croyance d'être, sur un point quelconque de la connaissance, en possession de la vérité absolue. Cette croyance suppose donc qu'il existe des vérités absolues ; que l'on a également trouvé ces méthodes parfaites qui permettent d'y accéder ; enfin que quiconque a des convictions applique ces méthodes parfaites. Ces trois propositions montrent aussitôt que l'homme à convictions n'est pas l'homme de la pensée scientifique ; nous le voyons à l'âge de l'innocence théorique, c'est un enfant, tout adulte qu'il puisse être par ailleurs. Mais des millénaires entiers ont vécu de ces suppositions infantiles, et il en a jailli les plus puissantes sources d'énergie pour l'humanité[2]. Ces hommes innombrables qui se sacrifiaient pour leurs convictions croyaient le faire pour la vérité absolue. Ils avaient tous tort en cela : il est vraisemblable que jamais encore un homme ne s'est sacrifié pour la vérité ; tout au moins, l'expression dogmatique de sa croyance n'aura rien eu, ou presque rien, de scientifique. Mais ce que l'on voulait vraiment, c'était avoir raison, parce que l'on se croyait *obligé* d'avoir raison. Se laisser arracher sa croyance, cela signifiait peut-être mettre en question sa béatitude éternelle. Dans une affaire de cette extrême importance, le « vouloir » n'était que trop visiblement le souffleur de l'intellect. Le postulat de chaque croyant de n'importe quelle tendance était de ne *pouvoir* être réfuté ; si les raisons contraires se montraient très fortes, il lui restait toujours la possibilité de dénigrer la raison en général, et peut-être même d'arborer, drapeau du fanatisme extrême, le *credo quia absurdum est*. Ce n'est pas la lutte des opinions qui a mis tant de violence dans l'histoire, mais la lutte de la foi dans les opinions, c'est-à-dire des convictions[3]. Si tous ceux qui nourrissaient une si grande idée de leur conviction, lui faisaient des sacrifices de toute nature et ne ménageaient à son service ni leur honneur, ni leur vie, avaient plutôt consacré ne serait-ce que la moitié de leurs forces à rechercher à quel titre ils tenaient à telle ou telle conviction, par quelle voie ils y étaient arrivés, quel air pacifique aurait l'histoire de l'humanité ! Quel surcroît de connaissances nous

aurions ! Toutes les scènes de cruauté accompagnant la persécution des hérétiques en tous genres nous eussent été épargnées pour
deux raisons : d'abord parce que les inquisiteurs se seraient soumis les premiers à leur propre inquisition, et auraient ainsi échappé
à la prétention de défendre la vérité absolue ; ensuite parce que
les hérétiques eux-mêmes n'auraient plus porté le moindre intérêt, après les avoir sondés, à des principes aussi mal fondés que
le sont les principes de tous les sectaires et « orthodoxes » religieux.

631.

Ces temps où les hommes étaient habitués à croire à la possession de la vérité absolue sont à l'origine d'un profond *malaise* affec-
tant toutes les positions sceptiques et relativistes sur quelque point
de la connaissance que ce soit ; on préfère la plupart du temps se
rendre sans réserve à une conviction défendue par des personnes
qui ont quelque autorité (pères, amis, professeurs, princes[1]), et
l'on éprouve, quand on ne le fait pas, une espèce de remords. Ce
penchant est fort compréhensible, et ses conséquences n'autorisent
aucun des violents reproches que l'on fait à l'évolution de la raison humaine. Mais l'esprit scientifique doit progressivement mûrir
chez l'homme cette vertu d'*abstention prudente*, cette sage modération qui sont plus connues dans le domaine de la vie pratique
que dans celui de la vie théorique, et qui, représentées par exemple
par Gœthe dans le personnage d'Antonio, sont un objet d'exaspération pour tous les Tasses, c'est-à-dire pour les natures à la fois
ennemies de la science et passives. L'homme à conviction[2] a pour
lui-même le droit de ne pas comprendre cet homme de la pensée
prudente, le théoricien Antonio ; en revanche, l'homme de science
n'a pas le droit de blâmer l'autre pour autant, il l'observe de haut
et sait en outre, le cas échéant, qu'il se raccrochera encore à lui,
comme le Tasse finit par le faire avec Antonio.

632.

Qui n'est point passé par diverses convictions, mais s'en tient
à la croyance qui l'a pris la première dans ses lacs, est dans tous

les cas, à cause justement de cet immobilisme, le représentant de civilisations *arriérées*; du fait de ce manque de culture (laquelle culture suppose toujours l'éducabilité), il est dur, incompréhensif, rebelle à toute formation, sans indulgence, c'est l'homme du soupçon perpétuel et de l'irréflexion, qui saute sur tous les moyens d'imposer son opinion parce qu'il ne saurait du tout comprendre qu'il y a nécessairement d'autres opinions; il est peut-être, à cet égard, une source de force, et même salutaire dans des civilisations trop affranchies et relâchées, mais dans la seule mesure où il incite fortement à lui tenir tête : car, ce faisant, la délicate ébauche de civilisation nouvelle, obligée d'engager le combat avec lui, y puise elle-même des forces.

633[1].

Nous sommes encore pour l'essentiel les mêmes hommes que ceux de l'époque de la Réforme; comment en serait-il autrement? Mais nous ne nous permettons plus certains moyens pour aider au triomphe de notre opinion, et cela, qui nous distingue de cette époque, prouve aussi que nous appartenons à une civilisation plus haute. De nos jours, quiconque se sert encore, à la manière des hommes de la Réforme, d'insinuations soupçonneuses et d'explosions de rage pour combattre et écraser des opinions, trahit clairement qu'il aurait brûlé ses adversaires s'il avait vécu en d'autres temps, et qu'il aurait eu recours à tous les procédés de l'Inquisition s'il avait vécu en ennemi de la Réforme. A l'époque, cette Inquisition était raisonnable, car elle ne signifiait rien d'autre que l'état général de siège qu'il était nécessaire de décréter sur tout le territoire de l'Église et qui, comme n'importe quel état de siège, justifiait l'emploi des moyens les plus extrêmes, étant admis le postulat (que nous ne partageons plus aujourd'hui avec ces hommes) que, dans l'Église, on *tenait* la vérité et qu'*il fallait* la sauvegarder à tout prix, quels que fussent les sacrifices, pour le salut de l'humanité. Mais de nos jours, on n'accorde plus aussi facilement à quelqu'un qu'il possède la vérité : les méthodes rigoureuses de la recherche ont assez largement répandu la méfiance et la circonspection pour que tout homme qui défend ses opinions par des paroles et des œuvres de vio-

lence soit considéré comme un ennemi de notre civilisation
actuelle, ou du moins comme un arriéré. Le fait est que la passion que l'on met à prétendre posséder la vérité a maintenant
perdu persque toute valeur au regard de cette autre, plus modeste
et moins retentissante, il est vrai, avec laquelle on la cherche,
sans se lasser de réviser et de réexaminer ses connaissances[1].

634.

La recherche méthodique de la vérité est du reste elle-même
le résultat de ces époques où les convictions se faisaient la
guerre[2]. Si l'individu n'avait pas tenu à sa « vérité » à lui, c'est-
à-dire à avoir toujours raison, il n'existerait aucune méthode
de recherche que ce soit ; mais de la sorte, dans ce combat perpétuel des prétentions de divers individus à la vérité absolue,
on avança pas à pas à la découverte de principes irréfutables
d'après lesquels pût s'examiner le bien-fondé de ces prétentions
et s'apaiser leur conflit. On commença par trancher en suivant
les autorités, plus tard on passa à une critique réciproque des
voies et moyens par lesquels on avait trouvé la prétendue vérité ;
il y eut entre-temps une période où l'on tira les conséquences
du principe adverse, les trouvant peut-être pernicieuses et propres à rendre malheureux : de quoi il devait alors résulter au
jugement de chacun que la conviction de l'adversaire contenait
une erreur. *La lutte personnelle des penseurs* a finalement si bien
aiguisé les méthodes qu'il devint possible de découvrir réellement des vérités et de mettre en évidence aux yeux de tous les
erreurs des méthodes antérieures.

635.

A tout prendre, les méthodes scientifiques sont un aboutissement de la recherche au moins aussi important que n'importe
quel autre de ses résultats ; car c'est sur l'intelligence de la
méthode que repose l'esprit scientifique, et tous les résultats de
la science ne pourraient empêcher, si lesdites méthodes venaient
à se perdre, une recrudescence de la superstition et de l'absur-

dité reprenant le dessus. Des gens intelligents peuvent bien apprendre tout ce qu'ils veulent des résultats de la science, on n'en remarque pas moins à leur conversation, et notamment aux hypothèses qui y paraissent, que l'esprit scientifique leur fait toujours défaut : ils n'ont pas cette méfiance instinctive pour les aberrations de la pensée qui a pris racine dans l'âme de tout homme de science à la suite d'un long exercice. Il leur suffit de trouver une hypothèse quelconque sur une matière donnée, et les voilà tout feu tout flamme pour elle, s'imaginant qu'ainsi tout est dit. Avoir une opinion, c'est bel et bien pour eux s'en faire les fanatiques et la prendre dorénavant à cœur en guise de conviction. Y a-t-il une chose inexpliquée, ils s'échauffent pour la première fantaisie qui leur passe par la tête et ressemble à une explication ; il en résulte continuellement, surtout dans le domaine de la politique, les pires conséquences.[1] — C'est pourquoi tout le monde devrait aujourd'hui connaître à fond au moins *une* science ; on saurait tout de même alors ce que c'est que la méthode, et tout ce qu'il y faut d'extrême circonspection. C'est particulièrement aux femmes qu'il convient de donner ce conseil, elles qui sont maintenant les victimes incurables de toutes les hypothèses, surtout si elles donnent l'impression de l'ingéniosité, d'un charme irrésistible, d'une vie et d'une force qui se communiquent. A y regarder de plus près, on s'aperçoit même que la grande majorité des gens cultivés demande encore au penseur des convictions et rien que des convictions, et que seule une infime minorité veut une *certitude*. Les premiers se veulent entraînés avec force, afin d'y puiser eux-mêmes un surcroît d'énergie ; ces quelques autres y apportent un intérêt objectif qui fait abstraction des avantages personnels, y compris celui d'un tel surcroît d'énergie. C'est sur la première catégorie, largement prédominante, que l'on compte partout où le penseur se prend et se donne pour un *génie*, tranche donc avec l'arrogance d'un être supérieur auquel l'autorité revient de droit. Dans la mesure où le génie de cette espèce entretient le feu des convictions et suscite la méfiance envers l'esprit prudent et modeste de la science, il est un ennemi de la vérité, quand bien même il s'en croirait tant et plus l'amant[2].

636.

Il y a aussi, il est vrai, une espèce toute différente de génie, celui de la justice; et je ne peux du tout me résoudre à l'estimer inférieur à quelque autre forme de génie que ce soit, philosophique, politique ou artistique. Il est de sa nature de se détourner avec une franche répugnance de tout ce qui trouble et aveugle notre jugement sur les choses; il est par suite *ennemi des convictions*, car il entend faire leur juste part à tous les êtres, vivants ou inanimés, réels ou imaginaires — et pour cela, il lui faut en acquérir une connaissance pure; aussi met-il tout objet le mieux possible en lumière, et il en fait le tour avec des yeux attentifs. Pour finir, il rendra même à son ennemie, l'aveugle ou myope « conviction » (comme l'appellent les hommes : pour les femmes, son nom est « la foi »), ce qui revient à la conviction — pour l'amour de la vérité.

637[1].

Ce sont les *passions* qui donnent naissance aux opinions; la *paresse d'esprit* les fige en *convictions*. Mais qui se sent l'esprit *libre* et d'une infatigable vivacité peut empêcher ce figement par de constantes variations; et s'il est à tout prendre une boule de neige pensante, ce ne sont pas du tout des opinions qu'il aura dans la tête, mais rien que des certitudes et des probabilités exactement mesurées. — Quant à nous, qui sommes de nature mixte, tantôt portés à incandescence par le feu, tantôt transis par le froid de l'esprit, nous plierons le genou devant la Justice, la seule déesse que nous reconnaissions au-dessus de nous. *Ce feu* qui nous habite nous rend d'ordinaire injustes et, aux yeux de cette déesse, impurs; jamais il ne nous sera permis en cet état de prendre sa main, jamais alors ne descendra sur nous le grave sourire de sa faveur. Nous vénérerons en elle l'Isis voilée de notre vie; dans notre contrition, nous lui offrirons notre douleur en expiation et sacrifice chaque fois que le feu nous brûlera et menacera de nous dévorer. C'est *l'esprit* qui nous sauvera d'être entiè-

rement consumés et calcinés; lui qui nous arrachera de temps
en temps à l'autel de la Justice, ou nous enveloppera dans un
tissu d'asbeste. Alors, délivrés du feu, nous nous avancerons,
poussés par l'esprit d'opinion en opinion, traversant la variété
des partis, en nobles *traîtres* de toutes choses susceptibles en fin
de compte d'être trahies — et pourtant sans aucun sentiment
de coulpe.

638. *Le voyageur.*

Qui est parvenu, ne serait-ce que dans une certaine mesure,
à la liberté de la raison ne peut rien se sentir d'autre sur terre
que voyageur, — pour un voyage, toutefois, qui ne tend pas *vers*
un but dernier : car il n'y en a pas. Mais enfin, il regardera,
les yeux ouverts à tout ce qui se passe en vérité dans le monde;
aussi ne devra-t-il pas attacher trop fortement son cœur à rien
de particulier; il faut qu'il y ait aussi en lui une part vagabonde,
dont le plaisir soit dans le changement et le passage. Sans doute,
cet homme connaîtra les nuits mauvaises, où, pris de lassitude,
il trouvera fermée la porte de la ville qui devait lui offrir le repos;
peut-être qu'en outre, comme en Orient, le désert s'étendra
jusqu'à cette porte, que les bêtes de proie y feront entendre leurs
hurlements tantôt lointains, tantôt rapprochés, qu'un vent violent se lèvera, que des brigands lui déroberont ses bêtes de
somme. Alors sans doute la nuit terrifiante sera pour lui un autre
désert tombant sur le désert, et il se sentira le cœur las de tous
les voyages. Et que le soleil matinal se lève, ardent comme une
divinité de colère, que la ville s'ouvre, il verra peut-être sur les
visages de ses habitants plus de désert encore, plus de saleté,
de fourberie, d'insécurité que devant les portes — et le jour, à
quelque chose près, sera pire que la nuit. Il se peut bien que
tel soit à quelque moment le sort du voyageur; mais pour le
dédommager viennent ensuite les matins délicieux d'autres
contrées, d'autres journées, où il voit dès la première lueur de
l'aube les chœurs des Muses passer dans le brouillard des monts
et le frôler de leurs danses, puis plus tard, serein, dans l'équilibre de son âme d'avant Midi, se promenant sous les arbres, tomber à ses pieds de leurs cimes et de leurs vertes cachettes une

pluie de choses bonnes et claires, présents de tous ces libres esprits qui hantent la montagne, la forêt et la solitude, et qui sont comme lui, à leur façon tantôt joyeuse, tantôt méditative, voyageurs et philosophes. Nés des mystères du premier matin, ils songent à ce qui peut donner au jour, entre le dixième et le douzième coup de l'horloge, un visage si pur, si pénétré de lumière, de sereine clarté qui le transfigure : ils cherchent la *Philosophie d'avant Midi*.

Entre amis[1]

1

Il est beau de se taire ensemble,
Plus beau de rire ensemble, —
Sous la tente d'un ciel de soie,
Le dos à la mousse du hêtre,
Rire entre amis, éclats cordiaux
Et blanches dents qui se découvrent.

Ai-je gagné, nous nous tairons;
Ai-je mal fait —, et bien, rions
Et de plus en plus mal faisons,
Plus mal faisons, plus mal rions,
Au bout la fosse nous attend.

Çà mes amis! L'aurons-nous bien?...
Ainsi soit-il! Et au revoir!

2

Point d'excuses! Ni de pardon!
Vous les contents, libres de cœur,
Veuillez, ce livre sans raison,
Lui ouvrir cœur, oreille et gîte!
Croyez, Amis, ma déraison
N'appelle point malédiction!

Ce que je trouve et cherche, moi —,
Livre jamais en parla-t-il?
La gent des fous, en moi honorez-là!
Et ce livre de fou, apprenez-y
Comment Raison vient... à raison!

Çà, mes amis, l'aurez-vous bien?...
Ainsi soit-il! Et au revoir!

Les manuscrits

LES MANUSCRITS DE NIETZSCHE
DE L'ÉTÉ 1876 À L'ÉTÉ 1878

Les premières notes pour un nouvel ouvrage après Richard Wagner à Bayreuth *datent des semaines précédant immédiatement le départ de N pour Bayreuth le 23 juillet 1876. Elles se trouvent aux pages 203 à 170 environ de U II 5. C'est un cahier relié de 250 pages, presque complètement écrites, que N n'avait utilisé qu'en partie auparavant (pp. 1-21 et 250-215 en 1873 et 1874. pp. 214-205 ayant servi à l'occasion pour Richard Wagner à Bayreuth). Le thème de « l'esprit libre » y domine, tant dans les pages écrites avant le voyage de Bayreuth que dans celles écrites plus tard (pp. 170-115). Des notes se rapportant au même sujet se trouvent aussi dans le carnet N II 1 dont nous avons parlé.*

Rentré à Bâle, N utilisa U II 5, N II 1, et ses notes de l'automne et de l'été 1875 (U II 8, U III 1, Mp XIII 4) pour dicter à Peter Gast la première copie au net de son œuvre projetée (septembre 1876). M I 1 représente le résultat de ce travail en commun; le cahier, 100 pages écrites presque en totalité, porte le titre Le Soc. *Les 176 aphorismes sont distribués en cinq sections : 1-47, « Voies de la liberté de l'esprit »; 48-100, « Humain et trop humain »; 101-115, « La vie facile »; 116-141, « Femme et enfant »; 142-153, « Sur les Grecs »; les pages 154 à 176 sont intitulées : Suite de « Humain et trop humain ». Ce cahier, écrit comme on l'a dit par Peter Gast, contient aussi des corrections et des adjonctions ultérieures de la main de N.*

Depuis le début octobre, à Bex, jusqu'à la fin décembre, à Sorrente, N continua ses notes, sans suivre de plan déterminé, comme on peut s'en rendre compte par les pages de U II 5 écrites à cette époque. Il s'agit des pages 114 à 121, écrites d'arrière en avant, qui contiennent les indications chronologiques suivantes : p. 21, « Ici commencent les Pensées et esquisses de l'automne-hiver 1786 »; p. 22, « J'ai écrit cette dernière page le 22 décembre 1876 ». N continua à se servir du carnet N II 1. Le projet d'une cinquième Considération intempestive, « L'esprit libre », semble passer au premier plan vers la fin de 1876.

A Sorrente, N dicte à Albert Brenner une deuxième mise au net à partir du Soc et des notes postérieures que nous avons signalées. Ce texte occupe les pages 256-346 de Mp XIV 1 (Mp XIV 1 a). Mp XIV 1 est connu sous le nom de « papiers de Sorrente », bien qu'une grande partie en date d'après Sorrente. Dans ce carton sont rassemblées 460 pages, constituées en majorité de feuilles in-quarto. (A cette époque, en effet, N fit acheter à Bâle des cahiers qui lui furent envoyés déjà coupés en quatre, et dont il se servait pour recopier ses notes volantes). Dans les Archives nietzschéennes, on n'a numéroté que 375 pages de Mp XIV 1, sans que cette pagination corresponde à un ordre chronologique. Si l'on excepte les pages dictées à Brenner, qui chronologiquement se situent entre la fin de 1876 et le commencement de 1877, un classement de celles qui restent n'est pas possible. Un repère pourrait être fourni par les carnets de notes subsistant de cette époque, N II 2 et N II 3. N II 3 comprend 86 pages; dans la description de Mette sont données comme arrachées les pages suivantes : 2-5, 18 sq., 48 sq., 68-73, mais parmi les feuilles de différents formats de Mp XIV 1 nous avons pu retrouver les pages 2-5 et 18 sq. En s'appuyant sur un brouillon de lettre à Overbeck du 3 mai 1877 qui se trouve p. 20, on peut placer ce carnet à la fin de l'époque de Sorrente. Il est suivi par N II 2, dont les notes peuvent être datées de mai à août 1877, époque où N séjourna à Ragaz et Rosenlaui. Ce carnet comporte 154 pages entièrement écrites; les pp. 136 sq. ont été arrachées, et la moitié inférieure des pp. 26 sq. et le tiers inférieur des pp. 33 sq. coupés. Ces deux carnets de notes correspondent à 25 feuilles in-quarto (= 100 pages numérotées) de Mp XIV 1, qui révèlent des similitudes graphologiques (p. ex. caractères latins), du moins dans la mesure où leurs fragments dérivent des premiers états en N II 2 et N II 3. Les autres pages numérotées de Mp XIV 1 ont été écrites en grande partie à Sorrente et montrent aussi des similitudes graphologiques (p. ex. caractères allemands). Cependant, il n'est pas possible de séparer nettement les deux couches : on trouve parfois sur la même feuille deux pages écrites en caractères latins et deux en caractères allemands[1]. Pour cette raison, nous avons donné ces fragments en suivant la numérotation des Archives nietzschéennes. Ce groupe (Mp XIV 1 b) comprend par conséquent la plus grande partie des fragments de ce carton et se situe chronologiquement entre la fin de 1876 et la fin de l'été 1877.

En ce qui concerne les autres pages de Mp XIV 1, nous avons pu distinguer deux groupes : 1) les feuilles in-quarto non paginées par les Archives nietzschéennes et les feuilles de différents formats qui, par

---

1. La tentative de traiter en groupe indépendant les 25 feuilles susdites, comme dans l'édition italienne, a été abandonnée pour les éditions allemande et française. (Note des éditeurs Colli et Montinari.)

leur contenu, montrent un travail de classement des fragments du groupe précédent et qui sont de la main de Nietzsche (Mp XIV 1 c); 2) les feuilles de la main de Peter Gast (Mp XIV 1 d). Les deux groupes correspondent à peu près à l'époque du travail en commun de Nietzsche et Peter Gast, de septembre 1877 à la fin de la même année, les deux amis préparant le manuscrit définitif de Humain, trop humain. *Le carton contient en outre une suite de feuilles in-quarto blanches, dont les premières pages sont pourvues d'un titre et qui devaient vraisemblablement servir à établir un classement des textes par rubriques. Voici les titres : « En société »,* Moralia, *« Culture (histoire, etc. éducation) », « Art », « Masques », « Contribution à une histoire naturelle de la morale »,* Paraenetica, Religiosa, *« 6. Avenir de la civilisation ». Le numéro figurant dans ce dernier titre permet de supposer qu'il y a eu d'autres feuilles in-quarto utilisées de la même manière.*

Quand N, à l'automne de 1877, se mit au classement définitif de ses notes, il avait esquissé divers titres et classements qu'il écarta les uns après les autres : essais dont on peut fidèlement suivre tout le déroulement dans les fragments posthumes de cette époque que nous publions. Dans les cahiers dont se servait N à ce moment-là, les notes reçoivent en effet des rubriques différentes, ainsi que des lettres et des numéros. Mp XIV 1 contient une longue liste, qui fut dressée juste avant l'établissement du manuscrit définitif de Humain, trop humain *(cf. 24 [3]). C'est aussi Peter Gast qui copia ce manuscrit pour l'impression (D 11). Le travail en fut terminé le 20 janvier 1878. N et Gast revirent ensemble les épreuves (K4) jusqu'à la mi-avril. Début mai, l'impression était achevée. Le livre parut à Chemnitz, chez Schmeitzner, sous le titre « Humain, trop humain. Un livre pour esprits libres. Dédié à la mémoire de Voltaire pour l'anniversaire de sa mort, 30 mai 1778. »*

Notes et variantes

NOTE DES ÉDITEURS
SUR L'ÉTABLISSEMENT DES NOTES
ET VARIANTES

Le présent volume contient *Humain, trop humain* publié par Nietzsche en 1878. Nous suivons le texte de cette édition et de celle qui fut faite avec l'autorisation de Nietzsche en 1886 (*Humain, trop humain*, I). On a conservé en général l'orthographe et la ponctuation. Nous ne nous sommes écartés du texte de base que dans de rares cas : corrections portées par Nietzsche sur les épreuves mais dont l'éditeur n'a pas tenu compte, fautes d'impression manifestes, corrections imposées par la lecture des divers manuscrits. En ce qui concerne les exemplaires personnels de Nietzsche (1878-1886), il nous a paru préférable de ne pas en reprendre dans ce volume les retouches ni les corrections – autres que typographiques –, mais de les donner, ainsi que le manuscrit de la préface de 1886, avec les fragments posthumes des années 1885-1887.

Tous les manuscrits de Nietzsche sont conservés dans les Archives Goethe-Schiller de Weimar (République démocratique allemande) où se trouvent aussi, aujourd'hui, les fonds des ex-Archives Nietzsche.

Le texte de la présente édition en Folio/Essais suit exactement celui établi pour le volume IV des *Œuvres philosophiques complètes*. Chaque volume de cette dernière édition comprend les écrits de Nietzsche regroupés en huit grandes sections, et distribués en textes, variantes et souvent fragments posthumes contemporains des œuvres.

A l'intérieur de chacune des cinq sections regroupant les posthumes, chaque manuscrit a été numéroté par nous. Cette numérotation correspond à l'ordre chronologique des différents manuscrits ou des *différentes couches d'un même manuscrit* : il arrive en effet que Nietzsche ait travaillé sur un manuscrit à deux reprises, parfois à de longs intervalles de temps. Dans ce cas, les deux couches du manuscrit porteront un numéro différent et pourront même se trouver dans deux sections différentes. Le manuscrit M III 4, par exemple, fut rédigé par Nietzsche d'abord à l'époque du *Gai Savoir* (automne 1881), puis à l'époque de la seconde partie de *Zarathoustra* (été 1883). On en trouvera donc une partie dans la section V (c'est le cahier de fragments posthumes n° 15 du *Gai Savoir* dans la présente édition française), et une autre dans la section VII. Dans d'autres cas, bien entendu, plusieurs couches d'un même manuscrit se trouveront dans la même section. Dans la section IV par exemple, le manuscrit U II 5 a été rédigé pendant l'été 1876, puis en octobre-décembre 1976; les deux couches, très nettement distinctes, sont respectivement numérotées 17 et 19, et entre elles, s'insère un manuscrit complet, M II, écrit en septembre 1876 et qui porte le numéro 18. Dans le même manuscrit U II 5, on trouve d'ailleurs une couche antérieure elle-même aux couches IV 17 et 19; nous l'avons donc placée dans la section III, au numéro 32. Nous mettons en évidence l'existence de ces différentes couches d'un même manuscrit en ajoutant au signe conventionnel qui le désigne une lettre de l'alphabet (*a*, *b*, *c*, etc.); ainsi U II 5 apparaît trois fois dans notre édition : U II 5 *a* : section III, n° 32,; U II 5 *b* : section IV, n° 17; U II 5 *c* : section IV, n° 19.

A l'intérieur de chaque manuscrit, dans notre édition, chaque fragment posthume est lui-même numéroté selon sa place chronologique, *qui ne correspond presque jamais à la pagination des Archives.* Le numéro d'ordre du manuscrit (ou de la couche d'un manuscrit) est donc suivi d'un second numéro d'ordre, placé entre crochets, qui indique la place du fragment à l'intérieur du manuscrit (ou de la couche). Par exemple : 17 [25] désigne le vingt-cinquième fragment du manuscrit (ou de la couche) qui porte, dans sa section, le numéro d'ordre 17. Dans les Notes, quand nous renvoyons à un fragment posthume qui se trouve dans la même section que l'œuvre commentée, nous donnons le numéro d'ordre du fragment et celui du manuscrit qui le contient, mais non celui de la section à laquelle ils appartiennent. Ainsi, lorsque dans une note d'*Aurore* (relative à l'aphorisme 235), nous renvoyons au fragment posthume 4 [24], cela veut dire que l'on trouvera ce fragment, sous ce numéro, dans la même section que le texte d'*Aurore* lui-même, c'est-à-dire la section V. Si au contraire nous renvoyons à des fragments qui se trouvent dans d'autres sections (ce qui est toujours le cas dans les volumes qui ne contiennent pas de posthumes), alors le numéro du fragment sera précédé du chiffre romain qui désigne la section : par exemple IV 5 [22].

Il résulte de ce qui précède que, dans l'appareil critique, il est fait référence, tantôt au manuscrit tel qu'il se trouve aux Archives, tantôt à la série établie par nous à partir de ce même manuscrit, et publiée dans la présente édition. Pour éviter toute confusion, le lecteur est invité à se souvenir qu'en dépit de leur similitude, il s'agit là de deux ensembles bien distincts. Il va de soi en effet que tous les textes contenus dans une série se retrouvent bien dans le manuscrit correspondant, mais non tous les textes du manuscrit dans la série qui en est la réduction.

Prenons de nouveau en exemple la série de textes (série V 15, cahier 15 du *Gai Savoir* dans la présente édition) établis par nous à partir du manuscrit M III 4. Ce manuscrit ayant été utilisé par Nietzsche pour la rédaction du

Gai Savoir et pour celle de *Par-delà bien et mal*, nous avons naturellement exclu de la série les aphorismes incorporés par lui à ces deux livres. Ainsi, à la différence du manuscrit original, la série V 15 contient uniquement des textes posthumes. L'ensemble des séries ainsi établies contient toute l'œuvre posthume de Nietzsche. Lorsqu'il est fait mention de la série V 15 dans l'appareil critique, c'est toujours sous forme de *Note*, en tant que référence interne invitant le lecteur à comparer des textes voisins par le sens (de la même manière qu'il y est fait mention, à l'aide de sigles tels que GS, PBM, etc., d'ouvrages publiés par Nietzsche).

Le sigle, M III 4 est, lui, dans cet appareil critique, d'un emploi tout différent. Tandis que la mention de la série donne lieu à une *Note*, celle du manuscrit introduit une *Variante*. Le sigle M III 4 désigne les textes qui subsistent en effet, *comme variantes*, dans le manuscrit original portant ce sigle aux Archives, après les prélèvements effectués aussi bien par Nietzsche pour la composition de GS et de PBM, que par nous-mêmes pour l'établissement de la série V 15. C'est donc en tant que variantes, ébauches ou versions non définitives de textes publiés d'autre part (en GS, PBM ou telle autre série de posthumes du type V 15) qu'au lieu de les intégrer à la série V 15, nous les avons réservés à l'appareil critique, où ils se trouvent donnés non pas intégralement, mais seulement dans les différences qu'ils présentent par rapport aux versions ultérieures. D'autres variantes enfin ont dû être exclues de la présente édition française. Toutes sans exception sont consignées dans l'édition allemande. Il ne pouvait en être de même dans la version de langue française : nombre d'entre elles, en effet, du fait de leur caractère purement formel et de leur brièveté, n'auraient plus même, en traduction, sens de variantes.

Pour les œuvres citées, les chiffres renvoient au numéro des pages, sauf dans le cas des œuvres de Nietzsche lui-même où ils renvoient au numéro de l'aphorisme. Les notes de traduction, en bas de page, sont signalées par des astérisques, les notes et variantes de l'appareil critique sont appelées par des chiffres.

Abréviations

GA	Gross-Oktav-Ausgabe, 19 vols, à partir de 1894 chez Naumann-Kröner, Leipzig.
NT	*La Naissance de la tragédie.*
WB	*Richard Wagner à Bayreuth.*
HTH	*Humain, trop humain.*
OS	*Opinions et sentences mêlées.*
VO	*Le Voyageur et son ombre.*
A	*Aurore.*
SE	*Schopenhauer éducateur.*

DS   *David Strauss.*

UH   *De l'utilité et des inconvénients des disciplines historiques pour la vie.*

BN   Ouvrages contenus dans la biblic·hèque de Nietzsche.

Autres signes employés

| − | Mot illisible.

| + + + | Lacune.

− − −   Phrase inachevée.

| □ | Mots rayés par Nietzsche.

< □ <   Restitution des éditeurs.

P. 19.

1. Descartes, *Discours de la méthode*, 3e partie.

P. 21.

1. Première version : W I 8, 269, 120, 246, 119.

P. 29.

1. Boëce, *Consolation de la philosophie*, II, 7 : « Si tacuisses, philoso-phus mansisses. »

P. 31.

1. Première version (N II 2, 143) : Ce qui nous manque jusqu'à présent, c'est la chimie du monde moral, esthétique, religieux. Là aussi, les choses les plus précieuses se tirent des choses viles et méprisées. — Comment la raison peut-elle naître de l'irrationnel, la logique de l'illogisme, la contemplation désintéressée de la concupiscence, l'altruisme de l'égoïsme, la vérité des erreurs — c'est le problème de la genèse à partir des contrai-res. En toute rigueur : il ne s'agit pas là d'opposition, mais seulement d'une sublimation (quelque chose est d'habitude soustrait).

P. 32.

1. Cf. 23 [19].
2. *au cours de ceux-ci*] Dm donnait le passage suivant, rayé par Nietzs-che : Mais le philosophe aperçoit des « instincts » chez l'homme actuel et en tire des conclusions sur l'essence du monde (comme Schopenhauer).

P. 37.

1. Cf. 21 [60], 22 [74]. Première version in N II 2, 54 a : « L'homme

créant le langage croyait, non pas donner des noms aux choses, mais bien en énoncer la connaissance pleine et entière : ce fut le premier stade de la communication scientifique. »

P. 39.

1. Cf. 21 [38], 22 [62].

2. *Le passé... excitée*] variante de Dm : Les rêves sont *causae post effectum,* et des *causae* supposées de façon erronée.

P. 40.

1. *Je pense... vérité*] N II 2, 63 a : Une hypothèse suffit : *Dieu comme vérité.* L'humanité a peut-être raisonné pendant des millénaires comme l'homme raisonne en rêve.

P. 42.

1. *Les philosophes* correction de Nietzsche sur Dm, qui avait « Schopenhauer ».

2. Cf. 22 [33], 23 [125].

P. 45.

1. *La loi... une substance*] citation de Afrikan Spir, *Denken und Wirklichkeit. Versuch einer Erneuerung der kritischen Philosophie* (Leipzig, 1877), t. II, p. 177, BN. Cf. La Philosophie à l'époque tragique des Grecs, 15.

consiste dans la croyance] Mp XIV 1, 200 présente le passage suivant, rayé par Nietzsche : Or, quelles en sont les formes les plus basses ? Celles par lesquelles on peut voir que ladite croyance provient des sensations ? — Un être inférieurement organisé a une sensation ; une autre la suit régulièrement, par exemple quand il voit quelqu'un exercer une pression, il ressent une douleur. Au moment de la pression, il produit, c'est-à-dire reproduit la sensation de douleur : les deux sensations se fondent, résultat une sensation de peur, avec ses conséquences, l'acte de fuir, de se détourner.

2. *précédentes... la plus rudimentaire*] le texte de Mp XIV 1, 200, corrigé par N, était d'abord : différente est justement cette croyance au rapport qu'il y a entre une chose et nous dans le plaisir ou la douleur : la croyance est un « pré-sentiment » sous sa forme la plus rudimentaire.

P. 47.

1. Cf. *Prolégomènes...*, § 36 *in fine.*

2. Cf 22 [28].

P. 49.

1. *œuvres « éternelles »*] Dm ajoute ce passage, rayé par N : (par exemple par la prophylaxie de certaines maladies sur toute la terre).

2. *sa propre existence*] *id.* : Cette méfiance, cette inquiétude se manifestent de façon frappante dans l'architecture, l'habillement.

3. Cf. 23 [85].

P. 51.

1. Cf. 22 [5], 23 [154].

P. 52.

1. Cf. 23 [184].

2. *la métaphysique de Schopenhauer*] suivent dans Dm des mots rayés par N : et après lui Hartmann évoquant les esprits au grand soleil de Berlin.

P. 53.

1. Cf. 21 [74], 22 [26].

2. *en la présentant*] N a rayé ici dans Dm : comme le fait Mainländer pour la philosophie de Schopenhauer.

3. *libératrice*] Mp XIV 1, 45 a la conclusion suivante, que N a barrée : Et en somme, pour nous servir d'un mot de Gœthe en le modifiant un peu : « Qui a la science et l'art n'a pas besoin de religion. » Cf. Gœthe, *Zahme Xenien*, 3, 119 : « Qui possède l'art et la science, a aussi de la religion. » Cf. 22 [54].

P. 55.

1. Cf. 17 [2].

P. 56.

1. Cf. 9 [1].

2. Cf. 9 [1].

P. 58.

1. *en haine son passé*] avant correction, Dm avait : « détruire par la critique ».

2. *une manière de penser... de la destruction ?*] avant correction, Dm avait : « qu'il faudrait appeler une préparation à une philosophie tragique de la destruction ? »

P. 60.

1. Cf. 22 [15], 23 [132]. *Avantages de l'observation psychologique*] le

titre de cet aphorisme était primitivement dans Dm : « Droits de l'observation psychologique. Préface. » A l'origine, en effet, N avait conçu les §§ 35 à 38 comme une préface.

2. *en Allemagne... en Europe*] variante de Dm : « en Allemagne et en Russie ».

3. *et les auteurs... art*] variante de Mp XIV 1, 368 : « Vauvenargues Champfort [*sic*] et Stendhal ».

P. 61.

1. Première version in : 23 [41], cf. 23 [47].

P. 62.

1. « *Ce que... veut* »] cf. *Réflexions, sentences et maximes morales de La Rochefoucauld, précédé d'une notice par Sainte-Beuve, Paris, s.d.*, p. 9, note 1, BN.

2. *l'auteur des* Observations psychologiques] : Paul Rée. Sur la lecture de cette œuvre, voyez la lettre de N à Rohde du 8 décembre 1875.

3. Cf. 22 [107], 23 [195], 23 [41].

P. 63.

1. *l'auteur... sentiments moraux* »] il s'agit là aussi de Paul Rée ; la phrase citée par N se trouve dans ledit ouvrage, *Der Ursprung der moralischen Empfindungen* (Chemnitz, 1877), p. VIII, BN, auquel Rée travaillait pendant le séjour commun à Sorrente. Voir aussi sur Rée la préface de *La Généalogie de la morale*, § 4, et, dans *Ecce homo*, le § 6 du chapitre consacré à *Humain, trop humain*.

2. *Cette proposition... connaissances*] variante in N II 2, 138 : « Cette proposition, durcie et aiguisée par la trempe de la plus vaste connaissance historique, que notre époque est la première à avoir acquise sur ces sujets — cette proposition est la hache portée à la racine même du "besoin métaphysique". Ce qui reste de la métaphysique après cette élimination est une série de problèmes strictement scientifiques, qui ne permettront cependant plus à personne de satisfaire les besoins de l'âme. »

3. Cf. 23 [114].

P. 64.

1. *sans l'avoir voulu*] suivi dans Dm de ce passage rayé par N : « Si enfin, après ces remarques préliminaires sur les droits de l'observation psychologique en général, une question essentielle se pose encore à propos de ce livre justement, ce n'est pas moi qui pourrai y répondre. La préface est le privilège de l'auteur, mais celui du lecteur est... la postface. » Rappelons que dans l'esprit de N, les §§ 35 à 38 devaient primitivement servir de préface. Cf. 23 [196].

2. Cf. 19 [36], 19 [39].

P. 66.

1. *par peur des conséquences*] dans le manuscrit, Mp XIV 1, 274, venait directement à la suite le fragment 20 [2].

P. 68.

1. *Mais... sentiments*] la version de Mp XIV 1, 215, était : « Mais ces organes se sont ultérieurement développés et reliés à d'autres qui y dirigent continuellement une émotion contraire à la cruauté. »

2. *Swift...*] il s'agit en vérité de Pope ; cf. *Das Swift-Büchlein*, Berlin, 1847, 17, BN.

P. 70

1. *Même si... à lui*] variante de M I 1, 49 : « (c'est-à-dire son amour impersonnel, non égoïste). Il se peut bien qu'alors son égoïsme pâtisse davantage que notre égoïsme, puisqu'il lui faut subir plus que nous le détriment de son erreur : — le disciple d'un martyr souffre peut-être plus que le martyr lui-même. » Cf. HTH 584.

P. 71

1. *La Rochefoucauld... 1658*] le passage auquel N fait allusion se trouve p. 4 de l'édition qu'il possédait, cf. note de l'aphorisme 36.

2. *aux gens du peuple*] variante Dm : « à la plèbe ».

P. 72.

1. « *Sachez aussi... faire* »] cf. Prosper Mérimée, *Lettres à une inconnue... précédées d'une étude sur Mérimée par H. Taine* (Paris, 1874), vol. I, p. 8. Nietzsche citera encore ce passage dans le second chapitre, § 5, de la *Généalogie de la morale*.

P. 74.

1. *Swift*] *Humoristische werke*, 2, 188, Stuttgart, 1844, BN.

P. 77.

1. *N II 1 :* « On peut promettre un acte, mais non des sentiments. Car à chaque acte conduisent différents motifs. »

P. 79.

1. Cf. 26 [1].

P. 80.

1. *survivance*] Mp XIV 1, 204 conclut sur le passage suivant : « Contre ces personnes arriérées, la légitime défense est à sa place, c'est-à-dire une manière de se défendre qui ne s'est développée que dans les civilisations primitives : mais nous y sommes ramenés quand quelqu'un est trop grossier et arriéré pour comprendre l'esprit raffiné : la meilleure façon de légitime défense est le mépris expressément déclaré : un mot de froide raillerie lancé à celui qui s'emporte, un sourire et un geste de la main opposés au regard froid et méchant. »

2. *Où peut conduire la sincérité*] ce titre était dans Dm : « La sincérité mène au gibet. »

3. Cf. 17 [101], 18 [51].

P. 81.

1. Cf. 22 [43].
2. *selon la Bible*] cf. Matthieu, V, 45.

P. 82.

1. *Pandore... et l'ouvrit*] cf. Hésiode, *Les Travaux et les jours*, 90 sqq.
2. *des hommes.*] U II 5, 71 ajoute : « — c'est ainsi qu'Hésiode comprenait l'espérance ; mais cet antique Béotien ne fut pas compris des philologues. Qui est Béotien, alors ? » Voir aussi *Aurore*, aphorisme 38.

P. 83.

1. Cf. 19 [106].
2. *habitude*] var. U II 5, 67 : « imitation ».

P. 84.

1. Cf. 16 [14].
2. Cf. 22 [101].
3. *C'est pourquoi... finis.*] variante N II 2, 112 : « Mais n'avoir ni sentiment moral ni ambition, c'est ce qui fait les chenapans. »

P. 85.

1. *Les religions... de la vie*] variante U II 5, 95 : « Cela devrait aller de soi. Mais le christianisme a faussé en cela le sentiment des hommes : il nous faut *apprendre* à sentir naturellement. »

2. *Ainsi... expédition*] cf. Hérodote, VII, 38-39.

P. 86.

1. Cf. 18 [18].

P. 87.

1. Cf. 21 [52] et la variante de HTH 588 in Mp XIV 1, 34.

2. Première version in : U II 5, 95, où on lit : « Il n'y a pas de droit en vertu duquel nous pourrions empêcher un homme de s'ôter la vie. Mettre le criminel dans cette situation d'être obligé de vivre est de la cruauté. »

3. Cf. 20 [6].

P. 88.

1. Cf. 22 [87].
2. Cf. 6 [32].
3. *Thucydide*] cf. V, 87-111.

P. 90.

1. *unusquisque.. valet*] cf. Spinoza, *Tract. pol.*, II, 4 et 8 ; cf. également Schopenhauer, *Parerga...*, 2, 259.
2. Cf. 21 [36].

P. 91.

1. Cf. 23 [87].

P. 94.

1. Cf. 21 [72].

P. 95.

1. Cf. Matthieu, 7, 1.

P. 96.

1. *Genevois*] var. Dm : « noble ».
2. *Dieu*] var. Dm : « bien que l'on y crût Dieu capable d'envoyer les gens au bûcher »
3. Cf. 21 [31], 21 [73].

P. 97.

1. Schopenhauer, *Ethila*, 200, 225 ; *Parerga...*, 2, 231.

P. 98.

1. Cf. 21 [31].
2. *on ment... conservation*] texte de Dm corrigé par N : « (par exemple dans le mensonge forcé tel que le décrit Schopenhauer). Mais où est alors l'immoralité ? »

P. 100.

1. *perpétuation de la vanité*] Mp XIV 1, 75, ajoute ici : « Dans les rapports entre ouvrier et patron, "rétribution" est une notion fausse : il s'agit

ici d'un échange de prestations de nature contractuelle, suivant que l'un
et l'autre ont plus ou moins besoin de tel ou tel genre de prestations : soit
l'ouvrier d'argent, de maison, de soins, le patron d'énergie physique ou
intellectuelle. » Voir aussi sur ce point le fragment 23 [73].

2. *à calculer*] Mp XIV 1, 176, ajoute la conclusion suivante, barrée par
N : « idée fausse, qui agit de diverses façons comme motif, quand nous
louons récompensons punissons, nous vengeons etc. »

P. 101.

1. *les processus chimiques... des autres*] texte de Mp XIV 1, 141 : « le
processus chimique n'est pas plus un mérite que le pénible conflit d'un
père obligé de décider s'il sacrifiera sa fille ou s'il souillera sa propre bouche d'un mensonge (comme le narre le grand W. Scott dans *Les Prisons
d'Édimbourg*) ou que le sacrifice de huit fils que fait le vieil éducateur d'un
chef de clan à la renommée de ce dernier (magnifiquement raconté dans
La Jolie Fille de Perth). Ces actions comportent d'abord une erreur pour
motif, là qu'il existe un Dieu qui défend le mensonge, ici que la renommée d'un chef importe plus que la vie de huit fils. Ensuite, notre sentiment est lié à cette idée erronée que nous avons dite, et selon laquelle les
personnes en question auraient pu aussi agir autrement, se décider autrement. — Quand on se rend compte que tous les motifs d'honneur et de
honte doivent tomber, du moment que l'on peut seulement honorer ou
blâmer l'acte « libre », mais non pas des processus naturels, on ne sait plus,
dans sa tristesse, selon quels principes les hommes ont encore à vivre : si
ce n'est selon les mobiles de leur avantage, qui seraient à leur tour ceux
du plaisir et du déplaisir. — Quant à mettre la vérité plus haut que la non-
vérité, comment en arrivons-nous là ? Est-ce en considération de l'utilité
ou bien de la morale ?

P. 103.

1. Cf. 5 [163], 18 [33].
2. Cf. Paul, Épître aux Hébreux, 12, 6.

P. 104.

1. *Sorrow... life*] Byron, *Manfred*, I, 1.
2. *quid... jacentes*] Horace, *Odes*, II, 11, 11-14.

P. 105.

1. *Mais à coup sûr... pure*] d'après Peter Gast (cf. lettre de Gast à J.
Hofmiller, 31 août 1894, in *Süddeutsche Monatshefte*, nov. 1931), passage ajouté par N après lecture d'une lettre de H. von Wolzogen à P. Gast,
lettre dans laquelle von Wolzogen refusait trois articles que Gast voulait
donner aux *Bayreuther Blätter*.
2. Cf. 19 [100].

P. 107.

1. Les vers de Gœthe sont un extrait du *Chant copte*, in Gœthe, *Sämtliche Werke in vierzig Bänden* (Stuttgart-Augsburg, 1855-1858, Cotta), t. I, p. 103, BN.

P. 108.

1. *Lubbock*] cf. John Lubbock, *Die Entstehung der Civilisation und der Urzustand des Menschengeschlechtes, erläutert durch das innere und äussere Leben der Wilden*, traduit de l'anglais par A. Passow avec une préface de R. Virchow, Iéna, 1875, p. 239, BN.

P. 111.

1. Cet aphorisme reprend le séminaire de l'hiver 1875-1876 que N a consacré à la liturgie et au culte grecs (cf. GA, XIX, 6-9).
2. Mp XIV 1, 24, donne à la fin de cet aphorisme : « à propos d'ARCHILOGUE Sapho ».
3. Première version in N II 2, 19, — où se lit cette allusion à un sentiment réellement éprouvé par N à Rosenlaui : « Le matin les cloches — Alpes bernoises — en l'honneur d'un Juif crucifié qui disait être le fils de Dieu. »

P. 112.

1. Première version : 5 [150].
2. *peuples italiques*] variante Dm : « Romains. »

P. 114.

1. En U II 5, 200 et M I 1, 56, cet aphorisme commençait par ces mots : « Rien ne fait plus sentir à l'homme le fardeau de la vie que le mépris. Et il est encore plus sensible au mépris d'autrui qu'au sien propre. » Cf. HTH 549.
2. Cf. 19 [56].

P. 115.

1. Cf. 19 [63].

P. 116.

1. Première version : 5 [196].

P. 118.

1. Cf. 21 [55].
2. Schopenhauer, *Le Monde comme volonté...*, conclusion du 4[e]livre.
3. *des logiciens*] Mp XIV 1, 157 ajoute : « des logiciens comme Spir » ; cf. A. Spir, *op. cit.*, I, note p. 312.

P. 119.

1. Cf. 23 [114].

P. 121.

1. *une pensée de Lichtenberg*] cf. G. Chr. Lichtenberg, *Vermischte Schriften*, Göttingen, 1867, t. I, p. 83, BN.
2. *La Rochefoucauld*] cf. *Réflexions...*, *op. cit.*, 37, n° 374.
sur l'origine... moraux] cf. HTH 37 et note.

P. 122.

1. Cf. 22 [20].

P. 123.

1. Cf. 22 [20].

P. 124.

1. Mp XIV 1, 184 donne pour titre à cet aphorisme : « Contribution à l'explication du cynisme. »
2. *acharnement contre soi-même*] N II 2, 125 porte ici en note : « Schopenhauer et ascétisme. »

P. 125.

1. Mp XIV 1, 25 porte en titre : « Grandeur morale découlant de l'affection. »

P. 126.

1. *Le saint... réflexion*] Mp XIV 1, 112 a la variante : « Donc, dans tous les cas où la volonté n'est pas extraordinairement libre et forte, sa soumission complète est souhaitable. Autrement on a des hésitations, du vague, un demi-détachement de la coutume ; le bonheur de la moralité n'accompagne pas un tel homme. — Mais le degré supérieur est d'être à soi-même sa propre loi. »

P. 127.

1. Cf. 23 [113], 23 [127].
2. Cf. 23 [148].
3. *Mais enfin... hérétique*] variante de Mp XIV 1, 122 : « [Au lieu d'être reconnaissant du fait que certaines fonctions physiques exigées par la santé sont associées au plaisir, on les a stigmatisées, on a pris le mot de *plaisir* dans un sens péjoratif] ».

P. 128.

1. *la vérité*] suit ici dans Mp XIV 1, 122 un passage barré par N : « En cela, l'humanité doit revenir à l'innocente conception des Grecs, dont le philosophe le plus sombre, Empédocle, voit en Aphrodite — deux êtres

qui prennent plaisir l'un à l'autre — le phénomène le meilleur, le plus heureux, le plus prometteur de cette terre, sans rien montrer de cette horreur monacale, de demi-concupiscence avec lesquelles Schopenhauer considère ces choses. — Platon, il est vrai, déclare tous les sens hérétiques, œil et oreille en tête ; et à tout prendre il y a aussi chez les Grecs des exceptions contraires à la raison et à la nature. » Cf. 21 [48].

2. *la plus grande faute..*] cf. Pedro Calderon de la Barca, *La vida es sueño*, I, 2 ; cité par N d'après Schopenhauer (I, 300, 419).

3. *Empédocle... clément*] cf. Empédocle (Diels-Kranz), fragments 17, 1-8 ; 26, 1-7 ; 35, 1-6 ; 36 ; 66 ; 121, 4 ; 128, 1-3.

P. 129.

1. Cf. Epictète, *manuel*, V, cité in Schopenhauer, *Le Monde comme volonté...*, I, 105 et *Parerga...*, 1, 344.

2. *animé*] Mp XIV 1, 39 ajoute ici : « (Le christianisme est le produit d'une période extrêmement raffinée de la civilisation : comme tel, son action sur les jeunes peuples barbares fut celle d'un poison et d'une corruption.) Alors que l'esprit païen voulait un certain type d'émotion, celui de la joie à tous les degrés, l'esprit chrétien recherchait l'*émotion* de la douleur (d'où procédait accessoirement et à l'occasion le désir de plaisirs effrénés). »

P. 131.

1. *Novalis... commune.*] La conclusion est différente en Mp XIV 1, 236 : « Son habileté est de déployer toute une série d'états intérieurs que tout autre homme connaît également par expérience, mais en restant sous l'effet de contingences extérieures, tandis que le premier les vit en conséquence de motifs purement intérieurs, d'une conjonction de connaissances défectueuses, de bonnes intentions et de mauvaise santé. — Cette analyse ne doit pas nous empêcher de reconnaître que l'ascète et le saint, jugés à leurs résultats et non sur les éléments qui les constituent, sont des énergies les plus magnifiques et les plus fécondes de l'humanité, au moins à certaines époques dans lesquelles la folie religieuse a évincé partout le sens de la vérité. » Cf. Novalis, *Schriften*, Tieck-Schlegel (éds), 1815, 2, 250.

P. 133.

1. Cf. 22 [36], 23 [84].

P. 135.

1. Cf. 22 [26], première version : 5 [162].

2. *Et quelle... erreur.*] variante de Mp XIV 1, 31 : « De ce genre est la beauté du golfe de Naples, vu du Pausilippe au crépuscule [et celle des adagios de Beethoven] ».

P. 136.

1. *fleuve*] Mp XIV 1, 216 donne « instinct ».
2. Cf. 17 [1], 17 [18], 17 [79]. Le début de cet aphorisme est en M I 1, 52 : « Un des grands moyens du poète idéalisateur est une sorte de pensée impure. Il arrive à celle-ci surtout à l'aide du mètre. »
3. *un voile sur la réalité*] cf. la même idée, et le même terme (*Flor*, voile), dans une lettre de Gœthe à Schiller, 5 mai 1798.
4. Cf. 22 [39], 23 [112].

P. 137.

1. *Quelle est... s'en séparer*] variante Dm : « Ce que signifie la perte des représentations métaphysiques. »
2. *son caractère*] la conclusion est dans Mp XIV 1, 12 : « Toute acquisition intellectuelle s'accompagne de pertes, de là une *longue* évolution, à commencer par les représentations naïves de la religion ! C'est l'enseignement majeur. »
3. *Simonide... jeu*] cf. Théon. Progr. I 215 (Walz).
4. Cf. Gœthe, *Zahme Xenien*, 6e livre.

P. 138.

1. *désespérer*] U II 8, 150 ajoute ici : « *vide tragoediam* ».

P. 140.

1. Cf. 5 [146].
2. *Chaque fois... l'art*] variante M I 1, 85 : « Chez les Grecs aussi la décadence succède chaque fois à l'apparition de la grandeur. Il semble y avoir à chaque instant le principe d'une triste fin. »
3. *dans la nature*] M I 1, 85 ajoute : « de même que Rome a fini par se trouver dans un désert ».
4. Cf. 16 [54].
5. *Homère et Eschyle*] N avait ajouté, puis barré sur Dm : « Platon. »

P. 141.

1. Isolé en haut de Mp XIV 1, 9, on lit le passage suivant qui dérive du fragment 22 [77] : « Ils sont avec les caractères réels dans le même rapport que la chaussure dans le tableau du peintre avec la chaussure réelle. Et la connaissance qu'a un peintre des chaussures entretient le même rapport avec la connaissance qu'en a le cordonnier. » Cf. 22 [77].

P. 142.

1. *ce rhéteur*] Hégésias de Magnésie.
2. Cf. 21 [8].

P. 143.

1. *Gœthe*] cf. les deux poèmes *Zwischen beiden Welten* (*op. cit.* t. II, p. 86) et *Trost in Tränen* (*op. cit.*, t. I, p. 70). Dans le premier, Gœthe écrit : « William ! Étoile de la plus belle altitude » ; c'est peut-être le vers précédent : « Lida ! Bonheur de *la plus proche* présence » qui explique l'erreur de N sur l'adjectif, *la plus lointaine* ayant pu lui être suggéré par *la plus proche*.

2. *ce qui revient... l'« être » !*] variante Mp XIV 1, 26 : « ils arrivent petit à petit à faire les mêmes opérations de pensée si rapidement qu'elles semblent s'effectuer d'un coup, à la vitesse de l'éclair, il n'y a pas de pensée intuitive ».

P. 144.

1. Cf. 5 [181].

2. *On laissera... exercices*] variante N II 2, 120 : « Et comme Scott on attendra des années. »

P. 145.

1. Cf. 23 [173].

2. *son œuvre*] variante Mp XIV 1, 27 : « Déjà la notion de ''génie'' est d'origine religieuse : il ne faut plus croire ni à un Dieu ni à un génie inné. »

P. 146.

1. *c'est en ce sens que la folie*] cf. Platon, *Phèdre*, 244 *a*.

P. 147.

1. *à vide*] Mp XIV 1, 104 a une suite barrée par N : « comme il arrive par exemple plus d'une fois à Gœthe. Schiller n'aurait jamais pu faire quelque chose d'aussi mauvais que *Les Agités*. »

2. *il n'est... médiocre*] variante U II 5, 31 : « en lui est pêle-mêle ».

P. 149.

1. *la bonne Eris*] cf. Hésiode, *Les Travaux et les jours*, 11 sqq.

2. Cf. 22 [82].

P. 150.

1. Cf. 22 [82], 23 [190].

P. 151.

1. *Schiller*] variante N II 2, 132 : « Schiller qui, dans ses sentences générales, a tort ou un peu trop raison. »

P. 152.

1. Ébauche de cet aphorisme en N II 3, 47 : « Relief : vouloir sortir, rester à mi-chemin — dans un système : éclairage cru. »

P. 153.

1. Ébauche de cet aphorisme en N II 3, 9 : « Ce n'est pas le meilleur d'un livre qui en est intraduisible, mais seulement (la limitation de l'élément individuel) le manque de liberté de l'individu. »

P. 154.

1. Cf. 19 [29].
2. Cf. 19 [22].

P. 155.

1. Cf. 19 [32].

P.156.

1. *Il y a... bouffis*] variante Dm : « On emploie tous les mots dans un sens exagéré, on a creusé le sillon aussi profond que possible, par exemple art, sage, bon, etc. »
2. *en quoi... précédés*] variante Dm : « Je crois que les Grecs étaient sur la bonne voie à l'époque de Démosthène. »
3. Ébauche de cet aphorisme en N II 2, 109-110 : « On trouve souvent chez les poètes médiocres, les fabricants de romans à sensation (Miss Braddon), la plus grande sûreté psychologique, peut-être liée à l'incapacité d'indiquer les motifs des actions. ''Comment agirais-tu ?'' — comme il se peut que le plus grand pianiste n'ait guère réfléchi aux conditions techniques, aux vertus, aux vices spécifiques de chaque doigt (éthique dactylique) (possibilités d'utilisation, d'éducation des doigts). » — Mary E. Braddon, auteur d'une soixantaine de romans, la plupart très connus en Allemagne.

P. 157.

1. Cf. 19 [49].

P. 158.

1. Cf. 16 [3].

P. 159.

1. *barbarie*] variante Dm : « [surtout avec d'aussi mauvais professeurs] ».
2. *la pratique*] Mp XIV 1, 6 poursuit : « Mettre le grec à la place du latin est une autre espèce de barbarie : s'il ne s'agit que de la connaissance des chefs-d'œuvre, c'est ce qu'il faut, mais l'âge n'est pas mûr pour cela, on

doit d'abord avoir navigué à travers les écueils de notre culture pour trouver plaisir à entrer dans ce port. Par une connaissance prématurée, on ne
fait ainsi que gâter l'effet en profondeur. Mais il n'y a là que mensonge,
chez les maîtres et les écoliers : ni les uns ni les autres n'arrivent de toute
leur vie à rien sentir sincèrement de l'antiquité, non plus d'ailleurs que
de Gœthe, ils ne savent pas bien ce qui leur plaît et ont seulement toujours eu honte de se singulariser par leur sentiment. »

P. 160.

   1. Cf. 22 [64].
   2. Cf. 16 [33], 16 [34].
   3. *s'empêcher de danser*] M I 1, 47 ajoute : « Wieland par exemple savait
préparer pareil philtre de libre pensée et de lascivité féeriques. »

P. 163.

   1. Cf. 19 [99], 21 [75].
   2. *Aristote*] cf. *Poétique*, 1449 *b* 28 sqq. ; *Politique*, 1341 *b* 38 sqq.
   3. *Platon*] cf. *République*, 605 *c* — 606 *b*.

P. 164.

   1. Cf. 23 [52].

P. 165.

   1. Cf. 22 [110]
   2. N II 2, 144 : "Un bâillement contrefait en provoque un vrai."

P. 167.

   1. *C'est de la même... artistique*] variante U II 5, 35 : « De même que
Böcklin par exemple rend l'œil plus intellectuel et va beaucoup plus loin
que le plaisir de la couleur : le côté laid du monde a été conquis par l'intelligence artistique. »
   2. Aphorisme esquissé en N II 3, 66 : « Édifices incompréhensibles parce
que nous ne vivons plus dans le symbolisme des lignes », et en N II 2, 28 :
« Symbole volutes - - - de même que le plus grand art de l'éloquence antique ne nous parle plus aujourd'hui qu'indistinctement. »

P. 168.

   1. *la vie religieuse*] variante Mp XIV 1, 37 : [« si reparaissait aujourd'hui
l'idée d'une renaissance de l'Antiquité, nous aspirerions à une antiquité
qui aurait plus d'âme que le ve siècle »].
Murillo] nom substitué à celui des « Carrache » sur les épreuves.

P. 169.

   1. *Si notre musique... fort*] variante Mp XIV 1, 37 : [« si la musique

de Beethoven faisait mouvoir les pierres, elle le ferait dans le style du Bernin plutôt que dans celui de l'antiquité »].

2. *tout cela... Renaissance*] variante Mp XIV 1, 37 : [« Nous tous, pour autant que nous ne sommes pas encore des hommes modernes, sommes un peu des hommes à la Bernin »].

3. *les cathédrales gothiques*] Mp XIV 1, 181 portait d'abord : « l'art de Wagner ».

4. Cf. 19 [47].

P. 170.

1. *rejetées*] N avait ajouté, puis barré sur Dm : « par Wagner ».
« *avantages barbares* » *de notre temps*] Cf. Gœthe, *Anmerkungen über Personen und Gegenstände, deren in dem Dialog Rameau's Neffe erwähnt wird.* Cf. 11 [9].

P. 171.

1. *Gœthe... Schiller*] cf. lettre de Gœthe à Schiller, 27 juin 1797.
encore ?] variante Mp XIV 1, 235 *d* : [« Nous sommes déjà visiblement menés aujourd'hui de plus en plus bas à la vénération des états poétiques primitifs, à la vénération d'une poésie rendue à la barbarie, qui se plonge avec enivrement dans le culte de la *force*, de la couleur, de l'effet — comment garder le respect de l'art ? lui qui vise à enivrer, n'entraîne-t-il pas forcément la nausée à sa suite ? La science, armée de l'impitoyable fouet de la logique, ne triomphera-t-elle par toujours nécessairement là où orgie et dégoût ont dégradé la notion de l'art ? »].

P. 172.

1. *En ce qui concerne... conviction*] cf. lettre de Byron à Murray du 15 septembre 1817, citée par N d'après *Vermischte Schriften, Briefwechsel und Lebensgeschichte*, trois volumes édités par les soins de Ernst Ortlepp (Stuttgart, s.d.), t. II, p. 360, BN.

2. *Je vois... poète*] cf. lettre de Byron à Murray du 14 juillet 1821, *op. cit.*, t. III, p. 139.

P. 174.

1. Dernier vers du poème de Gœthe, « Der Bräutigam ».

2. *Comme... de l'art*] variante Mp XIV 1, 85 : « La musique est le critère de la richesse de sentiment réellement acquise ; les nombreux concepts et jugements faux qui l'ont permise sont oubliés ; l'intensité et la variété du sentiment sont demeurées et exigent satisfaction. La musique les satisfait en partie. »

P. 175.

1. Cf. 12 [22].

P. 176.

1. *qu'elle portera plus tard.*] Mp XIV 1 continue ici par le texte du fragment 20 [11].

P. 177.

1. *Au demeurant... croyances*] variante U II 5, 137 : « Une seule question se pose : l'intellect est-il plus pénétrant ici ou là ? Est-ce l'une ou l'autre position qui est le mieux fondée ? »

P. 178.

1. Cf. 17 [71], 19 [10].
2. *anglais*] la rédaction de M I 1 rapportait l'aphorisme aux Allemands et à l'Allemagne.
3. Cf. 17 [76].

P. 179.

1. Cf. 17 [93].

P. 180.

1. *Esprit fort*] le titre était primitivement en Dm : « L'esprit libre est rarement un *esprit fort.* »

P. 181.

1. Ébauche de cet aphorisme en U II 5, 57 : « L'esprit libre naît comme le génie. Trois types de naissance. Puis application à l'esprit libre. »
2. *Nous avons... brillant*] variante N II 1, 200 : « Si quelqu'un doit aussi pourvoir par l'oreille à la fonction de l'œil, son oreille devient plus fine. La perte ou l'absence d'une qualité est souvent cause du brillant développement de quelque talent. »

P. 182.

1. Premières versions : 5 [191], 5 [194].
2. Cf. 5 [185], 22 [98].

P. 183.

1. *qui est la nôtre.*] M I 1, 16 ajoute : « Et maintenant, la représentation contraire. »
2. Cf. 5 [188], 20 [12]. U II 8, 11 a au commencement : « La valeur de la vie ne peut être mesurée que par l'*intelligence supérieure*, le cœur le plus noble. Comment produire les intelligences supérieures ? Les objectifs du *bien-être humain* sont en gros tout *autres* que la création de l'intelligence supérieure. Le bien-être est actuellement mis trop haut et pris dans un sens tout extérieur, l'enseignement et l'éducation aussi. L'État idéal auquel rêvent les socialistes. »

3. *énergies sauvages?*] Mp XIV 1, 321 ajoute : « Le jugement suprême sur la valeur de la vie serait peut-être alors le résultat de cet instant où la tension des contraires serait à son comble dans le chaos, la volonté et l'intelligence, conflit dans l'être d'un individu isolé. »

P. 184.

1. *le sage parfait*] variante Dm : « l'esprit libre ».
2. *L'État... de l'État.*] variante Mp I 1, 14 : « Les deux choses ensemble donnent le *fatum tristissimum* »; variante U II 8, 114 : « *Fatum! tristissimum! generis humani!* »
3. Ébauche en Mp XIV 1, 150 : « Passage des Grecs de la zone tragique à la zone tempérée : les sophistes »; cf. 23 [110].

P. 186.

1. *philosophie des lumières*] Mp XIV 1, 21 porte : « science ».

P. 188.

1. Cf. 21 [76].
2. *à la tête.*] Mp XIV 1, 218 ajoute : « (Prom <éthée> et son vautour). »
3. *introduire... à sa place*] au lieu de *einreihen*, Dm porte *einweihen* (consacrer), que donne la première édition de HTH ; N a corrigé sur son exemplaire personnel.
4. *accompagnement.*] Mp XIV 1, 218 ajoute ici : « de sorte que l'énergie une fois allumée puisse se consacrer à une tâche »

P. 189.

1. *de diplomate*] variante Dm : « d'entremetteur ».

P. 190.

1. *sentiments... profonds*] variante Dm : « une foule de sentiments sublimés ».

P. 192.

1. Cf. Kant, *Anthropologie du point de vue pragmatique* (1798), Akademic VII, 334, note.

P. 193.

1. *bien qu'ils... faible*] cf. Matthieu XXVI, 41.

P. 194.

1. Cf. 21 [53].
2. *toujours la force.*] Dm ajoute : « Sterne a dans *Tristram* dit une fois quelque chose sur tout ce sujet. » cf. 21 [42].

P. 195.

1. *mon étude parénétique*] variante Dm : « Frédéric Nietzsche dans sa parénèse » ; N avait eu d'abord l'intention, en effet, de publier *Humain, trop humain* sous un pseudonyme.

2. *une quantité.. se fondre*] cf. Nietzsche, *Schopenhauer éducateur*, § 6.

3. *est fait... très diverses*] ibid.

4. *superflue*] N II 2, 123 ajoute : « les méthodes de la connaissance s'acquièrent dans la polémique » ; cf. HTH 634.

P. 197.

1. *de science*] Dm ajoute : « [Il faut exiger cela de tous les hommes, et alors on verra plus de cohérence dans l'État et les mœurs]. »

2. Cf. 21 [44].

3. *disciplines historiques*] variante Dm : « disciplines de la philologie ».

P. 198.

1. *Périclès*] cf. Thucydide, II, 45.

2. *car... de soi*] cf. Hölderlin, *La Mort d'Empédocle*, I ; N le cite d'après *Fr. Hölderlin, Kurze Biographie und Proben aus seinen Werken*, Leipzig, 1859, « Moderne Klassiker », vol. 65, 85, BN.

P. 199.

1. Cf. 6 [23], 6 [27], 6 [28], 6 [47], 5 [7], 6 [7], 6 [43].

P. 200.

1. *Parménide*] sur Parménide cf. Diogène Laerce, IX, 23 ; Strabon VI, 1, 252. Sur Pythagore cf. Diodore, XII, 9, 2 sqq. ; Jamblique, *Vie de Pythagore*, 248 sqq. ; Polybe, II, 39, 1 sqq. Sur Empédocle, cf. Diogène Laerce, VIII, 64-66. Sur Anaximandre cf. Elien, *Histoires*, III, 17.

P. 201.

1. *en une nuit... philosophique*] variante Dm : « du jour au lendemain, les Grecs [d'esprit philosophique] furent atteints de maladie mortelle ».

2. *ces personnalités*] Dm ajoutait ici : [« il lui manque de façon presque énigmatique le sens des grandes natures polyphoniques »].

P. 202.

1. Première version : 5 [146].

P. 203.

1. Formule très souvent citée par N d'après Pindare, *Pythiques*, II, 72. Cf. le sous-titre de *Ecce Homo*.

P. 204.

1. Cf. 22 [46].
2. *la raison... de l'homme*] cf. Gœthe, *Faust I*, 1851-1852.

P. 205.

1. Cf. 17 [49].

P. 206.

1. Cf. 16 [29], et la note de ce fragment sur Karl Hillebrand.

P. 207.

1. Cf. 23 [37].
2. Cf. Schopenhauer, *Ethik*, 114.
3. Cf. 16 [28], 23 [145].

P. 208.

1. *Gœthe*] variante Mp XIV 1, 57 : « Luther Gœthe Wagner ».
2. *quatre*] N avait d'abord écrit « six » (Dm).

P. 209.

1. *métaphysique*] variante Dm : « science ».
2. Cf. 21 [68]
3. *le sens historien*] variante Dm : « la culture historienne ».

P. 210.

1. *Il se promène... dehors*] cf. N II 3, 15 : « Cheminer par des allées de douce pénombre à l'abri des souffles, tandis que sur nos têtes, agités par des vents violents, les arbres mugissent, dans une lumière plus claire. »
2. Titre dans la copie au net : « Platon comme pouvoir civilisateur. »

P. 212.

1. Cf. 17 [1].
2. *ces matières*] M I 1, 51 ajoutait ici : [« Quiconque idéalise doit être capable de voir par ses yeux aussi bien que par les yeux de telle autre personne »].

P. 213.

1. Titre différent en Mp XIV 1, 295 : « En faveur des moralistes. » *Ce sont... maladie*] variante Mp XIV 1, 295 : « Notre époque souffre du manque de grands moralistes. On ne lit plus Montaigne, La Rochefoucauld, Plutarque. La *vita contemplativa* est en discrédit, on supprime les couvents. » En U II 5, 161, le passage se présente ainsi : « Intempestif : notre époque souffre du manque de grands moralistes. Montaigne Plutarque plus lus. *Vita contemplativa* plus du tout estimée. Couvents supprimés. »

P. 214.

1. *le libre penseur... savants*] variante N II 1, 217 : « Mépris des savants pour le libre penseur (p. ex. Lichtenberg). »
2. Cf. 16 [38], 16 [40].
3. *l'absurdité de la mécanique*] variante M I 1, 21 : « la mécanique de l'absurdité ».

P. 215.

1. Cf. 16 [48] ; 17 [41], 17 [82], 17 [83], 17 [92].
2. Cf. 17 [53], 17 [54], 17 [55].
3. *contemplatif*] Mp XIV 1, 297 ajoutait ici : [« (ce qui pourrait s'obtenir de la manière la plus simple par un mélange de sang asiatique et russe campagnard et de sang européen et américain) »].

P. 216.

1. Cf. 16 [42], 16 [43].
2. *source*] M I 1, 16 ajoute ici : « (Du reste, les choses se divisent en celles sur lesquelles est possible un savoir et en celles sur lesquelles sont possibles des opinions ; il ne peut être ici question que de ce dernier genre de choses.) »
3. *connaître*] U II 5, 155 poursuit : « C'est un combat contre la prétendue nécessité qui enferme l'homme. »

P. 217.

1. Cf. 17 [11].
2. Cf. 16 [44], 16 [49], 16 [50], 16 [52], 17 [42].

P. 218.

1. Cf. 21 [84], 22 [27], 22 [44], 22 [59], 22 [96], 23 [86], 23 [160].
2. *accès à l'art*] variante Mp XIV 1, 207 : « [par la musique] ».

P. 219.

1. *d'un côté... de l'autre*] variante Mp XIV 1, 207 : « du relativisme ».
2. *ce but... réconfort*] variante Mp XIV 1, 207 : « De toutes sortes de tourments, d'inquiétude, de maladie, cherche à tirer le miel de la connaissance : quand même tu serais seul, haï, méconnu, méprisé, les nuées traînantes de l'infortune sont les mamelles où tu téteras ton lait. » — La même image des nuées-mamelles se retrouve dans le dithyrambe *La Pauvreté du plus riche*.

P. 220.

1. Cf. 19 [12]. En Dm le titre était : « Être mal compris. »

P. 221.

1. En Dm le titre était : « Contrainte désespérée. »

P. 222.

1. Cf. 20 [15].
2. Variante Mp XIV 1, 329 : « Le médecin est ou bien un génie ou bien un comédien ; les médecins les plus dangereux sont ceux qui imitent génialement le médecin génial. »

P. 223.

1. En Dm le titre était : « Fâcheuse correction ».
2. En Dm le titre était : « Faire attendre longtemps. »
3. En Dm le titre était : « Encore loin de la réciprocité. »
4. En Dm le titre était : « Confession calculée. »

P. 224.

1. En Dm le titre était : « Attention à la dispute. »

P. 225.

1. En Dm le titre était : « Les endroits les plus laids. »
2. En Dm le titre était : « Participation bornée. »
3. En M I 1, 39 cet aphorisme avait pour titre : « Grands présents. »

P. 226.

1. Deux variantes pour le titre de cet aphorisme : « Mondanités à Bâle » (U II 5, 62) et « Courtoisie déplacée » (Dm).
2. En Dm le titre était : « Indiscret faute de mieux. »

P. 227.

1. Cf. 21 [20].
2. *la moindre ironie*] N II 2, 67 ajoute : « Chacun est chez soi sur une autre planète. »

P. 228.

1. Cf. 17 [14].

P. 229.

1. Cf. 21 [25].

P. 232.

1. Cf. 20 [14]. N II 3, 10 : « Pourquoi j'ai des remords après avoir été dans le monde : 1, 2, 3, 4, 5 motifs. »

P. 233.

1. Aphorisme ébauché en N II 3, 22 : « Nous sommes jugés à faux, le dépit ne cesse pas quand on y réfléchit. Encore pire quand on est jugé correctement. ».

2. N II 2, 79 présente l'ébauche suivante : « φίλτατοι - parents ! »

P. 235.

1. Première version : 5 [184].
2. *font l'éloge d'une nature douée*] variante U II 8, 116 : « font mon éloge ».

P. 236.

1. Cf. 22 [60], 23 [28].

P. 239.

1. N II 2, 140 : « Pourquoi inclination et aversion sont-elles si contagieuses ? Parce que s'abstenir du pour et du contre est si ardu, et si agréable l'assentiment. »
2. Cf. 22 [103], 23 [149]. Aphorisme ébauché en N II 2, 117 : « L'ironie, moyen pédagogique du maître (Socrate). Condition : qu'elle soit prise au sérieux un certain temps, comme modestie, et découvre *d'un coup la présomption de l'autre*. Elle est sinon un jeu d'esprit inepte. — Le sarcasme est un trait de chien hargneux dans l'esprit humain : l'homme y ajoute le rire de la joie maligne. — On se perd quand on cultive cette qualité ».

P. 240.

1. Cf. 22 [105].

P. 242.

1. Variante N II 2, 112 : « Attendre d'être reconnu à sa valeur dans l'avenir n'a de sens que si l'humanité reste inchangée. Cela signifierait donc seulement : être un jour compris dans son isolement *historique*. »

P. 243.

1. *Amis... je suis*] cf. J.-P. de Florian, *Fables*, III, 7. A la suite, U II 5, 192 porte la date : 12 mars 1877.

P. 244.

1. Cf. 18 [37], 23 [72].
2. *parce qu'un*] variante M I 1, 67 : « d'un côté parce que l'instinct de l'amitié est très fort en lui, de l'autre parce qu'un... ».

P. 245.

1. Cf. 19 [13].
2. Cf. 18 [40].
3. *plus que son fils.*] Mp XIV, 1, 212 ajoute « le père plus rarement ».
4. En Dm le titre était : « Sentiment étouffant de l'existence. »

P. 246

1. Cf. 16 [31].

2. Cf. 22 [9].
3. *ont... pour mère*] cf. Platon, *Banquet*, 203 *b-d*.

P. 247.

1. Cf. 16 [17].
2. Cf. 18 [38].
3. *abaisse*] N II 3, 60 continue : « Mais beaucoup d'hommes ont besoin d'un commerce qui les abaisse. Pour ne rien dire du danger de névrose! »
4. *abhorrée*] variante Mp XIV 1, 42 : « Une exception : les hommes ou les femmes trop intellectualisés ont besoin d'un commerce qui les abaisse. »

P. 248.

1. Titre différent en Dm : « Très aimable métamorphose. »
2. Titre différent en Dm : « Tyrannie des femmes d'hommes éminents. »
3. *à d'autres*] U II 5, 201 ajoute : « C'est le côté écœurant de la chose. »

P. 249.

1. Cf. R. Wagner, « Les Maîtres Chanteurs », 3ᵉ Acte : « La règle dont on vente les perfections c'est bien celle qui tolère les exceptions. »
2. Cf. 17 [13].
3. *Il faut... se poser*] variante M I 1, 71 : « Je me poserais. »

P. 250.

1. *un érudit*] N II 2, 43 précisait : « Paul de Lagarde. » Cf. son ouvrage, *Über die gegenwärtige Lage des deutschen Reichs. Ein Bericht*, Göttingen, 1876, BN.
2. *les hommes... ressemblent*] variante Mp XIV 1, 431 : « nous ressemblons (j'entends les hommes cultivés de l'Allemagne actuelle) ».

P. 251.

1. *Pour autant... qualités*] variante U II 5, 177 : « Les hommes idéalisent les femmes ; la femme prend l'homme plus superficiellement et plus extérieurement et *c'est pourquoi* il lui plaît. »
2. Hésiode] cf. *Théogonie*, 585-602.

P. 252.

1. Cf. 22 [63].

P. 253.

1. Cf. 22 [63]. Ébauche de cet aphorisme en N II 2, 90 : « A cause justement de leur injustice, il faut opposer la plus grande méfiance à leur émancipation. »
2. *Quoi de plus rare...*] variante Mp XIV 1, 125 : « Je n'ai encore pas connu de femme qui sût réellement ce que c'est que la science. »

P. 255.

1. Cf. 17 [29].
2. *un père adonné*] variante Dm : « une mère adonnée ».

P. 260.

1. *lequel... repos*] cf. Platon, *Apologie*, 30 *c*; 20 *c*-23 *c*; cf. VO 72.

P. 261.

1. Cf. la variante de HTH 455.

P. 262.

1. *O Criton...*] cf. Platon, *Phèdre*, 116 *b*, 117 *d*. Les derniers instants de Socrate ont souvent inspiré N : voir par exemple *Le Gai Savoir*, aphorisme 340, et tout le chapitre « Le problème de Socrate » dans *Le Crépuscule des idoles*.

P. 264.

1. Cf. 19 [21].

P. 265.

1. *aspirations*] Dm intercale ici : [« Nous sommes en Allemagne encore très loin de cet état. »]

P. 270.

1. *Que l'on... évolution*] variante Mp XIV 1, 174 : « Qui est incapable de s'affranchir de cette distinction gardera dans toutes les autres situations la vieille mentalité de l'esclave envers son maître ; c'est un type de relation modèle qui et automatiquement transposé dans le mariage, les relations avec les domestiques, les ouvriers, les camarades de parti, les élèves d'un professeur. »
2. *classe*] variante Dm : « caste ».

P. 271.

1. Cf. 17 [95].
2. *le désordre organisé*] cf. Mérimée, *Lettres... op. cit.*, II, 372.

P. 272.

1. *du peuple.*] Mp XIV 1, 278 continuait ainsi : [« Cette disposition d'esprit pourra être utile à la prospérité d'un État : à la prospérité de la civilisation universelle, elle est hostile et néfaste. — D'une manière générale donc, l'existence d'États particuliers (entre lesquels règne nécessairement un continuel *bellum omnium contra omnes*) est un obstacle à la civilisation. »]
2. *Les esprits... société*] N II 1, 197a : « les socialistes ».
3. Cf. 19 [104].

4. *État constitué*] variante Mp XIV 1, 18 : [« comme dit Périclès dans son panégyrique »]. Cf. Thucydide, II, 44.

5. *individuelle*] conclusion différente en Mp XIV 1, 18 : [« Il est ridicule qu'une société de sans-le-sou décrète l'abolition du droit successoral. Les gens sans enfants ne devraient pas être autorisés à exercés tous les droits polit. »] Cf. HTH 436.

6. Cf. 16 [30].

P. 273.

1. Variante N II 2, 132 : « Les esclaves, les prostituées ne se trouvent pas si mal : qu'est-ce qui nous pousse à les supprimer ? »

2. *l'abolition de l'esclavage*] variante Dm : [« ainsi que la suppression de la prostitution »].

3. *que les esclaves*] variante Dm : [« (et les prostituées) »].

P. 275.

1. *Partout.. en réalité*] variante Dm : « Que de simples individus s'élèvent si extraordinairement au-dessus des autres, c'est le résultat de l'abandon inique dans lequel on laisse le peuple et la culture intellectuelle : c'est parce que le niveau est si bas que ceux-là sont si haut. »

2. Titre différent en Dm : « Répartition du fardeau ».

P. 277.

1. Première version : 24 [6].

P. 278.

1. Cf. 22 [98].

P. 279.

1. Cf. 22 [12], 22 [16]. Variante N II 2, 62 : « Ainsi se forme ce qu'on appelle un despote éclairé (le despote en effet s'éclaire nécessairement lui-même). »

P. 282.

1. *même le reste… particuliers*)] variante Mp XIV 1, 250 : « le reste qui subsistera des affaires de gouvernement (peut-être comme nécessaire représentation d'un peuple auprès des autres) ».

P. 283.

1. *despotisme agonisant*] variante Mp XIV 1, 250 : « despotisme éclairé agonisant ».

P. 284.

1. Premières versions : 5 [197], 5 [200].

2. *le panégyrique de Périclès*] cf. Thucydide, II, 35-46.

P. 285.

1. Cf. 18 [19].

P. 287.

1. Cf. 22 [90]. N II 2, 107 *a* : « C'est de l'optimisme que d'attendre encore beaucoup d'une humanité qui ne fera plus la guerre. L'égoïsme farouche, les haines nationales, le *bellum omnium contra omnes* sont aussi nécessaires que la mer et les orages pour mettre printemps été et automne dans les sentiments d'humanité. »
2. *cette ardeur*] variante Mp XIV 1, 185 : « ardeur fraternelle ».

P. 288.

1. *des plus terribles*] variante Dm : [« (des guerres socialistes probablement) »].

P. 289.

1. *national*] variante Dm : « national-libéral ».

P. 290.

1. Cf. 17 [94].
2. *deux ou trois milliards*] variante Dm : « 2 184 millions ».

P. 291.

1. Cf. 19 [15]. L'aphorisme paraphrase le sous-titre, « vices privés, vertus publiques », de la *Fable des abeilles* de Mandeville ; cf. aussi *Schopenhauer éducateur*, § 1.

P. 293.

1. Variante N II 3, 7 : « Cascade tombant lentement — grand homme — impulsion juvénile impétueuse. »

P. 294.

1. Variante N II 3, 32 : « Toutes les règles de vie très personnelles sont dites peu pratiques par la majorité des autres hommes : elles le seraient certes pour eux. »
2. Première version : 23 [92].

P. 295.

1. Cf. 24 [8]. Cf. Schopenhauer, *Le Monde...*, 1, 173.
2. Cf. 19 [9]. Variante Mp XIV 1, 342 : « Sympathie fait l'ami, compassion fait le compagnon de souffrance. »
3. Cf. 21 [47].

P. 296.

1. U II 5, 72 poursuit : « Il n'y a pas non plus de gestes pour elles : le corps les passe sous silence. »

2. Cf. la lettre de N à Rée de juin 1877.

P. 297.

1. Variante du titre en Dm : « Arrêt dans le progrès de la connaissance. »

2. Cf. 23 [157].

P. 298.

1. Cet aphorisme faisait primitivement partie du fragment 23 [82].

P. 299.

1. Cf. 18 [21], 19 [65]. Cf. HTH 477.

2. *Certains... humanité*] variante U II 5, 197 ; « Les hommes d'idéal » et M I 1, 46 : « Certains qui poursuivent un but supérieur. »

P. 300.

1. Titre différent en Dm : « Le désir de rester caché. »

2. Titre différent en Dm : « Suivant la récolte ».

P. 301.

1. Cf. 19 [108].

P. 302.

1. Cf. 18 [42].

2. Titre différent en Dm : « Hypocrites par nécessité. »

P. 303.

1. Titre différent en Dm : « Effet physique de la vivacité intellectuelle. »

2. *d'intelligence.*] U II 5, 77 ajoute : « Or, les savants ne sont-ils pas connus pour leur lourde maladresse ? — Cette proposition doit donc être fausse. »

3. Cf. 20 [6].

P. 304.

1. Cf. 19 [43], 19 [44].

2. *malade physiquement*] variante U II 5, 78 : « il a le sentiment, quand il devient vaniteux, d'être pris de maladie ; il enrage, mais n'a pas honte ».

3. U II 5, 75 ajoutait : [« comme le vrai musicien fuit la musique plus qu'il ne lui court après »].

4. Cf. 17 [15]. Cf. HTH 117.

5. Cf. 22 [99].

P. 305.

1. Titre différent en Dm : « Vivre selon l'expression ou la tradition. »
2. *bien*] variante Mp XIV 1, 341 : « Car il sent combien il se distingue de tous ceux qui ne la comprennent pas ; l'autre, au contraire, se rend bien compte qu'il ne peut pas se comparer à ceux qui la parlent très bien. — Il en va de même ailleurs. »
3. Cf. 16 [7].

P. 306.

1. Cf. 19 [37].
2. *à l'heureuse circonstance*] variante U II 5, 53 : « à l'heureux don de savoir dissimuler envie et présomption ».
3. Titre différent en Dm : « Avantage de la limitation. »

P. 307.

1. Cf. 21 [40].

P. 308.

1. Titre différent en Dm : « Se faire passer pour hérétique. »
2. Cf. 18 [56].
3. Titre différent en Dm : « Mécontent de soi. »

P. 310.

1. Variante U II 5, 185 : « Qui a fondé quoi que ce soit de noble parmi les hommes veillera à avoir de nobles héritiers ; c'est la marque d'une nature tyrannique et vile que de voir des ennemis dans tous les héritiers possibles de son œuvre et de faire le désert autour de soi. »
2. Cf. 18 [66].

P. 311.

1. Cf. HTH 46.
2. Cf. 19 [45].

P. 312.

1. Cf. G. Sand : « Chacun a les vices de ses vertus. »
2. Mp XIV 1, 28 ajoutait : [« Ainsi, tout justifie ma critique du philistin de la culture et de la maladie historique : mais mieux vaudrait pour cela aider le monde moderne et non point le laisser en plan. »] N fait ici allusion à sa première *Considération inactuelle* (1873) et à la deuxième (1874).
3. Mp XIV 1, 34 donne à cet aphorisme un autre début, barré par N : « Qui s'humilie veut être élevé — c'est là le sens de la modestie commune » ; cf. HTH 87 ; 21 [52].

P. 313.

1. Cf. 16 [13] et la lettre de N à Malwida de Meysenbug de la mi-mars 1875.

2. *Tout à côté... bonheur*] variante M I 1, 56 : [« Le malheur du monde a amené les hommes à en tirer encore une espèce de bonheur »] ; cf. HTH 292.

P. 314.

1. *C'est pourquoi... dit*] variante Mp XIV 1, 109 : « C'est à quoi devraient penser les jeunes gens ! »

2. Cf. 22 [6].

3. Cf. 16 [25]. Variante U II5, 91 : « Les hommes préfèrent se faire remarquer en déplaisant plutôt que plaire et passer inaperçus : d'où il ressort clairement que le bonheur leur importe moins que la puissance. Le sentiment d'inspirer un étonnement désagréable compte moins pour eux que de sentir leur indépendance et dominer ainsi, ou encore : le bonheur qu'ils peuvent obtenir par la puissance les attire davantage que le bonheur plus facile de la complaisance ; en outre, le puissant est à même d'exiger qu'on lui complaise en beaucoup de choses. »

P. 315.

1. Cf. 19 [54].

2. Cf. 19 [11].

P. 316.

1. Cf. 22 [47]. Variante N II 2, 114 : « Entre 26 et 30 ans, la première maturité s'exprime volontiers par la prétention. Beaucoup conservent cette expression présomptueuse. On la reconnaît toujours, on sourit, elle appartient à la jeunesse (au génie aussi). Il n'y a rien envers quoi les vieillards montrent autant de délicatesse ! »

2. Premier état en N II 2, 78 : « Les pères, les professeurs jouent le rôle de *garde-fous* (même s'ils ne tiennent pas, ils rassurent le regard). »

P. 317.

1. Premier état en N II 3, 26 : « Il faut *apprendre à aimer* dès la jeunesse. La *haine* peut s'extirper si on ne la pratique pas. »

P. 318.

1. Cf 3 [1].

P. 319

1. *les mauvais*] Mp XIV 1, 28 poursuivait : [« Le Christ dit au contraire (Matth.) ''faites voir aux gens vos bonnes actions''. »]
Cf. Matthieu, 5, 16.

2. *au commun... simplicité*] variante U II 5, 115 : « Il faut beaucoup

d'intelligence pour aimer la vérité toute simple ; mais c'est parce qu'ils sentent cela vaguement que les gens feignent si souvent cet amour pour les œuvres des Grecs. »

P. 320.

1. Cf. 17 [103].
2. Premier état en N II 2, 133 : « Photogr < aphies > de l'enfant et de l'homme semblables. Notre pensée entre de même dans une phase qui circonscrit l'être de notre enfance, les puissantes influences sont ramenées à une même mesure. »

P. 321.

1. Cf. 19 [30].

P. 322.

1. *plein d'une... méfiance*] variante Dm : « ne se méfie que de soi ».

P. 323.

1. Cf. 28 [36].
2. Cf. 17 [34]. En U II 8, 112, N parle à la première personne : « Il me reste encore à exprimer des vues qui... Ce feu, il me faut le traverser. Je ne m'en appartiendrai ensuite que mieux. »

P. 325.

1. *avec le Moi supérieur*] variante U II 5, 179 et M I 1, 42 : « avec l'idéal ».
2. Cf. 22 [73], 17 [8].

P. 326.

1. Premier état en N II 2, 113-114 : « Il y a des hommes qui ont la paresse de l'harmonie ; aucune mélodie n'arrive à prendre forme en eux, tout mouvement n'entraîne qu'une différence de longueur dans l'harmonie. Natures du moyen âge. Elles vous donnent de l'impatience, de l'ennui : mais dans certains états d'âme la vie entière se reflète comme dans un lac profond : avec cette question : pourquoi, à quoi bon une mélodie ? »
    La citation de Gœthe : cf. *Journal*, 13 mai 1780.

P. 327.

1. Cf. 22 [45], 17 [8].
2. *Rien de ce qui est humain...*] cf. Platon, *Lois*, 803 *b*, *République*, 604 *b*.
3. Cf. 17 [66], 23 [38], également en rapport avec les aphorismes 630-637 ; cf. aussi 23 [101]. Ébauche en N II 3, 80 : « On admire celui qui souffre et meurt pour ses convictions, on méprise celui qui les abandonne ; c'est

par peur d'un inconvénient, par respect humain ou par entêtement qu'on leur reste fidèle. — La conviction est une connaissance [—] avec impulsions de la volonté. »

P. 328.

1. *abandonner nos idéaux*] variante Dm : « les idéaux de notre jeunesse ».
2. *de ce changement.*] Mp XIV 1, 222a pour conclusion : « Demandons-nous plutôt si ces souffrances sont nécessaires lors d'un changement de conviction ou si elles ne dépendent pas d'une opinion fausse, d'une évaluation erronée. »

P. 329.

1. Cf. 21 [61], 23 [156].
2. *Une conviction... humanité.*] variante Mp XIV 1, 107 : « Comme un *sentiment puissant* nous en fait percevoir l'objet de façon très pénétrante, on tombe dans la confusion de croire qu'il *prouve* la vérité d'un fait : alors qu'il ne prouve que lui-même ou une chose *imaginée* comme motif. Le sentiment puissant prouve la puissance d'une représentation, non la vérité de la chose représentée. »
3. *c'est-à-dire des convictions*] variante Mp XIV 1, 107 : « de tant de partis et d'individus aux oreilles bouchées, incorrigibles qui clament toujours la même chose ».

P. 330.

1. *une conviction... princes)*] variante Mp XIV 1, 29 : [« une métaphysique, quand même ce serait celle du matérialisme »].
2. *L'homme à conviction*] variante Mp XIV 1, 29 : « L'artiste. » *Antonio.*] cf. Gœthe, *Torquato Tasso;* Mp XIV 1, 29 continue : « il voit surtout que l'homme à conviction est utile ».

P. 331.

1. Mp XIV 1, 30 donnait un titre à cet aphorisme : « Défiance envers les défenseurs pathétiques et violents de la ''vérité''. »

P. 332.

1. *ses connaissances.*] Mp XIV 1, 30 ajoute : « Quelle ironie dans le fait que Gœthe, dans la *Théorie des couleurs*, et Schopenhauer, avec toutes ses vues métaphysiques, avaient tort et que leur fierté à ce sujet était en tout cas injustifiée ! Cela enseigne la modestie, à tout le moins la prudence ; d'autant plus que si personne n'est responsable de ses actes, personne ne l'est non plus de ses réussites, et ne peut donc pas prétendre à l'éloge, ne peut pas même exiger que l'on soit content de lui. Il doit attendre et se garder de faire des reproches aux gens — qui agissent toujours avec innocence » ; cf. 22 [32].

2. *La recherche... guerre*] variante Mp XIV 1, 110 [« La croyance en la valeur de la vérité est beaucoup plus ancienne que la sûreté de la méthode pour trouver la vérité ; "j'ai le droit de penser ainsi", cela indique l'élément moral de la chose, cela veut dire "je le pense à bon droit" ; mais les droits ne sont pas toujours des raisons. »]

P. 333.

1. *les fanatiques... conséquences*] variante Mp XIV 1, 210 : [« Telle fut autrefois l'influence des religions ; de là vient l'habitude. Dans l'esprit non scientifique se font face les choses inexpliquées et les choses *expliquées* : mais il se contente là de ce qu'il y a de plus piètre et de plus rudimentaire. »]

2. *A y regarder... l'amant.*] variante Mp XIV 1, 195 : [« Une catégorie d'hommes demande au penseur des convictions, l'autre catégorie une certitude, les uns se veulent entraînés avec force, afin d'en avoir eux-mêmes un surcroît d'énergie (rhétorique), les autres ont cet intérêt objectif qui fait abstraction des avantages personnels (même de celui de surcroît d'énergie). Partout où l'auteur se prend pour un génie, tranche donc avec l'arrogance d'un être supérieur, on réclame une autorité et on en appelle à ces natures qui désirent des convictions, de fortes impulsions de la volonté dans des directions bien déterminées. »]

P. 334.

1. Cf. 17 [66].

P. 337.

1. *Entre amis*] Écrits en mars 1882, ces vers servant d'épilogue furent ajoutés par N à la seconde édition de *Humain, trop humain* (1886), après qu'il les eut retravaillés en 1884 (Z II 6).

DU MÊME AUTEUR

ECCE HOMO.

LE CAS WAGNER *suivi de* NIETZSCHE CONTRE WAGNER.

Dans la collection Le Manteau d'Arlequin

AINSI PARLAIT ZARATHOUSTRA, *adaptation scénique par Jean-Louis Barrault.*

Impression Brodard et Taupin
à La Flèche (Sarthe),
le 26 avril 1991.
Dépôt légal : avril 1991.
1ᵉʳ dépôt légal dans la collection : septembre 1987.
Numéro d'imprimeur : 1250E-5.
ISBN 2-07-032451-6/Imprimé en France.

52586